Max Bär

Die deutsche Flotte von 1848-1852

Max Bär

Die deutsche Flotte von 1848-1852

ISBN/EAN: 9783955641474

Auflage: 1

Erscheinungsjahr: 2013

Erscheinungsort: Bremen, Deutschland

@ EHV-History in Access Verlag GmbH, Fahrenheitstr. 1, 28359 Bremen. Alle Rechte beim Verlag und bei den jeweiligen Lizenzgebern.

Die deutsche Flotte
von
1848–1852.

Nach den Akten der Staatsarchive
zu Berlin und Hannover

dargestellt von

Dr. Max Bär.

Leipzig
Verlag von S. Hirzel
1898.

Vorbemerkung.

Die Geschichte der ersten deutschen Kriegsflotte ist im allgemeinen und zumal in den Einzelvorgängen wenig bekannt. Und doch wurde ihre Gründung, verknüpft mit vielen nationalen Erinnerungen und Wünschen, von der begeisterten Theilnahme der gesammten Nation begleitet. Ihre Verwaltung aber und der aufregende Streit der Regierungen über die Frage ihrer Forterhaltung ist ein Beweis, kennzeichnend wie kaum ein anderer, für die gänzliche Unhaltbarkeit der damaligen deutschen Verfassungsverhältnisse. Aus diesen Gründen glaubte ich für eine quellenmäßige Darstellung der traurigen Geschichte jener ersten deutschen Flotte — ein halbes Jahrhundert nach ihrer Gründung — die Theilnahme des jetzigen Geschlechtes umsomehr erbitten zu dürfen, als jene Ereignisse auf Schritt und Tritt zu einem nutzbaren Vergleiche des „Einst" und des „Heute" drängen.

Die Quellen meiner Darstellung sind neben den gleichzeitigen Zeitungsaufsätzen und Broschüren die Protokolle der deutschen Bundesversammlung und die in dem Königl. Geh. Staatsarchiv zu Berlin und dem Königlichen Staatsarchiv zu Hannover beruhenden Akten der preußischen und der vormaligen hannoverschen Regierung. Da jene, die Protokolle, gedruckt vorliegen, so darf ich hier im allgemeinen auf diese

Quelle verweisen und damit die Anmerkungen entlasten. Zu dem gleichen Zwecke habe ich nur bei wichtigen Anlässen auf die Beweisstücke in den Akten der Staatsarchive zu Berlin und Hannover verwiesen. Die Abkürzung Geh. St.=A. bezieht sich auf das Geheime Staatsarchiv in Berlin, die Bezeichnung H. bedeutet Staatsarchiv Hannover, Abtheilung Hannover. Von dem Zeitpunkte an, wo der preußische Gesandte von Bismarck in die Bundesversammlung eintrat, sind auch die Berichte der preußischen Bundestagsgesandschaft veröffentlicht (von Poschinger, Preußen im Bundestag, Bd. I). Ich habe daher von dieser Zeit an die Darstellung etwas knapper fassen können. Einige Stoffe, so besonders die deutsche Kriegsflagge, habe ich in einem Anhange behandelt, um den Gang der Erzählung nicht zu sehr zu unterbrechen. Die in den Beilagen mitgetheilten Berichte und Briefe werden die Darstellung sehr wesentlich ergänzen.

Osnabrück, im Februar 1898.

Max Bär.

Inhalt.

	Seite
Einleitung	1
1. Die Gründung der Flotte	5
2. Die weitere Ausgestaltung der Marine	52
3. Die Finanzlage der Marineverwaltung	71
4. Aussichten und Absichten im Sommer 1849	80
5. Die Überwinterungsfrage 1849/50; das olbenburgisch-preußische Übereinkommen	102
6. Die Flotte unter der Bundes-Zentral-Kommission und die Stellung der maßgebenden Regierungen	121
7. Die Verhandlungen über die Auflösung der Flotte	152
8. Die Versuche zur Gründung eines Nordseeflottenvereins und der Kongreß zu Hannover	191
9. Die Auflösung	207
10. Rückblick und Ausblick	219

Anhang.

1. Die deutsche Kriegsflagge	224
2. Liste der Offiziere	233
3. Das schleswig-holsteinische Geschwader	240

Beilagen 243

Einleitung.

Die Entstehung der deutschen Flotte ist mit den Bewegungen des Jahres 1848 eng verknüpft. Was die Begeisterung jenes Jahres zu schaffen gesucht, ist wieder zerfallen. Auch die deutsche Flotte hat dieses Schicksal getheilt und nach wenigen Jahren gingen ihre ersten Anfänge wieder zu Grunde. Sie gingen zu Grunde nicht nur infolge der Theilnahmlosigkeit des größeren Theiles der deutschen Regierungen, sondern auch infolge der schließlich eingetretenen Gleichgültigkeit der großen Mehrzahl des deutschen Volkes. Diese letztere Thatsache war um so auffallender, als das Jahr der Entstehung der ersten deutschen Kriegsflotte die gesammte öffentliche Meinung mit einer Einhelligkeit sich dem großen Unternehmen zuwenden sah, wie selten vorher bei der Behandlung einer Einzelfrage des politischen Lebens.

Schon die Jahre zuvor hatten die öffentlichen Verhältnisse zu Erörterungen über Deutschlands gänzliche Ohnmacht zur See geführt. Als nach Ablauf der Sundzollverträge Preußen im Jahre 1842 Verhandlungen über die Ermäßigung und Ablösung jenes Zolles begann, wurde mit der allgemeinen Kenntnis über diese Verhältnisse auch die klägliche Stellung Deutschlands zur See jedem Einzelnen offenbar. Noch allgemeiner wandte sich gleich darauf die öffentliche Theilnahme der schleswig-holsteinschen Frage zu. Ihre Erörterung führte naturgemäß zurück auf die einstigen Kriege gegen Dänemark; sie rief jene Zeiten in die Erinnerung, da lange zuvor, ehe Holland und England als Seemächte zählten, die deutsche Hansa mächtige Flotten in die Meere sandte. Mit der Erinnerung an jene ruhmvolle Vergangenheit wuchs die Schmach der Gegenwart. Das Verlangen, wiedergutzumachen, einzuholen, was man Jahrhunderte hindurch versäumt, lebte je mehr, je stärker in immer weiteren Kreisen auf. Schon hatte Georg Herwegh in seinen Gedichten eines Lebendigen mit profetischem Schwunge „die deutsche Flotte" besungen und daran erinnert, daß aus der Hansa Zeiten auch deutsche Helden auf dem Meeresgrunde schlafen. In die düstere Stimmung jener Jahre warf er helle Funken mit dem Rufe: „Das Meer, das Meer macht frei!" Schon sang auch Ferdinand Freiligrath zu St. Goar am Rheine seine „Flottenträume" und sah im Geiste auf den Masten der deutschen Flotte die einst verpönten Farben schwarz-roth-gold in tausend Wimpeln wehen. So pochten nüchterne Wirklichkeit und ideale Begeisterung gleich stark an das politische Gewissen der deutschen Bevölkerung. In Zeitungen und Zeitschriften und Broschüren wurde die brennende Frage erwogen. Mit Erstaunen erkannte man durch eingehende Untersuchungen, daß nächst England und Nordamerika Deutschland die bei weitem stärkste Handelsflotte habe, aber auch die einzige, die ohne Schutz der Willkür Fremder preisgegeben sei.[1]

---

[1] Diese Voruntersuchungen wurden eingehend behandelt in einem Aufsatze „Die deutsche Kriegsflotte" in der Gegenwart, Bd. I, S. 439—471. Leipzig (Brockhaus) 1848. Weitere Angaben darüber finden sich in dem später geschriebenen Aufsatze „Die deutsche Flotte" in Bd. X der Gegenwart, S. 111—125.

Solche Stimmungen bewegten die deutschen Gemüther, als im Frühjahre 1848 der dänische Krieg ausbrach. Schon am 14. April wurden die ersten deutschen Handelsschiffe im Sund von den Dänen mit Beschlag belegt, nicht weniger als 27 preußische Schiffe führte man am 19. April aus dem Hafen von Helsingör nach Kopenhagen und im Mai erschienen dänische Fregatten vor den Mündungen deutscher Ströme, um die Häfen zu sperren. Die deutschen Schiffe flüchteten in fremde Häfen oder nahmen auch wohl unter Scheinkäufen fremde Namen und fremde Flaggen an. An Gegenwehr war nicht zu denken: in waffenloser Ohnmacht lag der deutsche Riese vor dem zwerghaften Feinde.

Die Aufregung war eine allgemeine. Der Ruf nach Schutz der Schiffahrt und der Küsten erscholl nicht nur aus den Seestädten, auch im Binnenlande fand der Ruf einen immer lauteren Wiederhall. Zahlreiche Eingaben ergingen an die Regierungen der Küstenstaaten. In den Bezirken der Elbe und Weser fürchtete man sogar feindliche Landungen. Da das Landheer in Hannover zu klein war, um einen ausreichenden Schutz gegen landende Dänen zu gewähren, mußte den hülfesuchenden Gemeinden die Selbstbewaffnung und da es auch an Waffenvorrath gebrach, die klägliche Vertheidigung mit Heugabeln und Sensen angerathen werden.[1] Bei der Aussichtlosigkeit einer sofortigen Änderung der schmachvollen Lage griff man nach trugvollen Hoffnunggebilden. Eine amerikanische Hülfsflotte werde in der Nordsee erscheinen, schrieben die Zeitungen, auf holländischen Beistand sei zu rechnen, hieß es, als jene ausblieb. Mit solchen Hoffnungen wechselten ganz

---

[1] So in einer Verfügung der Landdrostei in Stade an das Amt Lehe vom 18. April 1848.

unausführbare Vorschläge, die wie jene ebensosehr den Zorn ernster Patrioten herausforderten wie den Hohn des Auslandes.

Aus der Aufregung dieser ersten Tage erwuchsen dann alsbald zahlreiche Flottenvereine, namentlich in den Seestädten, zur Sammlung von Beiträgen für die Gründung einer deutschen Marine. Und gleichzeitig wurde diese Angelegenheit in ernsten Schriften nüchtern beurtheilt. Im Mai verfaßte der Prinz Adalbert von Preußen seine Denkschrift über die Bildung einer deutschen Kriegsflotte und mit gleicher Sachkunde untersuchten von Peucker[1]), Rintel[2]), von Wickede[3]) die brennende Frage. Von der Noth der Zeit und von dem allgemeinen nationalen Aufschwunge jenes Jahres getragen ging man damals an die Ausführung des schweren Unternehmens, dem deutschen Vaterlande neben dem sofortigen Schutz seiner Küsten die lange entbehrte Seewehr zu schaffen.

---

1) Peucker, Beiträge zur Beleuchtung einiger Grundlagen für die künftige Wehrverfassung Deutschlands. 2. Aufl. Frankfurt 1849.

2) Rintel, Über Errichtung einer deutschen Seemacht. Breslau 1848.

3) von Wickede, Eine deutsche Flotte, in der deutschen Vierteljahrschrift 1848.

1.
Die Gründung der Flotte.

In Frankfurt tagte, als durch Bundesbeschluß der Krieg gegen Dänemark ausgesprochen wurde, das Vorparlament. Hier fand der Wunsch der Nation nach Bildung einer Flotte zahlreiche Vertreter. Im Fünfziger-Ausschuß kam die Flottenangelegenheit zuerst zur Sprache, so daß schon am 13. April 1848 durch die siebenzehn Vertrauensmänner beim Bundestage der Antrag eingebracht werden konnte, vorbereitende Maßregeln zur Bildung einer deutschen Kriegsflotte alsbald ins Werk zu setzen. Inzwischen gelangten die aufregenden Nachrichten vom Angriff der Dänen auf deutsche Handelsschiffe nach Frankfurt. Die Dringlichkeit der Sache veranlaßte die Vertrauensmänner dem Bundestage vorzuschlagen, daß unverzüglich ein Ausschuß von Sachverständigen an einem Seeplatze, etwa Bremen, zusammenträte, um einen Plan zur Bildung einer Flotte auszuarbeiten und ihn der bevorstehenden Nationalversammlung vorzulegen. Gleichzeitig wies man darauf hin, wie erwünscht es wäre, wenn von Preußen der Prinz Adalbert, von Österreich der Admiral Sourdeau zum Eintritt in den Ausschuß veranlaßt würden. Ein dritter Seemann könnte von den Hansestädten vorgeschlagen werden.[1]

---

[1] Der Vorsitzende der siebenzehn Vertrauensmänner von Gagern an den Bundespräsidialgesandten Grafen von Colloredo, 18. April 1848, H 40, 1a.

Nicht genug mit diesem allgemeinen Antrage der Vertrauensmänner, der von einer Denkschrift des Professors Droysen aus Kiel begleitet war, hatte man schon vorher im Fünfziger-Ausschuß den Ankauf eines Dampfschiffes in Anregung gebracht. Arnold Duckwitz aus Bremen wies damals auf das in Liverpool erwartete amerikanische Dampfschiff „United States" hin und empfahl diese Erwerbung als einen Anfang für die Begründung einer Flotte. Als dann sein Landsmann Pavenstedt im gleichen Sinne schrieb, beantragte Heinrich von Gagern als Präsident der siebenzehn Vertrauensmänner bei der Bundesversammlung die Absendung eines Bevollmächtigten nach England, um das Schiff, wenn es als zweckdienlich befunden würde, und ebenso einen zweiten Kriegsdampfer, wenn sich die Gelegenheit böte, anzukaufen. Außerdem solle die Bundesversammlung Vorsorge treffen, daß tüchtige deutsche Artilleristen und Ingeniöre in Bereitschaft gehalten würden, um bei Ankunft der Schiffe an Bord gesandt zu werden. Man solle endlich Marinesoldaten, schweres Geschütz und Schießbedarf nach der Küste schaffen, um für jene Schiffe oder zur Bewaffnung von Kanonenbooten und Umwandlung von Handelsschiffen in Kriegsschiffe verwendet zu werden.

Die Bundesversammlung beschäftigte sich in den Tagen vom 18.—20. April mit den obigen Anträgen und bestellte sofort für die eingehendere Behandlung einen Ausschuß aus den Gesandten der norddeutschen Küstenstaaten. Im Schoße dieses Ausschusses war man nun freilich keineswegs geneigt, so schleunige Schritte zum Ankauf von Schiffen zu unternehmen, als die Anträge bezweckten. Immerhin gab das obenberührte Schreiben Pavenstedts an den Senator Duckwitz und den Bürgermeister Smidt von Bremen Veranlassung, die Frage zu beleuchten, ob und inwieweit England oder Nordamerika die Mittel bieten dürften, um Kriegsfahrzeuge für deutsche Rechnung zu erwerben. Man war sich im Ausschuß durchaus bewußt, daß man der öffentlichen Meinung gegenüber die einmal angeregte Frage der Nationalwehre nicht auf sich beruhen lassen dürfe. Aber man war sich auch klar darüber, daß alle die Vorschläge der letzten Wochen einer sehr ernsten Prüfung bedürftig seien. Von diesem Gedanken ausgehend sprach man sich sogar für eine Drucklegung der Droysenschen Denkschrift aus, aber — wie der hannoversche Bundestaggesandte von Wangenheim seiner Regierung berichtete — vornehmlich zu dem Zwecke, „um den Regierungen und dem Volke den Beweis in die Hand zu geben, zu welchen unreifen Projekten und Vorschlägen die bewegte Zeit auch einen Kreis sonst besonnener und gewiß allen Vertrauens würdiger Männer hinreißen kann."

Noch am 20. April trafen kurz vor der Beschlußfassung im Bundestage zwei Abgesandte des in Bremen niedergesetzten Ausschusses zur Begegnung der Seekriegsgefahren in Frankfurt ein, um die Angelegenheit dringender zu betreiben und vom Bunde womöglich gleich einen Kredit für Schiffankäufe zu erhalten. Gleichzeitig hatte auch ein im Fünfziger-Ausschuß befindlicher Abgeordneter vom österreichischen Lloyd erklärt, daß jene Gesellschaft vielleicht mit Bewilligung der kaiserlichen Regierung leihweise Schiffe abgeben würde. Der Bundestag beschloß denn auch noch an demselben Tage, den Lloyd zu einer Erklärung zu veranlassen, die übrigens, wie damals schon der Graf Colloredo voraussagte, thatsächlich ablehnend ausgefallen ist. Anläßlich der vorgeschlagenen Erkundigungen in England antwortete der Bundestag, daß er die Berichterstattung über diesen Gegenstand dem ohnehin nach England abzuordnenden Gesandten übertragen werde. Als solcher wurde der Syndikus Banks aus Hamburg abgesandt, welcher sich zugleich im Einvernehmen mit dem dortigen preußischen und hannoverschen Gesandten eine Kenntnis der englischen Ansichten über die schleswig-holsteinsche Angelegenheit verschaffen und etwa irrige berichtigen sollte.

Der Syndikus Banks begab sich nach London, wohin von Bremen aus auch Pavenstedt gereist war. Beide fanden bei ihren Erkundigungen die fördernde Unterstützung besonders des preußischen Gesandten von Bunsen und des Generalkonsuls Hebeler. Bunsen hatte übrigens gleichfalls von der preußischen Regierung den Auftrag erhalten, über käufliche Schiffe Erkundigungen einzuziehen. Er war in der vortheilhaften Lage, sich des Rathes des ihm nahe befreundeten Sir Edward Parry bedienen zu können, der bis zum Jahre vorher Direktor des gesammten englischen Dampfschiffwesens in der Admiralität gewesen war und daher eine Erfahrung besaß, wie Niemand sonst in England.

Auf solchen Rath gestützt kam Bunsen zu dem Ergebnis daß es geradezu weggeworfenes Geld sein würde, wollte man Schiffe kaufen, die nicht von Anfang an für Kanonen erbaut seien. Nach einigen Monaten schon würden sie durch die Erschütterung unbrauchbar werden. Er behandelte auch eingehend die bisher übergangenen Fragen, wie man denn überhaupt die Schiffe während des Krieges nach Deutschland oder gar durch den Sund zu bringen gedenke? Wie man sie bemannen und woher man die Befehlshaber nehmen wolle? Von allen in England verkäuflichen Schiffen, deren Bunsen eine ganze Liste übersandte, sei eigentlich nur eins brauchbar, der für Kanonen gebaute „Adler".[1]) Am besten aber sei es, man ließe in England ein Schiff von jeder Gattung unter den Augen vaterländischer Schiffbaumeister herstellen, um dann in Deutschland nach diesen Mustern selbst bauen zu können. — Zu dem gleichen Ergebnis, daß nämlich von den in Vorschlag gebrachten Schiffen abzusehen sei, kam auch, wie zu erwarten, der Syndikus Banks.

Gleichlaufend mit diesen Bestrebungen bewegten sich andere. Bereits am 13. April hatte der Bundestag Preußen ersucht, bei dem gegenwärtigen Kriege mit Dänemark auf die Sicherung des deutschen Handels und der deutschen Schiffahrt Bedacht zu nehmen. Man hatte hierbei den Plan ins Auge gefaßt, mit einer Seemacht einen Vertrag zum Schutze der deutschen Schiffahrt abzuschließen oder durch eine gemeinsame Erklärung der Seemächte den Grundsatz anerkennen zu lassen, daß der Seekrieg nicht auf Handelsschiffe ausgedehnt werden dürfe, oder endlich durch Anschaffung bewaffneter Fahrzeuge von bundeswegen für den Schutz des Handels zu sorgen. Natürlich konnte nur diese dritte Möglichkeit ernsthaft in Betracht gezogen werden, während die ersten beiden Wege so aussichtslos waren, daß die preußische Regierung auf ihre Erörterung überhaupt nicht eingegangen ist, als sie ihren Gesandten in England mit den obigen Erkundigungen betraute. Denn gerade von England war eine

---

[1] Später rieth dann Bunsen auch von der Erwerbung des aus Eisen gebauten „Adler" ab. Man sei in England von eisernen Kriegsschiffen gänzlich zurückgekommen, da die Kanonenkugeln solche Schiffe so aus den Fugen brächten, daß man sie nicht vor dem Sinken schützen könne. Bericht Bunsens vom 3. Mai 1848. Geh. St.=A.

solche Neutralitäterklärung für das Privateigenthum zur See am allerwenigsten zu erwarten. Sehr richtig hatte der vaterländische Verein zu Osnabrück in einer Eingabe an das hannoversche Ministerium bemerkt, daß Englands Großmuth nicht weiter gehe als sein eigener Vortheil und gerade der eigene Vortheil würde rathen, erst die deutsche Handelsflotte vernichten zu lassen, bevor man an Unterstützung dächte.[1]

Als die Ergebnislosigkeit der Banks'schen Sendung nach London in Frankfurt bekannt geworden war und damit die Schwierigkeiten offenbar wurden, durch Bundesmittel in so kurzer Zeit etwas zu leisten, wandte sich auch der Fünfziger-Ausschuß wieder der Berathung der Flottenfrage zu. Er ernannte am 9. Mai einen Ausschuß für die Marineangelegenheiten, der zwei Tage später einen Aufruf an ganz Deutschland und zugleich eine Aufforderung zu einem „Marinekongreß" erließ, der am 31. Mai in Hamburg zusammentreten sollte. Dieser Aufruf, vom Vicepräsidenten des Fünfziger-Ausschusses, Robert Blum, unterzeichnet, erging auch an die Regierungen der Küstenstaaten, damit auch diese jenen Marinekongreß durch Bevollmächtigte beschickten.

In den Küstenstaaten, namentlich in den ganz schutzlosen Nordseestaaten, herrschte eine thätige Rührigkeit in den zahlreich entstandenen Flottenvereinen und nicht weniger auch bei den Regierungen selbst. Die hannoversche Regierung, als die durch die Küstenlage und Größe des Landes berufene Vertreterin der Interessen der Nordseestaaten, hatte die politische Bedeutung des Planes einer Flottengründung auch über das augenblickliche Schutzbedürfnis hinaus nicht ver-

---

1) Eingabe vom 11. April 1848. H 115, Nr. 1 I.

kannt. Schon vor dem obigen Aufrufe hatte sie und zwar infolge einer vertraulichen Anregung des Senators Dr. Albers in Bremen am 6. Mai eine Einladung an Oldenburg, Hamburg und Bremen ergehen lassen. Es sollte eine gemeinschaftliche Berathung unter Zuziehung von Sachverständigen stattfinden über die Ergreifung erweiterter Maßregeln zur Vertheidigung der deutschen Nordseeküsten mit Hülfe bewaffneter Fahrzeuge. Besonders mit den maßgebenden Persönlichkeiten Bremens stand die Regierung in vielfacher Verbindung. Hier wie dort erkannte man, welch bedeutendes Gewicht man in die Wagschale für Deutschlands Zukunft einzulegen haben würde, wenn es Hannover und den Hansestädten gelänge, die Begründung einer deutschen Kriegsflotte zu beginnen. Als der Kapitän des in Bremen liegenden amerikanischen Dampfschiffs Washington dessen Verkauf anbot, einigte sich der hannoversche Bundestaggesandte von Wangenheim mit den Bremern Smidt, Duckwitz und Gevekoth, den Ankauf des Schiffes, wenn dessen Brauchbarkeit ermittelt sei, für hannoversche und bremensche Rechnung gemeinschaftlich abzuschließen. Auf diese Weise würde man die Bundesversammlung vor eine vollendete Thatsache stellen und sie so — und darin stimmten Wangenheim die übrigen Mitglieder des Ausschusses einschließlich des preußischen Gesandten von Usedom bei — zu einem kräftigen Entschlusse geradezu drängen. Wenn auf diese Weise Hannover ein Beispiel durch eigene That gebe, werde es sich auch, so rechnete man, ein Hauptgewicht für die weitere Behandlung sichern und die Sache der deutschen Marine bleibe nicht abhängig von den Aufrufen des Fünfziger-Ausschusses und der Thätigkeit der Privatvereine. Im gleichen Sinne einer thatkräftigen Förderung der Flottenangelegenheit sprach in jenen Tagen auch die hannoversche Ständeversammlung ihre Wünsche dem Ministerium gegenüber aus. Dieses konnte bei der Lage der Dinge außer der vorgeschlagenen Berathung zunächst nichts besseres thun, als seine Vertreter im Auslande ebenso wie die preußische Regierung mit Einziehung von Erkundigungen zu betrauen. Um sich mit den Anforderungen bekannt zu machen, welche eine Kriegsmarine und deren Verwaltung erheische, sandte man überdies den Ministerialreferenten Erxleben nach dem Haag. Jene von Hannover aus veranlaßte Berathung hat dann übrigens Ende Mai in Hannover stattgefunden, wurde aber des kurz bevorstehenden hamburger Marinekongresses wegen zunächst vertagt und dann in Hamburg selbst am 12. Juni fortgesetzt.

Hier in Hamburg als in der bedeutendsten deutschen Handelsstadt hatte sich sofort nach Eintritt der Gefahr ein Marineverein gebildet.[1]) In einer am 6. Mai in der Börsenhalle abgehaltenen Versammlung der Kaufmannschaft wurde einstimmig beschlossen, auf dem Wege der Privatsammlungen den Grund zur Nationalflotte zu legen. Die beiden Rheder Godeffroy und Slomann hatten bereits dem Senate je einen Dreimaster, „Steinwärder" und „Franklin", unentgeltlich zur Verfügung gestellt, um sie als Kriegsschiffe unter Staatsflagge auszurüsten. Vom Senat war das Anerbieten angenommen worden und zur Ausrüstung der Schiffe wurden nun in wenigen Stunden ansehnliche Summen gezeichnet. Dreihundert im Hafen befindliche Matrosen boten sofort ihre Dienste an. Thatsächlich war damit der erste Schritt zur Bildung

---

1) Auch eine deutsche Marinezeitung erschien dort.

einer Kriegsmarine gethan. Hannover überließ dem Flotten=
verein zwei eiserne zwölfpfündige Kanonen und Preußen er=
klärte sich auf Vermittelung seines Generalkonsuls Oswald
zur Gewährung von Munition, Geschütz und Mannschaft
bereit, falls jenes von England nicht zeitig genug eintreffen
würde. In Hamburg, so berichtete Oswald, finde sich durch
alle Klassen der Bevölkerung bis auf den geringsten Mann
ein Enthusiasmus für die Errichtung einer Kriegsmarine,
der oft bis zu wahrer Begeisterung gesteigert noch fortwäh=
rend im Wachsen sei.[1]

In Hamburg trafen am 31. Mai die Vertreter zum
Marinekongreß ein. In überwiegender Mehrzahl erschienen
die Abgeordneten der Flottenvereine, von den Regierungen
waren nur Preußen, Meklenburg=Schwerin, Schleswig=Hol=
stein, Lübeck und Hamburg vertreten. In den ersten beiden
Junitagen fanden die vom hamburgischen Senator Dr. Kirchen=
pauer geleiteten Berathungen statt. Um ihr Ergebnis gleich
voraus zu nehmen, so beschloß man die nähere Erwägung
der Fragen und die Ausarbeitung bestimmter Vorschläge einem
Ausschusse zu übertragen bestehend aus den Vertretern der
Regierungen der Küstenstaaten und aus je zwei Vertretern
der Flottenvereine aus jedem dieser Länder. Im übrigen
aber ging es bei den Verhandlungen stürmischer her, als das
nicht sehr vollständig ausgegebene Protokoll erkennen läßt.
Ein hannoverscher Theilnehmer schreibt, die Ansichten seien
nach allen vier Winden auseinandergegangen. Die Königs=
berger hätten sogar, wiewohl vergeblich, beantragt, daß die
Versammlung sich für permanent erklären solle und für be=

---

1) Bericht vom 6. Mai 1848. Geh. St.=A.

fähigt, endgültige Beschlüsse zu fassen. Den Regierungen habe man wenig Beachtung geschenkt und das Geschrei über ihre Unthätigkeit sei von vielen Seiten erhoben worden. Dem hamburgischen Senat sei die Versammlung ersichtlich höchst lästig gewesen. Ein Mitglied der oldenburgischen Regierung[1]) verglich die Verhandlungen sogar mit dem polnischen Reichstage. — Die Ausführungen des Professors Stein aus Kiel über die durch die Küstenverhältnisse der Ostsee gebotene Nothwendigkeit, in ihr zuerst eine Flotte für den Küstenschutz zu schaffen, begegneten besonders lebhaftem Widerspruche nicht ohne den Vorwurf des Sonderinteresses. Zumal bei der Berührung der Kriegshafenanlage war die erregte Absicht erkennbar, daß jedes Land den Hafen am eigenen Ufer haben wollte. Der geschickten Leitung Kirchenpauers war schließlich das obige Ergebnis zu danken, das dann der Nationalversammlung und dem Bundestage mitgetheilt wurde, letzterem mit dem Ersuchen, auf eine Verstärkung des Ausschusses durch Sachverständige und auf Flüssigmachung der zur Bildung einer Flotte nothwendigen bedeutenden Geldmittel Bedacht zu nehmen.

Gleich am 3. Juni begannen die Verhandlungen des Ausschusses unter Anwesenheit von siebenzehn Mitgliedern, durch welche die Staaten Preußen, Hannover, Schleswig-Holstein, Meklenburg-Schwerin, Oldenburg, Bremen, Hamburg und später auch Lübeck vertreten waren. Eine Bildung von Abtheilungen erfolgte zur Berathung der Fragen des augenblicklichen Schutzes gegen Dänemark, der Zahl der Schiffe, der Heranbildung der Mannschaften, der Anlegung von Kriegshäfen und einer Organisation von Marinebehörden.

---

1) Der später noch oft zu nennende Regierungsrath Erdmann an den Geheimen Kriegsrath Wedemeyer. H 45, II b I.

Die Verhandlungen selbst trugen wieder ein vielfach stürmisches Gepräge und es hielt besonders zu Anfang schwer, ihnen einen glatten und rein sachlichen Verlauf zu sichern.

Den breitesten Raum nahmen naturgemäß die technischen Fragen ein. Der Ausschuß folgte hier hauptsächlich den Ansichten des preußischen Regierungsvertreters, Navigationsdirektors Schröder aus Danzig, welcher in der holländischen Kriegsmarine als Kapitän gedient hatte. Auf Ersuchen der preußischen Regierung war ihm ein dreijähriger Urlaub ertheilt worden, um das preußische Marinewesen in Danzig der weiteren Entwickelung entgegenzuführen, auch das Kommando der vor einigen Jahren bereits erbauten ersten preußischen Fregatte zu übernehmen. Im Vertrauen auf Schröders, durch den hannoverschen Navigationsdirektor Begemann aus Emden und mehrere anwesende Schiffbaumeister unterstützte Sachkenntnis konnte der Ausschuß so eingehende Vorschläge über den Haushalt der künftigen deutschen Marine aufstellen, wie es thatsächlich geschehen ist. Eine andere Frage, die der Örtlichkeiten für anzulegende Kriegshäfen, konnte nicht erledigt werden. Abgesehen davon, daß die vollständigen Unterlagen für die Verhandlungen dieses Punktes fehlten, erhob sich wieder, wie auf dem Kongresse selbst, ein bellum omnium contra omnes bei dieser wichtigen Frage.[1] Der erst später in die Verhandlungen aufgenommene Vorschlag eines Marinekollegiums verdankte seine Einbringung dem Abgeordneten von Kathen aus Stralsund, der übrigens schon damals den Ge-

---

[1] Schon in diesen Tagen und noch mehr später wurden zahlreiche Untersuchungen über die Verhältnisse der einzelnen deutschen Strommündungen in Bezug auf die Anlegung eines Kriegshafens veröffentlicht oder handschriftlich den Regierungen eingereicht.

danken aussprach, den Vorsitz dieser Behörde dem Prinzen Adalbert von Preußen offen zu halten.

Die Ergebnisse der Berathungen waren schließlich folgende:

1. Feststellung als eines Minimums der für die deutsche Marine anzuschaffenden Kriegsfahrzeuge die Aufstellung von 8 Segelfregatten mit 60 Kanonen, 4 Segelfregatten mit 40 Kanonen, 6 Dampfschraubenfregatten, jede von 500 Pferdekraft und 1500 Tonnen mit Kanonen von möglichst schwerem Kaliber und 6 Dampfschaufelräderkorvetten von je 300 bis 200 Pferdekraft und 9—1200 Tonnen mit Bombenkanonen versehen.
2. Beginn der Ausführung dieses Planes durch sofortige Bestellung von 50 Kanonenschaluppen und 50 Kanonenböten auf den Werften der Ost- und Nordsee.
3. Gleichzeitig damit: Vorbereitung des Baues oder Ankaufes von 2 Segelfregatten von 60, 2 Segelfregatten von 40 Kanonen, 2 Dampfschraubenfregatten und 4 Dampfschaufelräderkorvetten, welche innerhalb zwei Jahren zu vollenden sein würden.
4. Bewilligung einer Summe von etwa 10 Millionen Thalern zur Errichtung einer deutschen Kriegsmarine und Herbeischaffung von 3 bis 4 Millionen dieser Summe zu sofortiger Verwendung.
5. Einsetzung eines mit der unmittelbaren Vollziehung der von der Zentralgewalt gefaßten Beschlüsse beauftragten Marinekollegiums, welches in einem deutschen Hafenplatze, ungefähr in der Mitte der deutschen Häfen, befindlich, einen in seinen allgemeinen Grundzügen genehmigten Plan zur Errichtung der deutschen Marine auszuführen hätte.

Diese Beschlüsse wurden dem Bundestage und der Nationalversammlung mitgetheilt. Thatsächlich lieferten sie freilich nichts weiter als einen Zuwachs zu der reichen Stoffsammlung, welche sich in jener Zeit bereits beim Marineausschuß der Bundesversammlung angehäuft hatte.

In Frankfurt selbst hatte inzwischen am 18. Mai die Nationalversammlung ihre Sitzungen eröffnet und gleich darauf auf Antrag von Heckscher und Rost ebenfalls einen Marineausschuß gebildet. Er bestand aus den Abgeordneten Rost von Hamburg, Teichert, Jordan und von Radowitz von Berlin, Röben von Dornum, Brons von Emden, Gevekoth von Bremen, Franke von Rendsburg, Deetz von Wittenberg, Kerst von Birnbaum, von Hagenow von Langenfelde, von Bruck und Jenny von Triest und Graf Coronini=Cronberg von Görz. Schon in der Sitzung vom 8. Juni erstattete von Radowitz Namens dieses Ausschusses Bericht, der mit dem bedeutungvollen Antrage schloß, die Bundesversammlung zu veranlassen, die Summe von 6 Millionen Thalern verfügbar zu machen, und zwar 3 Millionen sofort, drei nach Maßgabe des Bedürfnisses. Dieser Antrag wurde von der Nationalversammlung mit einer an Einhelligkeit grenzenden Mehrheit angenommen.

Hiermit waren nun freilich für die nächsten Wochen die frankfurter Maßnahmen für die Flottengründung beendet. Die Thätigkeit des Marineausschusses der Bundesversammlung führte trotz steter Verbindung mit Banks in London zu keinem Ergebnis. Man hatte im Schoße desselben schon vor dem Beschlusse der Nationalversammlung im Sinne, von den bei Rothschild verwahrten 5 Millionen Festungbaugeldern 2 Millionen Gulden für Schiffankäufe verfügbar zu machen.

Aber gerade bei den Verhandlungen über solche Ankäufe sah sich der Ausschuß gehemmt durch die laute patriotische Thätigkeit des Ausschusses der Nationalversammlung, denn man hatte bereits jetzt die Erfahrung gemacht, daß die Beschaffung von Schiffen und Armatur in England bei den dänischen Gegenbemühungen besser geheim und im Wege kaufmännischen Verkehrs zu erreichen sein würde, als durch öffentliche Regierungaufträge. Dann aber hoben die Frankfurter Vorgänge selbst bald jede weitere Thätigkeit des Bundestags auf, als dessen Sein oder Nichtsein an den Entscheid der Frage über die Einrichtung einer provisorischen Zentralgewalt geknüpft war.

Wir beobachten inzwischen die Thätigkeit Preußens und seine Stellung zur Gründung einer deutschen Flotte.

In Preußen hatte man seit der Erdumsegelung, welche Kapitän Wrede auf dem Schiffe „Luise" zur Förderung des Handels und für die Zwecke der Wissenschaft im Auftrage der Seehandlung unternahm, den maritimen Verhältnissen des Staates größere Aufmerksamkeit gewidmet. In Danzig und Stettin wurden Schiffahrtschulen gegründet und den äußerlich erkennbarsten Ausdruck fanden diese Bestrebungen durch den Bau des ersten preußischen Kriegsschiffes, der Korvette „Amazone" im Jahre 1842. Die Verwendung des holländischen Kapitäns Schröder als Navigationsdirektor in Danzig bewegte sich auf der gleichen Bahn. Die Anordnung, daß die Dienstzeit eines Matrosen als Kriegsdienst gerechnet und von seiner Dienstzeit im Landheer abgezogen werden solle, erleichterte nicht nur den Zufluß zur Seewehr, sondern sprach auch äußerlich die Gleichwerthigkeit beider Waffengattungen aus. Immerhin bewegten sich die preußischen Bestrebungen sparsam und nüchtern lediglich in den Grenzen eines Küstenschutzes im engeren Sinne.

Als aber im Frühjahr 1848 die Erkenntnis von der Nothwendigkeit eines Schutzes zur See ein allgemeiner, das ganze deutsche Volk ergreifender Gedanke wurde, da zögerte auch die preußische Regierung nicht, ungesäumt mit Einleitungen zur Bildung einer deutschen Marine im weiteren Sinne, also über die Grenzen einer reinen Küstenseewehr hinaus, vorzugehen. Zu dem Zwecke wurde der Prinz Adalbert durch das Kriegsministerium ersucht, sich unter Hinzuziehung des Navigationsdirektors Schröder über die wichtige Frage zu äußern.

Auf diese Weise entstand die Denkschrift des Prinzen Adalbert über die Bildung einer deutschen Kriegsflotte, die später, im Juni, vom Marineausschuß der Bundesversammlung veröffentlicht wurde. Der Prinz untersucht in dieser Denkschrift die Frage nach dem Umfang der zu schaffenden Seewehr nach drei Richtungen, je nachdem es sich lediglich um die Vertheidigung der Küsten handeln solle oder um Schaffung einer Kriegsmarine zur Trutzvertheidigung und zum nothwendigsten Schutze des Handels oder endlich um Auffstellung einer selbstständigen Seemacht. In der ersten Hinsicht empfiehlt er die Erbauung von 40 großen Jaffelkanonenböten für die Nordsee und 80 Kanonenschaluppen und einigen Kanonenjollen für die Ostsee; in Rücksicht der zweiten Voraussetzung bemißt er den Umfang auf 6 Fregatten von 60 Kanonen, 12 Dampfkorvetten von 850 bis 1300 Tonnen und die obige Anzahl von Kanonenböten und Schaluppen; zu einer selbstständigen Seemacht hält er außer diesen letzteren 12 Linienschiffe, 10 Fregatten und 30 Dampfer erforderlich. Als Haupt=

Kriegshafen wird Danzig vorgeschlagen, die Baukosten für die Flotte in ihrer größten Ausdehnung, einschließlich der Bemannung auf 10 Jahre vertheilt, werden auf jährlich 8 Millionen Thaler geschätzt.

Die preußische Regierung ging sofort auf dem gewiesenen Wege vor, jedoch zunächst unter weiser Beschränkung auf solche Beschaffungen, welche ohne Besorgnis vor Mißgriffen eingeleitet werden konnten. Durch königliche Verordnungen vom 23. Mai und später vom 5. September 1848 wurden 631000 Thaler bewilligt zum Bau einer Anzahl Kanonenschaluppen und zur Beschaffung von Schiffbauholz. Man beschloß ferner, neben der Förderung des allgemeinen Vorgehens in Frankfurt auch gleichzeitig und selbständig mit der Gründung einer preußischen Flotte von zunächst 6 Segelfregatten, 6 Dampfkorvetten und 80 Kanonenböten vorzugehen und dafür jährlich 2 Millionen Thaler auf etwa fünf Jahre in den Staatshaushalt einzustellen. Dieser Standpunkt war die nothwendige Folge einmal der damaligen Unsicherheit der künftigen Stellung Preußens zu Deutschland, dann aber auch der Ungewißheit eines wirklichen Ergebnisses der frankfurter Flottenbestrebungen. Endlich aber ist für die Absicht dieses gleichzeitig selbständigen Vorgehens auch die Besorgnis vor einer Zurücksetzung der Handels- und Schifffahrtinteressen Preußens hinter die Oesterreichs und der Nordseestaaten maßgebend gewesen.

Als dann aber im Laufe des Herbstes in Frankfurt der Plan der Gründung ernsthafter und eingehender erwogen wurde, als das Reichsministerium Sachverständige nach Frankfurt berief und zur Leitung dieser Berathungen den Prinzen Adalbert einlud, kam die Frage des Verhältnisses Preußens zu einer deutschen Flotte erneut im Staatsministerium zur Sprache. Bevor nämlich der Prinz Adalbert unter Genehmigung des Königs dem Rufe nach Frankfurt folgte, richtete er eine Reihe von Fragen an das Staatsministerium, die sämmtlich in der ersten und Hauptfrage ihre gemeinsame Axe hatten, nämlich: Soll die Marine eine rein deutsche sein und verzichtet Preußen dabei auf die Bildung einer eigenen preußischen Marine? Selbstredend durfte es für einen großen Staat wie Preußen nicht ausgeschlossen bleiben, über seine matrikularmäßige Verpflichtung hinaus noch aus eigenen Mitteln zur Selbstbeschaffung von maritimen Streitmitteln zu schreiten, falls die eigenen Handels- und Schiffahrtinteressen das als nothwendig ergeben würden. Die Hauptfrage selbst aber wurde im Staatsministerium entschieden bejaht: die zu gründende Marine soll eine rein deutsche mit einem deutschen Offizierkorps sein, sie soll nur die deutsche Flagge führen, die Schiffe sollen deutsches Eigenthum sein, die Marine soll der Zentralgewalt unmittelbar unterstellt werden und die Bemannung zu ihr in dieselbe Verpflichtung treten, wie die für deutsche Zwecke verwendeten Truppen.[1]) Der König genehmigte durch Kabinetsordre vom 24. Oktober diese Grundsätze, die sich übrigens mit denen des bereits in Frankfurt befindlichen Prinzen Adalbert durchaus deckten. Hatte dieser doch selbst in seiner Denkschrift von der Marine gesagt: „deutsch, ganz deutsch muß sie sein, eine ächte Repräsentantin der wiedergeborenen Einheit des Vaterlandes".

In Frankfurt war inzwischen jene politische Veränderung eingetreten, die unter Aufhebung des Bundestages zur Ein-

---

1) Der Bericht an den König vom 23. Oktober im Geh. St.-A.

führung der sogenannten Zentralgewalt geführt hatte. Das Reichsministerium bildeten zunächst von Schmerling für Äußeres und Inneres, von Peucker für Krieg, Heckscher für Justiz und dann seit dem 5. August der Senator Arnold Duckwitz aus Bremen für Handel. Die Bildung des Ministeriums, die Malmöer Waffenstillstandangelegenheit¹) und andere Ereignisse ließen die Marinefrage damals so sehr zurücktreten, daß erst im Oktober nach mehrmaligen Anfragen in der Nationalversammlung ein ernsthaftes Eingehen auf die Sache im Ministerrathe stattfand. Aber trotz des allseitig besten Willens fehlte eins: eine sachkundige Persönlichkeit, der man mit vollem Vertrauen das gewaltige und schwierige Unternehmen hätte übertragen können. Auch die Versuche des Marineausschusses der Nationalversammlung, geeignete Männer für den deutschen Dienst zu gewinnen, waren bis Ende August ohne Ergebnis geblieben. Ende September erstattete dieser Ausschuß einen Bericht und wies, wenn überhaupt aus der Sache etwas werden solle, auf die Nothwendigkeit der Bildung einer Reichsmarinebehörde hin, bei der dann freilich ein etwa öfterer Wechsel der Persönlichkeiten zu vermeiden sein würde. Ob es sich freilich mit dem Wesen eines Verfassungsstaates vertrage, dem verantwortlichen Leiter der Marinebehörde in Rücksicht auf die rein schöpferische Aufgabe ausnahmsweise eine festere, von den Mehrheitschwankungen minder abhängige Stellung anzuweisen, das wagte der Ausschuß, so wünschenswerth es ihm thatsächlich erschien, doch nicht zu bejahen.²)

---

1) Vgl. über den Abschluß des Waffenstillstandes mit Dänemark und die erregten Verhandlungen über dessen Genehmigung von Sybel, die Begründung des deutschen Reiches I, S. 237 ff.
2) Bericht vom 28. September 1848 in H 40, 1a.

Da der Minister Duckwitz als einer der überzeugtesten Vertreter der Flottenbestrebungen seinen Anschauungen auch stets den lebhaftesten Ausdruck geliehen hatte, so erhielt er vom Ministerrathe den Auftrag, sachkundige Personen des Inlandes und Auslandes ausfindig zu machen und nach Frankfurt zu berufen. Diesen Auftrag hat Duckwitz[1] übernommen und damit seine bis in den Mai des nächsten Jahres reichende Thätigkeit begonnen für die Gründung der Flotte, der er nicht nur während dieser seiner Amtzeit, sondern auch nach seinem Rücktritt, wie wir sehen werden, die eifrigsten Dienste geleistet hat, freilich von mancherlei und nicht immer ohne Grund erhobenen Angriffen begleitet.[2]

Für die Auswahl von Persönlichkeiten fand Duckwitz eine gewisse Vorarbeit in den Feststellungen, welche während des Sommers bereits der Marineausschuß der Nationalversammlung über deutsche in Deutschland oder in fremden Diensten befindliche Marineoffiziere veranlaßt hatte. Duckwitz zog weitere Erkundigungen über sie ein und ermittelte als für eine Berufung nach Frankfurt geeignet besonders folgende Männer: den Kapitän Rudolf Brommy in griechischen Diensten, den Kapitänleutnant Donner, früher in dänischen, dann in schleswig-holsteinschen Diensten, und den oben bereits

---

[1] Arnold Duckwitz aus Bremen, bisher Senator, geb. 27. Januar 1802, gest. als Senator am 19. März 1881. Er hat wenige Jahre vor seinem Tode „Denkwürdigkeiten aus meinem öffentlichen Leben 1841—1866, Bremen 1877" veröffentlicht, in denen die Flottenangelegenheit jedoch nur kurz behandelt wird, da er sich über deren Gründung in seiner Broschüre „Über die Gründung der deutschen Kriegsmarine, Bremen 1849" verbreitet hatte.

[2] Als ein solcher sei gleich hier die später noch einigemale zu nennende Broschüre erwähnt: „Die deutsche Marine-Verwaltung unter Herrn Duckwitz aus Bremen. Hamburg 1849."

erwähnten Kapitänleutnant Schröder in preußischen Diensten. Außerdem aber hatte Duckwitz sofort den Reichsverweser Erzherzog Johann veranlaßt, den Prinzen Adalbert von Preußen nach Frankfurt einzuladen, um unter dessen Rath und Leitung die Einrichtung einer Kriegsmarine planmäßig festzustellen. Der preußische Bevollmächtigte in Frankfurt, Staatsminister Camphausen, vermittelte die Einladung unter warmer Befürwortung und empfahl gleichzeitig, dem Prinzen sachkundige Begleiter mitzugeben, damit möglichst viele preußische Beamte in die zu bildende Marinekommission eintreten könnten.[1] Bereits am 17. Oktober reiste der Prinz nach Frankfurt ab, wo Duckwitz lange und ausführliche Besprechungen mit ihm auch über die Form hatte, in welcher der Prinz an die Spitze treten könne. Da an eine Stellung als Minister oder gar an eine amtliche Stellung unter einem Minister nicht gedacht werden konnte, arbeitete Duckwitz den Vorschlag aus, zunächst folgende zwei Behörden zu gründen:

1. eine Marine-Abtheilung, welche einem der bestehenden Ministerien einstweilen beizuordnen sein würde, aus einigen Marineräthen und einigen Kanzlisten bestehend;
2. eine technische Marinekommission.

Dem Minister und der Marineabtheilung würden zustehen die Gründung und Verwaltung der Marine, Ankauf von Schiffen und Abschluß von Bauverträgen nach Billigung der technischen Kommission, die Genehmigung der Besoldung der Mitglieder der letzteren, die Bewilligung der Reise- und Untersuchungkosten, das gesammte Rechnungwesen und der Verkehr mit dem Marineausschuß der Nationalversammlung.

---

[1] Camphausens Bericht vom 5. Oktober 1848.

Der technischen Marinekommission aber war als Hauptaufgabe gestellt die Ausarbeitung eines Planes für die Einrichtung der deutschen Marine und für die künftige Gestaltung der Behörden, im besondern die gutachtliche Äußerung über alle technischen Fragen, Anträge auf Anschaffung von Schiffen und vorzunehmende Untersuchungen, namentlich auch solche von deutschen Häfen zu Kriegszwecken und Anlegung von Arsenalen und Werften.

Diese Vorschläge fanden die Billigung des Reichsverwesers. Der Prinz Adalbert von Preußen übernahm den Vorsitz in der zu bildenden technischen Marinekommission, die Marineabtheilung aber wurde, da alle Minister sich dagegen sträubten, schließlich dem Reichsministerium des Handels angeschlossen.

Damit erwuchs Duckwitz zunächst die Aufgabe, die technische Kommission zu bilden.[1]) Auf den Wunsch des Prinzen erhielten folgende Mitglieder des Marineausschusses der Nationalversammlung die Aufforderung zum Eintritt: General von Radowitz, Major Teichert, Hauptmann Möring und E. T. Gevekoht. Ferner traten ein: der preußische Major von Wangenheim, Kapitän Schröder, Kapitän Donner und Ingeniör Morgan. Für den Kapitän Brommy und den österreichischen Obersten von Kudriafsky blieben die Plätze offen. Außerdem wurden die Regierungen von Hamburg und Hannover zur Absendung je eines Mitgliedes aufgefordert: als solche traten die Wasserbaumeister Hübbe und Blohm ein, von denen der Letztere auf eigenes Ansuchen — da es selbst

---

1) Ich folge hier und bei den thatsächlichen Angaben der folgenden Seiten der Broschüre: Über die Gründung der deutschen Kriegsmarine von A. Duckwitz. Bremen 1849.

bei der Frage der Kriegshäfen mehr auf andere Umstände als auf hydrotechnische Kenntnisse ankäme — sehr bald durch den hannoverschen Oberstleutnant Glünder abgelöst wurde.

Noch schwieriger war es, die Marineabtheilung zu bilden und Männer von Sachkenntnis zu finden, bereit, in den Dienst einer Verwaltung zu treten, die von der provisorischen Zentralgewalt abhängig, von voraussichtlich nur kurzer Dauer sein würde. Duckwitz beschritt daher nach seiner eigenen Angabe den am nächsten liegenden Ausweg und wählte aus den übrigen Mitgliedern des Marineausschusses der Nationalversammlung diejenigen Männer aus, die bisher am lebhaftesten für die Bildung von Marinebehörden eingetreten waren und bei denen er deshalb die größte Theilnahme für die Sache voraussetzen konnte. Als solche traten in die Marineabtheilung als Räthe ein die Abgeordneten Samuel Gottfried Kerst[1]) aus Meseritz und Dr. Wilhelm Jordan[2])

---

1) Samuel Gottfried Kerst hatte in Königsberg studirt und war zunächst als Lehrer in Danzig, dann als Ingeniörhauptmann 6 Jahre in Brasilien bei topographischen und technischen Arbeiten thätig. Nach Deutschland zurückgekehrt, wurde er Lehrer und bald Rektor der Realschule in Meseritz. Das Jahr 1848 fand ihn als einen Vorkämpfer des Deutschthums gegen die Polen. Gemäßigt liberal sah er das Ideal für die künftige Gestaltung Deutschlands in einem Staatenbund mit preußischer Spitze. In die Nationalversammlung trat er als Vertreter des Wahlkreises Birnbaum=Meseritz ein. Dort wurde er in den Marineausschuß gewählt. Am 31. Mai 1848 schrieb er in die Heimath: „Daß ich Mitglied der Flottenkommission bin, wird aus den Zeitungen bekannt sein. Ich bin der einzige, der einige technische Kenntnisse von der Marine besitzt, daher ich allgemein als der deutsche Admiral scherzweise bezeichnet werde." Er starb 1875 in Berlin. Seine Briefe aus dem Frankfurter Parlament sind veröffentlicht von Meyer in der Zeitschrift für Geschichte und Landeskunde der Provinz Posen Bd. II, S. 319 ff.

2) Wilhelm Jordan, geb. 8. Februar 1819 zu Insterburg, war früher Lehrer in Berlin und lebte dann als Litterat in Leipzig und

aus Berlin.[1]) Später, im Januar 1849, wurde noch der hannoversche Artillerie-Hauptmann Oskar Marcard[2]) der Marineabtheilung als Mitglied beigegeben. Diese drei Männer

Bremen. In die Nationalversammlung trat er als Abgeordneter eines preußischen Wahlkreises ein und gehörte zuerst der äußersten Linken an. Nicht ohne Einfluß des Generals von Radowitz wurde er später zur sogenannten Gagern'schen Partei hinübergezogen. — Übrigens ist er derselbe, der sich später als Dichter der Nibelungen einen klangvollen Namen erwarb.

1) Über die Veranlassung zum Eintritt Kerst's und Jordan's in die Marineverwaltung macht die Broschüre „Die deutsche Marineverwaltung unter Herrn Duckwitz" folgende Angaben: „Als das erste Reichsministerium im Juli 1848 gebildet wurde, nahm man, außer auf die Befähigung zum Minister-Candidaten, auch darauf Rücksicht, die verschiedenen rechten Fractionen des Hauses darin zu repräsentiren, um dem Ministerium die Majorität des Parlaments zu sichern; dieses war natürlich und geschieht überall. Der Landsberg, dem die Herren Kerst und Jordan angehörten, war eine Vereinigung, die erst später aus Mitgliedern sich bildete, welche aus den anderen Fractionen ausschieden. Der Landsberg war somit im Ministerium nicht vertreten und stimmte nicht immer mit demselben. Er war ein fataler Gegner. Die Erschaffung der Marinebehörden bot einen günstigen Anlaß, auch diese Fraction an das Ministerium zu ketten, und so wurden die Herren Jordan und Kerst Marineräthe. Ersterer auch noch, um seinen Übertritt zur rechten Seite des Hauses zu belohnen; Letzterer, um ihm durch eine Stellung sein mitunter sehr störendes und lautes Raisonniren über die Verwahrlosung der Marine-Angelegenheiten zu legen. Wer die Frankfurter Verhältnisse kennt, wird die Wahrheit des eben Gesagten bestätigen."

2) Duckwitz hatte im Dezember 1848 den Wunsch geäußert, daß ihm zum Eintritt in die Marineabtheilung ein hannoverscher Offizier zur Verfügung gestellt werde. Als solcher wurde Oskar Marcard bestimmt, welcher bis dahin bei der reitenden Artillerie in Wunstorf als Hauptmann stand. Im Mai 1849 wurde aus dienstlichen Gründen seine Rückberufung gewünscht. Da aber das Reichsministerium ihn als nicht entbehrlich in Frankfurt zu belassen bat, so wurde davon abgesehen, zumal sein weiteres Verbleiben auch in hannoverschem Interesse lag. Im April 1852 schied er aus dem Bundesdienste.

haben dann mit großer Hingebung, die beiden Erstgenannten zu Anfang freilich mit mangelhafter, dann aber mit immer größerer Sachkenntnis und Liebe der Verwaltung der Flotte gedient, Jordan und Marcard sogar während der ganzen Dauer ihres Bestehens bis zur Auflösung.

Mitte November begann die Thätigkeit der beiden Behörden, zunächst durch mancherlei Arbeiten gehemmt, die ihre äußere und innere Ausgestaltung erforderte. Trotzdem schritt man stetig vorwärts, zumal man mit Bewußtsein und mit Erfolg diejenige Eigenschaft des deutschen Wesens zu bekämpfen suchte, die wir als die deutsche Gründlichkeit bezeichnen können. Hier war ein reiches Feld gegeben zur Ausarbeitung von Denkschriften über die einzelnen Zweige des Marinewesens, zur Aufstellung von Plänen über die künftige Gestaltung der Flotte. Ohne daß diese gewiß nothwendigen Vorbedingungen etwa gänzlich außer Acht gelassen wurden, brach sich doch die Überzeugung Bahn, daß man, wenn es auch nicht ganz in den künftigen Gesammtplan sich einfügen sollte, darauf bedacht sein müsse, sogleich für die Anschaffung einer Anzahl von Kriegsschiffen zu sorgen, die dann bei einem Wiederausbruch des Krieges mit Dänemark, wenn möglich, benutzt werden könnten. Duckwitz selbst ging hierbei von dem weiteren und höheren Gesichtpunkte aus, daß, wenn nur erst einige brauchbare Schiffe angeschafft und Gelder dafür angelegt sein würden, ein Zwang für die Staaten vorliege, auf dem so gelegten Grunde fortzubauen. Daß bei solcher Behandlung Mißgriffe vorkommen konnten und wohl vorkommen mußten, dessen wird sich jeder der Männer, die der gleichen Anschauung waren, vollauf bewußt gewesen sein.

Bevor wir auf die Anschaffungen und Vorbereitungen eingehen, die vom obigen Gesichtspunkte aus durch die Marinebehörden sehr bald in Angriff genommen wurden, ist es nöthig, um einiges zurückzugreifen und dasjenige zu mustern, was bereits an kriegsfähigem Schiffmaterial im Laufe des Sommers 1848 aufgestellt worden war.

Es ist oben bereits auf die rührige Thätigkeit des hamburger Flottenvereins hingewiesen worden. Dieser Thätigkeit verdankte die sogenannte hamburger Flotille ihre Entstehung. Nach Eingang genügender freiwilliger Beiträge wurde vom Hause Godeffroy das später "Deutschland" genannte Schiff gekauft und zugleich mit dem von Sloman leihweise ohne Miethe zur Verfügung gestellten Schiffe "Franklin" ausgerüstet und bemannt. Als dann die Mittel erschöpft waren, wandte sich der hamburger Flottenverein an den Marineausschuß der Nationalversammlung und an den Bundestag und entwickelte den Plan, zu diesen beiden Segelschiffen einige kleinere für den Handel erbaute Dampfschiffe anzukaufen und auszurüsten, um einen Handstreich auf das dänische Blokadegeschwader zu versuchen. Der Plan fand bei dem Marineausschuß wenig Anklang, da bei der weder von wirklichen Seeoffizieren geleiteten, noch gehörig zur Bedienung der Geschütze eingeübten Mannschaft kein Erfolg in sicherer Erwartung stand. Immerhin war dann der Bundestag bereit, auf den Plan im allgemeinen einzugehen und überwies dem Verein im Juni 1848 300000 Thaler, die er vorläufig aus den Ulm=Rastatter Festungbaugeldern entnahm. Von diesem Gelde wurden die drei der Hamburg=Huller Schiffahrtgesellschaft gehörigen Dampfer "Hamburg", "Lübeck" und "Bremen" gekauft und schleunigen Umgestaltungarbeiten unterworfen.

Am 21. August 1848 erstattete der Minister Schmerling über den Stand der Flottenangelegenheit in der Nationalversammlung Bericht und stellte schon damals die Übernahme der hamburger Flotille durch das Reich in Aussicht nach vorher erfolgter Besichtigung durch Sachverständige. Aber diese Besichtigung erlitt Verzögerungen. Schmerling hatte sich an das Ministerium in Berlin gewandt und gebeten, dem Navigationsdirektor Schröder, dem Kommerzienrath Gibson und dem Schiffbaumeister Klawitter zu Danzig die Reise nach Hamburg zu einer Untersuchung der Schiffe zu gestatten. Da der preußische Bevollmächtigte Camphausen in Frankfurt bei Übersendung des Schmerlingschen Schreibens schon auf den seiner Meinung nach fraglichen Zustand der hamburger Flotille hinwies, so wurde das Bedenken, das man in Berlin hegte, wesentlich verstärkt. Denn die Übernahme der Schiffe auf Grund eines von drei preußischen Sachverständigen erstatteten Gutachtens würde, wenn die Schiffe späterhin sich als unbrauchbar herausstellen sollten, in hohem Maße verdrießlich gewesen sein, die Erklärung der Nichtbrauchbarkeit aber in Hamburg verstimmt, in jedem Falle also zu Angriffen auf die preußischen Sachverständigen geführt haben. Es traf sich daher gut, daß Gibson mangels Sachkenntnis, Klawitter wegen Krankheit ablehnte, so daß die preußische Regierung Camphausen vorschlug, dem Reichsministerium die Verwendung österreichischer Sachverständiger anzurathen. Auch diese zerschlug sich aber, da der österreichische Kontreadmiral Sourdeau ablehnte. Erst im Oktober 1848 fand dann eine Besichtigung der hamburger Flotille durch eine Reichskommission unter dem englischen Marineingeniör Morgan statt, welche Mitte des Monats ihren Bericht erstattet hat.

Dieser Bericht rechtfertigte nun freilich die ungünstigen Erwartungen, die man in eingeweihten Kreisen an den Werth der fünf hamburger Schiffe geknüpft hatte. Die „Deutschland", ein starkes Schiff von 32 Kanonen, war völlig unzweckmäßig bewaffnet und würde, so hieß es in dem Bericht, dem Angriffe der Breitseite einer schweren Korvette nicht fünf Minuten widerstehen können. Sollte weiteres Geld auf die Ausrüstung verwandt werden, so würde es sich empfehlen, das Schiff in eine Korvette zu verwandeln. Die Korvette „Franklin" wurde als viel zu schwach und zum Seekriegsdienst unbrauchbar bezeichnet. Bei den drei Dampfern „Hamburg", „Lübeck" und „Bremen" endlich wurde die unzweckmäßige Aufstellung der Kanonen gerügt, bei der „Bremen" die Haltbarkeit der Kessel nur noch auf sechs bis sieben Monate bemessen und überhaupt die Übernahme dieser Schiffe nur aus dem Grunde empfohlen, damit das auf sie verwandte Geld dem Reiche nicht ganz verloren gehe.

An eine sofortige Verwendung dieser in demselben Monat vom Reiche übernommenen Schiffe konnte demnach die Marineabtheilung gar nicht denken und auf die vom hamburger Verein erfolgte Anregung einer Übungfahrt auch schon mit Rücksicht auf die gänzlich unzulängliche Bemannung nicht eingehen. Im Gegentheil mußte sich die Marineabtheilung entschließen, den „Franklin" dem Eigenthümer zurückzustellen, die übrigen Schiffe aber einem den ganzen Winter währenden Umbau und einer Reihe von Ausbesserungen zu unterwerfen, deren eine immer eine andere zur Folge hatte. Letzteres zeigte sich besonders beim Dampfer Bremen, der außer den auch bei den übrigen Schiffen nöthigen Umbauten auch neue Kessel und eine neue Kupferhaut erhalten mußte und bei dem nach Fortnahme der Kessel sich herausstellte, daß die Balkenunterlage verfault war.

Als die neu eingerichteten Marinebehörden Mitte November 1848 ihre Thätigkeit begannen, fanden sie demnach außer diesen vier hamburger, aber vorläufig ganz unbrauchbaren Schiffen keinerlei Schiffmaterial vor. So entstand die bereits oben entwickelte Absicht der Marineverwaltung, unabhängig von dem späteren Ausbau des von der technischen Marinekommission aufzustellenden Flottenplanes, aber in Übereinstimmung mit ihr sogleich auf die Anschaffung einiger Kriegsschiffe bedacht zu sein.

Die Durchführung dieser Absicht äußerte sich nach zwei Richtungen hin, insofern der Schutz der Ostseeküste einerseits, andrerseits der der Nordseeküste in Betracht kam.

Von Seiten der preußischen Mitglieder der technischen Marinekommission wurde zum Schutze der Ostsee großer Werth auf die Erbauung von 80 Kanonenböten gelegt. Die preußische Regierung hatte für diesen Zweck bereits 10 Kanonenschaluppen und -Jollen erbauen lassen und den Bau einer weiteren Anzahl in Angriff genommen. Andere Mitglieder der Marinebehörden aber waren der Ansicht, daß die etwa 40 im Bau begriffenen Schaluppen nebst etwa einem Dutzend in Schleswig-Holstein zu erbauender zum Schutze der Ostseeküsten ausreichen dürften. Zur Begleitung und Schleppung dieser Kanonenbote hielt man ferner die Erwerbung von 10 kleinen Dampfkorvetten oder Avisos von etwa 600 Tonnen nöthig. Man nahm an, daß die drei hamburger und zunächst auch einige in der Ostsee seither zur Personenfahrt benutzte Dampfer ähnlicher Größe dazu verwendbar sein würden. Hierbei dachte man an die preußischen Schiffe „Adler", „Königsberg" und „Elisabeth", die aber, wie aus einer Äußerung der preußischen Regierung aus dem Februar 1849 hervorging, thatsächlich dazu nicht verwendbar waren. Inzwischen sollten, so war man weiter der Ansicht, ein bis zwei Musterschiffe in England gebaut und nach den gleichzeitig zu erwerbenden Plänen dieser Schiffe und ihrer Maschinen die Errichtung solcher Fahrzeuge auf deutschen Werften begonnen werden. Zur Ausführung dieser letzteren Absichten ist es aber thatsächlich nicht gekommen. Die Maßnahmen zum Schutze der Ostsee beschränkten sich reichsseitig vielmehr auf die beabsichtigte Übernahme der von Preußen gebauten oder in Bau begriffenen 40 Kanonen= schaluppen.

Nachdem nämlich durch eine Verordnung vom 10. Oktober 1848 die Aufbringung der Hälfte der von der Nationalver= sammlung im Juni zu Marinezwecken beschlossenen Summe von 6 Millionen Thalern verfügt und nachdem ferner in den Entwurf der Reichsverfassung die Bestimmung aufgenommen worden war, daß die Seemacht ausschließlich Sache des Reiches und keinem Einzelstaat gestattet sei, Kriegsschiffe für sich zu halten, beantragte im November der preußische Bevollmächtigte Camphausen die Übernahme der preußischen Küstenschiffe durch das Reich. Dieser Antrag bezog sich auf die bereits erbauten 10 Kanonenschaluppen und ferner auf die Genehmigung des bereits eingeleiteten Baues von weiteren 30 Kanonenschaluppen. Dieser von Preußen selbst gestellte Antrag war übrigens ge= eignet, schlagend die in Frankfurt bestehende Besorgnis zu widerlegen, als beabsichtige Preußen eine besondere Marine zu gründen. Diese Besorgnis hatte neue Nahrung bekommen durch den Umstand, daß die preußische Regierung den Kapitän= leutnant Schröder zum Kommodore ernannte. Duckwitz wandte sich an Camphausen mit der Bitte, diese Beförderung abzuwenden. Camphausen war in der Lage auseinanderzusetzen, daß Schröder in der holländischen Marine zum Kapitän heraufgerückt und daher nur durch eine Beförderung dem deutschen Dienste zu erhalten sei. Der Austritt Schröders aus dem holländischen Dienste sei aber nöthig, wenn er nicht bei Ausführung der ihm jetzt zugedachten Aufträge in eine schiefe Stellung gerathen solle. Um aber jenen aus der Beförderung gezogenen Schluß vollständig zu widerlegen, beantragte Camphausen, nachdem er bereits lange vor diesem Zwischenfall bei seiner Regierung einen solchen Vorschlag empfohlen hatte, die Übernahme der preußischen Kanonenschaluppen durch das Reich.[1])

Dieser Antrag wurde von Duckwitz am 13. Dezember angenommen mit der Erklärung, daß die Kosten durch Abrechnung von dem Antheil Preußens an der Matrikularumlage von 3 Millionen zu vergüten seien, jedoch sollte der Betrag nicht auf diese erste, sondern erst auf die zweite Rate in Anrechnung gebracht werden, um die sofortige anderweite Verwendung der zunächst ausgeschriebenen 3 Millionen Thaler zu sichern. Übrigens wurde im Februar 1849 der Bau von 4 Kanonenschaluppen noch rückgängig gemacht, da die Mehrzahl der Sachverständigen, mit Ausnahme von Schröder und Donner, der Ansicht waren, daß Kanonenbote weit weniger wirksam zur Küstenvertheidigung seien als kleine Dampfschiffe.

Zum Schutz der Nordseehäfen und, wenn möglich als Angriffswaffe, wurde innerhalb der Marinebehörden die sofortige Erwerbung von drei oder vier großen Dampfkorvetten

---

1) Camphausen an den Reichsminister Duckwitz, 29. November 1848.

oder Dampffregatten beschlossen mit der Absicht, sie bei Aufgang der Schiffahrt nach einem Nordseehafen gehen zu lassen, um sie dort auszurüsten und zu bemannen. Da als nächster Zweck der Küstenschutz im Falle eines Wiederausbruchs der Feindseligkeiten angesehen war, sprach sich die technische Kommission in Übereinstimmung mit der Marineabtheilung für den Ankauf von Dampfschiffen aus, weil diese eine weniger zahlreiche Bemannung erforderten als Segelschiffe. Die dänische Flotte bestand, von einigen ganz geringwerthigen kleinen Dampfern abgesehen, aus Segelschiffen. An die Schaffung einer solchen Marine, welche sich der dänischen in einer Seeschlacht hätte gegenüberstellen dürfen, war natürlich nicht zu denken. Dagegen waren Dampfschiffe zu plötzlichem Angriff durchaus geeignet und auch die in Frankfurt damals anwesenden Offiziere der amerikanischen Fregatte „St. Lawrence" billigten den Gedanken, die dänische Flotte durch Dampfschiffe zu bekämpfen. Freilich hielten diese Fachleute es gleichzeitig für eine Unmöglichkeit, vor Ablauf eines Jahres etwas zu schaffen, das man einem Feinde gegenüberstellen könnte, da selbst bei sofortigem Ankauf fertiger Schiffe eine geraume Zeit erforderlich sei zur Einübung der Mannschaften durch erfahrene Seeoffiziere. Trotzdem hoffte man in Frankfurt durch Ankauf von drei bis vier fertigen Schiffen, durch Ergänzung der Mannschaft durch deutsche Seeleute und durch Erlangung geübter Befehlshaber schon im April in der Lage zu sein, die dänischen Schiffe in der Nordsee in Schach zu halten und die eigenen Dampfer durch sofort in Bau zu gebende Schiffe im Laufe des Sommers zu vermehren.

Dem Ankauf von Schiffen stellte sich, wie sich später in einem Einzelfall besonders unangenehm fühlbar machen sollte, eine erhebliche Schwierigkeit entgegen dadurch, daß es nach den Verträgen sowohl in England als Nordamerika nicht angängig war, Kriegsschiffe einem Lande zuzuführen, das mit einer mit England oder Amerika in Frieden befindlichen Macht im Kriege begriffen war. Es war daher geboten, die Ankäufe mit großer Geheimhaltung zu betreiben. Diese Nothwendigkeit hatte für die Marineverwaltung die peinliche Folge, alle die niemals ausbleibenden Angriffe öffentlicher Blätter still duldend über sich ergehen lassen zu müssen.

Alsbald nach Beginn der Thätigkeit der Marinebehörden wurden zwei Sachverständige nach England geschickt, der Maschinenbauer Wernher aus Darmstadt und der Schiffbaumeister Ulrichs aus Vegesack, mit dem Auftrage, käufliche Schiffe auf ihre Tauglichkeit zu untersuchen. Ihnen wurde später der englische Ingeniör William Morgan nachgesandt, der bis dahin die für die Instandsetzung der hamburger Flotille nothwendigen Anordnungen getroffen hatte. Da neue Schiffe auch in England nicht fertig zu haben waren, blieb nur der Ankauf älterer Schiffe, deren Verstärkung und Umwandlung in Kriegsschiffe übrig. Um Weihnachten wurde der Ankauf von zwei Dampffregatten „Acadia" und „Brittania" und die Verträge zum Neubau einer Dampfkorvette von 850 Tonnen und zweier kleiner Korvetten von 550 Tonnen abgeschlossen, zusammen im Betrage von einer Million Thaler.

Demnach blieb der Wunsch, noch ein drittes Dampfschiff schon für das Frühjahr zu erhalten, noch unerfüllt. Da außerdem selbst die Aussicht auf ungefährdete und ungehinderte Herüberkunft der beiden Dampfer „Acadia" und „Brittania" keine ganz sichere war, so gelangte man zu dem Entschluß, ein großes Dampfschiff in Amerika zu kaufen. Zu diesem

Zwecke wurde mit Genehmigung der preußischen Regierung im Januar 1849 der Fabrikenkommissionsrath Wilhelm Wedding in Berlin als Beauftragter des Reichsministeriums nach New-York gesandt. Seinen durch den Reichsgesandten von Rönne in Washington unterstützten Bemühungen gelang in New-York der Ankauf des Dampfers „United States" von rund 2000 Tonnen. Für die Bewaffnung des Schiffes wurden die besten Aussichten eröffnet durch das Entgegenkommen der amerikanischen Regierung, welche bereitwillig einen Offizier als Rathgeber bestimmt und den Kommandör der Navy-Yard angewiesen hatte, alle zur Ausrüstung der „United States" nothwendigen Gegenstände aus den Staatsbeständen gegen Bezahlung verabfolgen zu lassen. Nach den in Frankfurt einlaufenden Berichten durfte daher mit Sicherheit darauf gerechnet werden, daß das Schiff bis Mitte März segelfertig sein und Anfang April, von amerikanischen Offizieren befehligt, auf der Weser eintreffen werde. Als dann im Frühjahr Dänemark den Waffenstillstand kündigte, durfte man erwarten, die Vertheidigung der Küsten mit drei starken Dampffregatten und drei kleineren Korvetten führen zu können. Diese Anzahl würde durch die im Bau begriffenen drei Schiffe im Laufe des Sommers verstärkt worden sein, deren Herüberbringen durch den Schutz der vorhandenen Fahrzeuge gesichert scheinen mußte.

Leider sollten sich diese gegründeten Aussichten nicht erfüllen.

Die Schiffe „Acadia" und „Brittania" wurden im Januar und Februar in Liverpool den nothwendigen Änderungen unterzogen, die dadurch unauffällig gemacht wurden, daß man sie nur unter Deck vornahm und den Schiffen äußer-

lich den Schein von Passagierschiffen ließ. Die Armirungs=
gegenstände der beiden Fahrzeuge sollten mit Segelschiffen
nach Deutschland geschafft werden. Trotzdem wurden die
dänischen Agenten aufmerksam. Um einer Behinderung des
Abgangs, den man in Liverpool vor Mitte März überhaupt
nicht erwartete, vorzubeugen, sah der Reichsminister auf die
Vorstellungen der Bevollmächtigten in England von einer
Abholung durch deutsche Seeleute ab und erließ Ende Februar
unerwartet den Befehl, mit Unterbrechung aller Arbeiten die
Schiffe sogleich abgehen zu lassen. Die „Brittania" langte
glücklich auf der Weser an. Die Fregatte „Acadia" aber ge=
rieth bei Terschelling auf Grund und traf auf der Weser mit
so starker Havarie ein, daß sie einer sehr umfassenden Aus=
besserung unterworfen werden mußte.[1]) Da die Mittel für
diese Ausbesserungen nicht verfügbar waren, blieb das Schiff
zunächst unter Bewachung liegen und wurde dann im Som=
mer in das von der oldenburgischen Regierung zu Brake an=
gelegte Trockendock gebracht. Das Unglück wollte es ferner,
daß das mit den Ausrüstungsgegenständen der „Brittania"
und „Acadia" befrachtete Segelschiff ebenfalls Havarie erlitt
und nach England zurückkehren mußte. Trotz der Wachsam=
keit der englischen Zollbeamten gelang die weitere Verfrach=
tung auf drei kleinere Schiffe, deren zwei dann die Weser
bezw. Norderney erreichten, deren drittes aber in Ostende die
Ladung abgab zur Weiterbeförderung durch die Eisenbahn

---

1) Der Verfasser der Schrift: Die Marineverwaltung unter Herrn
Duckwitz, erhebt auch hier Vorwürfe gegen Duckwitz, besonders daß er
keinen der Nordsee kundigen Bremer oder Hamburger genommen habe,
der das Schiff sicher herüber gelootst haben würde. Der Kapitän des
Schiffes war Jackson.

nach der Weser. Durch diese Unglücksfälle erfuhr naturgemäß die Fertigstellung der Arbeiten an der „Acabia" und „Brittania" eine sehr bedeutende Verzögerung.

Um dieselbe Zeit trafen aber auch noch andere verdrießliche Nachrichten in Frankfurt ein. In der Fabrik zu Rönnebeck waren die für die Kanonenböte und für die Küstenvertheidigung bestellten Kanonen gesprungen,[1]) Preußen gab seinen Kanonenböten und der „Amazone" die preußische Flagge und — das schlimmste — Österreich, Sachsen und Bayern verweigerten die Zahlungen für die Marine. Dann aber kam über das Weltmeer die Kunde, daß die amerikanische Regierung, und zwar auf den Rath des im Januar in Frankfurt anwesenden Kommodore Parker, die Unterstützung der Ausrüstung der „United States" zurückgenommen habe, den Übertritt von Offizieren ablehne und überhaupt nicht gewillt sei, das Schiff mit Rücksicht auf Dänemark und die eigenen Landesgesetze abgehen zu lassen.

Diese letztere Rücksicht gründete sich auf die Kongreßakte vom 20. April 1818, welche nicht gestattete, daß in Amerika gebaute Schiffe zu Feindseligkeiten gegen einen Staat verwendet würden, der mit den Vereinigten Staaten sich im Frieden befinde. Auf Grund dieser Bestimmung hatte, wie der amerikanische Staatssekretär Clayton dem deutschen Gesandten von Rönne in einer Depesche vom 10. April 1849

---

1) Die Kanonen waren **hohl gegossen** worden! Es war allerdings nicht verzeihlich, in einer neu eingerichteten Fabrik, die bisher keine Kanonen geliefert hatte, solchen Kriegsbedarf zu bestellen. — Die Schleswig-Holsteiner waren verständiger verfahren und hatten 80 schwere Kanonen in Lüttich bestellt und erhielten sie, ehe der Krieg im März 1849 wieder ausbrach. Dadurch wurde der glorreiche 5. April bei Eckernförde möglich.

mittheilte, die dänische Regierung gegen die Ausrüstung des Schiffes förmlich Einspruch erhoben.¹) Übrigens gab Clayton den Abgang des Schiffes frei für den Fall, daß Rönne eine schriftliche Versicherung abgebe, daß das Schiff nicht gegen eine mit Amerika im Frieden befindliche Macht verwendet werden solle. Später hat dann die amerikanische Regierung unter der Voraussetzung, daß Rönne diese Erklärung hinsichtlich der Bestimmung des Schiffes nicht ausstellen werde, die Absicht ausgesprochen, letzteres nur gegen Stellung einer Bürgschaft im Betrage des doppelten Werthes von Schiff und Ladung aus dem Hafen von New-York abgehen zu lassen. Thatsächlich wurde dann auch gegen eine Bürgschaft von 300 000 Dollar die Abfahrt des Schiffes freigegeben, welches durch Kapitän Howard nach Europa gebracht worden ist.

An kleineren Erwerbungen sind schließlich noch zu nennen das der Regierung von Schleswig-Holstein gehörige Dampfbot „Bonin", welches auf Kosten des Reiches zum Kriegsgebrauch eingerichtet wurde und endlich die Erbauung von 27 Kanonenböten für die Nordsee.

Das beste Theil zur Gründung der deutschen Flotte aber lieferte im Anfang April 1849 das Kriegsglück der wackeren schleswig-holsteinschen Batterien in der Bai von Eckernförde durch die Besitznahme der schönen dänischen Fregatte „Gefion". Wiederhergestellt und neubewaffnet bildete das mit Genehmi-

---

1) Der preußische Gesandtschaftattaché Magnus in Washington bezweifelte übrigens in einem Bericht vom 3. April 1849 eine dänische Einsprache und führte die veränderte Gesinnung lediglich auf den Regierungwechsel und darauf zurück, daß sich der Kommodore Parker nach seiner Rückkehr von Frankfurt sehr nachtheilig über die ganze Angelegenheit ausgesprochen und gerathen habe, sich bei Gründung einer deutschen Flotte in keiner Weise zu betheiligen.

gung des Reichsverwesers auf den Namen „Eckernförde" getaufte Schiff eine Zierde der deutschen Flotte.

Gleichzeitig mit diesen Erwerbungen richtete die Marineverwaltung ihr Augenmerk auch auf die Küstenvertheidigung im engeren Sinne. Des Baues der 27 Kanonenböte für die Nordsee und der Übernahme des Baues von Kanonenböten für die Ostsee durch Preußen und die schleswig-holsteinsche Regierung ist oben schon Erwähnung geschehen. Sehr wichtig für die Küstenvertheidigung war aber auch die Anlegung von Strandbatterien, soweit solche nicht Sache der Landesvertheidigung waren. Insofern es sich aber um den Schutz der Kriegshäfen, der Arsenale und der Kriegsschiffe handelte und insoweit die Anlage auch der Batterien im allgemeinen durch die maritimen Verhältnisse bedingt wurde, machte die Marineverwaltung den Gegenstand zu einem Theil ihrer Thätigkeit. Schon im Dezember wurde in der technischen Marinekommission eine Denkschrift ausgearbeitet über die Errichtung von Küstenbatterien an der Nordsee und an einem Theile der Ostsee. Zur nochmaligen Prüfung dieser Vorschläge wurde dann im Januar eine örtliche Besichtigung vorgenommen und den damit Beauftragten, dem Obersten von Kudriafsky, Oberstleutnant Glünder und Major Teichert, zugleich eine Besichtigung der Haupthafenplätze zur Pflicht gemacht, um auch der Frage über die Wahl eines Kriegshafens näher treten zu können. Im März wurde infolgedessen die schleunige Herrichtung einer Küstenbatterie zu Bremerhaven[1] unterhalb des hannoverschen

---

[1] Man warf Duckwitz hier wie auch sonst eine starke Bevorzugung von Bremen und der Weser vor und die Vernachlässigung der Elbe und Hamburgs; wie es scheint nicht ganz mit Unrecht. Vgl. Die Marineverwaltung unter Duckwitz S. 17, 18.

Forts Wilhelm zum Schutz der in der Weser erwarteten Kriegsschiffe auf Reichskosten in Angriff genommen und durch hannoversches Militär unter Beihülfe von bremer Hafenarbeitern ausgeführt.[1]) Schon im Dezember wurden auch Verträge wegen Geschützlieferungen abgeschlossen, und zwar namentlich mit einer Fabrik in Lüttich. Aber auch im Inlande bemühte sich die Marineverwaltung solche Bestellungen aufzugeben, so in Rönnebeck im Königreich Hannover und in der Sayner Hütte. Die Offiziere zur Beaufsichtigung des Gusses, zur Probe und Abnahme der Geschütze stellte auf Wunsch die preußische Regierung, welche auch einen großen Theil des nöthigen Schießbedarfs theils anfertigen, theils der Beschleunigung wegen aus ihren Beständen abgeben ließ. Im Ganzen wurden in dem ersten Zeitraum unter dem Ministerium Duckwitz für diese Vorbereitungen zur Küstenvertheidigung im engeren Sinne, für die 27 Kanonenböte der Nordsee und für Geschütze, Lafetten, Pulver, Bomben und Batteriebau 432 000 Thaler verausgabt.

Zu den allerschwierigsten Aufgaben der Marineverwaltung gehörte die Bemannung der Schiffe und die Herbeiziehung von geschulten Seeoffizieren. Die Erwerbung des todten Materials ließ sich mit Geschick, Verschwiegenheit und den nöthigen Geldmitteln, wie wir oben gesehen haben, immerhin selbst in kurzer Zeit ermöglichen. Die Herbeiziehung von Offizieren aber erforderte mehr: Vertrauen zu den deutschen Verhältnissen. Diese

---

1) Diese ursprüngliche Bedeutung der Reichsbatterie hörte später mit den veränderten Verhältnissen auf. Da Hannover daran lag, im Bremerhavener Bezirk das reine Verhältnis hannoverscher Militärhoheit wiederherzustellen, wurde die Anlage 1851 der hannoverschen Regierung überwiesen.

waren nun freilich noch so schwankend, der baldige Abschluß der Reichsverfassung so unsicher, daß kein ausländischer Offizier, der etwas zu verlieren hatte, geneigt sein konnte, eine sichere Stellung aufzugeben und sein Lebensschiff der deutschen Flotte zuzuführen. Fehlten doch nicht nur alle Einzelbestimmungen über die den deutschen Seeoffizieren zu gewährende Stellung, es fehlte vor allem ein deutsches Marinegesetz. Erschwerend wirkte ferner der Kriegszustand mit Dänemark, der es europäischen Staaten geradezu unmöglich machte, Seeoffiziere auch nur urlaubweise abzugeben.

Das Ministerium richtete daher von Anfang an sein Augenmerk auf die Vereinigten Staaten von Nordamerika. Es ist oben schon erwähnt worden, daß der Minister Duckwitz im Oktober die Entsendung eines amerikanischen Offiziers nach Frankfurt erbeten hatte, um sich seines Rathes bei der Gründung der Flotte zu bedienen und um durch seine Vermittelung eine weitere Heranziehung amerikanischer Offiziere zu erreichen. Die Antwort, welche Duckwitz im November erhielt, war neben ihrer Zusage derart entgegenkommend gehalten, daß die Erwartungen, welche er von Anfang an auf die amerikanische Hülfe gesetzt hatte, durchaus gerechtfertigt wurden. Im Januar traf der Kommodore Parker in Frankfurt zum obigen Zwecke ein. Er hatte zugleich den Auftrag, sich eingehender nach den Wünschen der deutschen Regierung zu erkundigen, besonders nach der Zahl der Offiziere, die gewünscht würden, nach der Dauer und den näheren Bedingungen ihres Eintritts.

Die Besprechungen mit Parker schienen zunächst die von Anfang an gehegten Erwartungen zu bestätigen. Thatsächlich aber führten sie zu einem vollständigen Mißerfolg, da der amerikanische Seemann nach genauerer Kenntnisnahme der unfertigen deutschen Verhältnisse nicht umhin konnte, bereits in einem Schreiben vom 24. Januar 1849 seiner Regierung von einer Betheiligung amerikanischer Offiziere an der deutschen Marine, über welche noch nicht einmal Gesetze erlassen seien, bringend abzurathen. Dem entsprach dann auch, wie wir oben gesehen haben, die Erklärung der amerikanischen Regierung gegenüber dem deutschen Gesandten in Washington.

Immerhin darf es andererseits nicht als ein Unglück bezeichnet werden, daß die große Anzahl amerikanischer Offiziere — Duckwitz hatte deren vierzig erbeten — ausblieb, da die Ausbesserung und Bewaffnung der angekauften, die Fertigstellung der neuen Schiffe sich so verzögerte, daß eine Verwendung der amerikanischen Hülfe in jenem bedeutenden Umfange gar nicht möglich gewesen sein würde. Für den Bedarf genügten vielmehr die infolge jenes Mißerfolges vermehrten Anstrengungen, einige fremde Offiziere und einige Kapitäne von deutschen Handelsschiffen zu den auf der hamburger Flotille bereits vorhandenen hinzu zu gewinnen.

Nicht geringeren Schwierigkeiten begegnete die nothwendige Bemannung der Schiffe. Auf regelmäßigem Wege, durch Eintritt der Mannschaften zum Zwecke gesetzlicher Genügung ihrer Wehrpflicht, war sie nicht möglich, so lange die gesetzlichen Bestimmungen darüber fehlten. Da der Abschluß des Verfassungswerkes, der eine solche gesetzliche Regelung ermöglicht hätte, immer aussichtsloser wurde, war das Reichsministerium auf den guten Willen der Einzelstaaten angewiesen.[1]) So deutlich erkennbar dieser gute Wille auch

---

1) Der Reichskommissar Brommy hatte die hannoverschen Behörden zu Stade und Aurich ersucht, Bekanntmachungen zu erlassen, um Wehr-

namentlich bei den Küstenstaaten zu Tage trat, so blieb die Marineverwaltung doch thatsächlich zumeist auf die Anwerbung von Matrosen angewiesen. Trotz solcher Schwierigkeiten war es aber gelungen, die im Oktober 167 Mann starke Besatzung der damaligen vier Schiffe bei den im April 1849 vorhandenen sechs Schiffen auf 557 Köpfe zu erhöhen. Nicht von demselben Erfolge war die Absicht begleitet, auch Marinesoldaten auf dem Wege der Werbung zu erhalten, zumal auch die Geldmittel nicht ausreichten, ein eigenes Korps von Seesoldaten zu unterhalten. Es gelang aber durch Verabredung mit dem Reichsministerium die Besetzung der

pflichtige zum Eintritt in die Kriegsmarine zu veranlassen mit der Angabe, daß der Dienst in der Reichsmarine die Wehrpflicht zu Lande ersetze. Das lehnte aber auf Anfrage der Landdrosteien das Ministerium ab und gestattete nur eine allgemein gehaltene Aufforderung. Inzwischen wurde bekannt, daß Brommy selbst solche Bekanntmachungen erließ, z. B. Nr. 81 der Ostfriesischen Zeitung vom 4. April 1849: „Vom Reichsministerium des Handels, Abtheilung für die Marine, zu der Erklärung ermächtigt, daß junge Seeleute der ihnen obliegenden Wehrpflicht auch durch den Dienst in der Kriegsmarine des Reichs Genüge leisten können, fordere ich hiemit die im wehrpflichtigen Alter sich befindenden Seeleute auf, nach vorgängiger Anzeige bei ihrer kompetenten Behörde sich bei mir in Bremerhaven zur Einstellung zu melden. Bremerhaven, 30. März 1849. Der Reichscommissarius. R. Brommy, Fregattenkapitän." Das hannoversche Ministerium wandte sich an Brommy, hob die Unverbindlichkeit jener Aufforderung für die Landesgesetze hervor und bat um Änderung der Aufforderung. Brommy erklärte unterm 11. April, daß er im Auftrage des Reichsministers gehandelt habe, da vermuthlich ein solches Gesetz vorbereitet werde und daß die Bekanntmachung veranlaßt sei durch die Schwierigkeit, die auf der Weser liegenden Fahrzeuge durch freiwillige Anwerbung von Matrosen zu bemannen. Er habe aber bisher immer so verfahren, daß Niemand in den Dienst der Marine ohne Genehmigung seiner Behörde aufgenommen werde. Das Ministerium wies darauf die Behörden an, soweit möglich den Eintritt zu gestatten, aber unter Vorbehalt der Militärpflicht.

Schiffe durch solche Reichstruppen zu bewirken, welche verpflichtet waren, zu Lande und zu Wasser zu dienen. Eine Kompagnie des bremischen Kontingents wurde dazu bestimmt.

Während des Winters 1848—1849 waren alle diese Geschäfte durch die Marineabtheilung unter stetem Beirath der technischen Kommission von Frankfurt aus erledigt worden. So lange es sich nur um Instandsetzung oder Abänderung der vom hamburger Flottenverein übernommenen Schiffe handelte und um die Vorbereitungen zur Vermehrung des Flottenmaterials, ließen sich jene Geschäfte auch thatsächlich recht wohl vom Sitze des Reichsministeriums aus leiten. Als aber die hamburger Schiffe bewaffnet und bemannt werden mußten, als die englischen Schiffe eingetroffen waren und eine bedeutende Menge von Geschütz, Kugeln und Waffen sich in Bremerhaven anhäufte, als die Anlegung von Gebäuden und Werkstätten erforderlich wurde und vor allem, als die entstehende Flotte eines Oberbefehlshabers bedurfte, trat die Nothwendigkeit ein, mit der bisherigen Behandlung lediglich von Frankfurt aus zu brechen und eine Verwaltung in Bremerhaven selbst einzurichten.

Demnach handelte es sich um die Ernennung eines Oberbefehlshabers der Marine und um die Einrichtung einer Seezeugmeisterei in Bremerhaven. Die dadurch entstehenden Personalfragen wären vielleicht noch schwieriger gewesen, wenn man überhaupt eine Wahl gehabt hätte. Als aber die technische Marinekommission sich am 10. Februar aufgelöst hatte, traten die in ihr thätig gewesenen Seeoffiziere, die für die obigen Stellen hätten in Betracht kommen können, in ihre bisherigen Dienste zurück: Der Kommodore Schröder in preußische, Kapitän Donner in schleswig-holsteinsche Dienste und auch der österreichische Oberst von Kudriafsky lehnte, übrigens wohl zum Glücke der Flotte, einen Eintritt in den Reichsdienst ab.[1])

So blieb nur ein Marineoffizier übrig: der griechische Fregattenkapitän Karl Rudolf Brommy, aus Leipzig gebürtig, welcher durch Vermittelung des bayrischen Gesandten in Griechenland für den Reichsdienst gewonnen worden war. Ihm wurde unter Ernennung zum Kapitän zur See am 5. April 1849 der Oberbefehl über die Nordseeflotte und gleichzeitig auch die Verwaltung der Seezeugmeisterei übertragen. Keine bessere Wahl hätte die Marineverwaltung treffen können, selbst wenn ihr die größte Auswahl der tüchtigsten Seeleute zur Verfügung gestanden hätte. Keiner hätte mit mehr Hingebung und Treue, mit größerer Sachkenntnis der deutschen Marine dienen können, als Brommy es vom Anfang bis zum Ende der jungen Schöpfung gethan hat. Was aus ihr an kriegsmäßiger Brauchbarkeit mit geringen Mitteln, was an seemännischer Zucht der Mannschaft geleistet werden konnte und geleistet worden ist, das ist in allererster Linie das Werk Brommys gewesen. Er fand nichts vor als das rohe Material der Schiffe, zusammengewürfelte Offiziere verschiedenster Herkunft, zusammengeworbene Mannschaft. In unermüdlicher Sorgfalt hat er daraus trotz der bald eintretenden allerschwierigsten Verhältnisse ein Ganzes, in der von

---

1) Der Verwalter des preußischen Konsulats in Galatz, Levenhagen, entwarf eine nicht günstige Schilderung über den Kontreadmiral v. K., einen geborenen Russen. Er sei als Geschwaderchef schon deshalb nicht tauglich, weil er auf der See stets krank sei und auf dem Verdeck erst beim Einlaufen in den Hafen erscheine. 1. Februar 1849.

ihm eingerichteten Seezeugmeisterei eine musterhafte Ordnung geschaffen, die ihm schon damals die Liebe seiner Untergebenen erwarben und darüber hinaus den Anspruch gegeben haben auf stets dankbare und achtungvolle Nennung seines Namens in der deutschen Geschichte.[1])

Trotz der eifrigen Thätigkeit der Marineabtheilung fehlte es nicht an berechtigten und unberechtigten Angriffen gegen den Minister Duckwitz. Da wegen des bevorstehenden Wiederausbruchs der Feindseligkeiten mit Dänemark bei den Schiffankäufen neben der Schleunigkeit mit einer gewissen Geheimhaltung verfahren werden mußte, fehlte auch der Vorwurf

---

1) Karl Rudolf Bromme, genannt Brommy, war am 10. September 1804 zu Anger bei Leipzig geboren. Zuerst in englischen Diensten trat er sehr bald in die Dienste Griechenlands über. Er gab seine gesicherte Stellung als griechischer Fregattenkapitän auf und ließ sich durch die Vermittelung des bayrischen Gesandten in Athen für den Reichsdienst gewinnen. Am 5. April 1849 wurde er zum Kapitän zur See und Seezeugmeister ernannt, am 19. August 1849 zum Kommodore und am 23. November 1849 zum Kontreadmiral. Nach Auflösung seiner Schöpfung wurde B. am 30. Juni 1853 mit Ruhegehalt verabschiedet. Die Bemühungen des thätigen Mannes, anderweit Verwendung und Beschäftigung zu finden, schlugen fehl. Dadurch entwickelte sich seine durch die Aufregungen der letzten Jahre hervorgerufene Krankheit mehr und mehr. Der Kaiser von Österreich wünschte ihn zu einer ehrenvollen Stellung in Mailand zu befördern. Voll Hoffnung, daß die Thätigkeit seine Krankheit heben würde, folgte er der Aufforderung, sich in Mailand vorzustellen. Aber sein geschwächter Körper vermochte den an ihn gestellten Anforderungen nicht mehr zu genügen. Kränker, als er abgereist, kehrte er zu seiner Familie zurück. — Nach seiner Verabschiedung verweilte Brommy noch einige Zeit in Bremerhaven, ließ sich dann aber nach Ankauf eines Wohnhauses zu St. Magnus (Lesum), im hannoverschen Amte Blumenthal, nieder. Hier lebte er still und zurückgezogen seiner Familie. Er war verheirathet mit Karoline Groffe, einer Tochter des Kaufmanns und Gastgebers G. zu Brake. Bei seinem Tode hinterließ Brommy einen sechsjährigen Sohn. Er starb am 9. Januar 1860 und

der Unthätigkeit nicht.¹) Andere wieder, soweit sie in die Absichten des Ministeriums eingeweiht waren, verurtheilten die schleunige Beschaffung fertiger, für den Kriegsgebrauch nicht zweifellos und vollkommen brauchbarer Schiffe als erfahrungmäßig zu ernsten Bedenken Anlaß gebend. Den einen ging Duckwitz zu langsam vor, den andern zu schnell. Gerade die Thatsache des Ankaufs im Auslande erregte Bedenken in Ansehung der wünschenswerthen Beschäftigung des einheimischen Schiffbaugewerbes. Zahlreiche Vorstellungen dieser Art aus allen Theilen Deutschlands gingen beim Reichsministerium ein. Die preußische Regierung ließ durch ihren Bevollmächtigten Camphausen im Januar 1849 gerade auf diesen Umstand hinweisen und darauf, daß von der einen Million Thaler preußischer Matrikularbeiträge bisher nichts auf Anschaffung im eigenen Lande verwendet werde. Sie bat das Reichsministerium um genaue Auskunft über die damalige Lage der Bestrebungen zur Gründung einer deutschen Kriegsmarine. Mehr Schwierigkeiten als der Wissensdurst der Gesandten bereiteten Duckwitz die mehrfachen Anfragen

---

wurde auf dem stillen Friedhofe des oldenburgischen Dorfes Hammelwarden begraben. Jahrzehnte lang lag dort das Grab des ersten deutschen Admirals ungeschmückt und von der lebenden Nation vergessen. Erst in unseren Tagen haben deutschgesinnte Männer die Ehrenschuld der Nation eingelöst und auf der Ruhestätte des ersten deutschen Admirals ein einfaches, würdiges Denkmal errichtet. Am 22. September 1897 enthüllt, trägt es die vom Dichter der Marschen, Hermann Allmers, verfaßte Inschrift: „Karl Rudolf Brommy ruht in diesem Grabe, der ersten deutschen Flotte Admiral. Gedenkt des Wackern und gedenkt der Zeiten, an schöner Hoffnung reich und bitterer Täuschung."

1) Außer der oben mehrfach angezogenen Broschüre erschienen auch im Hamburgischen Unpartheiischen Korrespondenten im September 1849 Angriffe gegen die Verwaltung der Marine unter Duckwitz.

der Nationalversammlung. Jener konnte eine vertrauliche Beantwortung erfahren, diese aber würden eine öffentliche Aussprache erfordert haben, während doch bei der Lage der Verhältnisse die Geheimhaltung oft geradezu eine Bedingung der Ausführbarkeit war. Erst am 30. April 1849 hat dann Duckwitz eine Anfrage des Abgeordneten von Reden über die Wirksamkeit der Marineabtheilung ausführlich beantworten können.[1)]

Den theilweise zutreffenden Angriffen gegenüber muß aber billig auf die Schwierigkeiten hingewiesen werden, mit denen das Ministerium zu kämpfen hatte. Der Grund derselben beruhte in der ganz unsicheren Lage der deutschen Verhältnisse: es gab wohl ein Reichsministerium, aber kein Reich. Das Bestehen eines solchen war vorausgesetzt, aber die Voraussetzung traf nicht zu. Statt des erwarteten endgültigen Zusammenschlusses der Staaten trat vielmehr eine Lockerung ein und in Ansehung der Marine sogar schon zu Anfang des Jahres 1849 ein Zurückziehen einzelner Staaten. War anfangs die Erbauung von Schiffen in Deutschland aus Mangel an Zeichnungen unmöglich, so wurde sie jetzt durch die in Aussicht stehende Beschränkung der Mittel unausführbar, da die verfügbaren Gelder zur Erhaltung und Ausbildung des bereits Beschafften verwendet werden mußten. Die Machtlosigkeit des Ministeriums führte zu einer Menge zeitraubender Verhandlungen mit den Einzelstaaten bei allen geschäftlichen Behandlungen des Marinewesens, da bei dem

---

1) Abgedruckt als Anlage III in der Schrift: Über die Gründung der deutschen Kriegsmarine von A. Duckwitz. Bremen 1849. Gegen diese Beantwortung richtete sich die Schrift: Die deutsche Marineverwaltung unter Duckwitz.

Mangel gesetzlicher Bestimmungen das weitaus Meiste von dem guten Willen der Einzelstaaten abhängig war.

Erwägt man, daß von Anfang an die Absicht dahin gerichtet war, dem bevorstehenden Kriege mit Dänemark auch zur See bewaffnet gegenübertreten zu können und erwägt man dagegen ferner die obigen allgemeinen Schwierigkeiten, so muß man gerechter Weise anerkennen, daß in der kurzen Zeit bis zum Frühsommer 1849 alles geleistet wurde, was unter solchen Verhältnissen und bei mehrfachen Unglücksfällen überhaupt geleistet werden konnte.

2.
Die weitere Ausgestaltung der Marine.

Am 9. Mai 1849 hatte zugleich mit den übrigen Reichs=
ministern Duckwitz seine Entlassung erbeten und erhalten.
Aus der bisherigen Marineabtheilung des Handelsministeriums
wurde nun entsprechend dem von der technischen Marine=
kommission ausgearbeiteten Plane über die Einrichtung der
Behörden ein eigenes Marineministerium gebildet, welches
Mitte Mai 1849 dem Generalleutnant Jochmus aus Ham=
burg übertragen wurde. Bei dessen späterer, sehr langer Ab=
wesenheit in Gastein — er weilte dort als Begleiter des
Erzherzog = Reichsverwesers — wurde als sein Stellvertreter
der Finanzminister Merck, ebenfalls aus Hamburg, ernannt.
Die bisherigen Marineräthe blieben im Amte, nur der Marine=
rath Kerst erhielt im neuen Ministerium die Stelle eines
Generalsekretärs, die übrigens durch Beschluß des Gesammt=
ministeriums vom 18. September 1849 wieder eingezogen
wurde, was die Entlassung Kersts aus dem Reichsdienste
zur Folge hatte.

Die Ernennung Brommys zum einstweiligen Seezeug=
meister im April ist oben schon erwähnt worden. Seine Voll=
machten waren sehr weitgehende. Sie wurden nur in Bezug
auf die Rechnungführung eingeschränkt, insofern für diese

der preußische Intendanturſekretär Rudolph zum Intendanten und Zahlmeiſter ernannt wurde. Die immer mehr ſich häufenden Arbeiten machten jedoch eine Vergrößerung der Beamtenzahl nöthig und eine Ausgeſtaltung der Behörden, auf welche ſchon Anfang Juli die Miniſterialräthe Kerſt, Jordan und Marcard als geboten hingewieſen hatten. Am 15. November 1849 erfolgte die Einrichtung einer eigenen Marinehauptkaſſe zu Bremerhaven. Nur auf Anweiſungen des Intendanten ſollte dieſe Kaſſe Zahlungen leiſten. Für dieſen ſelbſt war aber eine beſondere Dienſtanweiſung nicht ergangen. In dieſer Beziehung lag nur eine ältere, vom Intendanten ſelbſt entworfene, dem Seezeugmeiſter am 1. April mitgetheilte Anweiſung vor, die unvollſtändig war und ſogar Widerſprüche enthielt. Thatſächlich war die Intendantur keine beſondere Behörde, ſondern eine dem Seezeugmeiſter untergeordnete Abtheilung der Seezeugmeiſterei. Als dann am 8. Juni 1849 Brommy auch der Oberbefehl über die in Dienſt geſtellten Schiffe übertragen wurde, befand ſich die Leitung der Marineangelegenheiten nach jeder Richtung hin in ſeiner Hand.

Dieſer Zuſtand wurde von der Bundes-Zentral-Kommiſſion,[1]) welche nach Ablauf der Reichsherrlichkeit durch den Vertrag zwiſchen Preußen und Öſterreich vom 30. September 1849 eingeſetzt worden war, als unzuträglich erkannt. Es wurde deshalb die Trennung des Flottenoberkommandos von der Seezeugmeiſterei beſtimmt und neben beiden der Intendantur eine beſondere Stellung zugewieſen. Somit waren durch eine entſprechende Verfügung vom 31. Januar 1850 drei gleichgeſtellte Behörden der Bundes-Zentral-

---

1) Vgl. unten, Abſchnitt 6, Eingang.

Kommission untergeben worden: Das Oberkommando, die Seezeugmeisterei, die Intendantur.

Dabei wurde bestimmt:
1. Unter dem unmittelbaren Befehle des Oberkommandos stehen sämmtliche in Dienst gestellte Fahrzeuge nebst Bemannung.
2. Unter der Seezeugmeisterei steht sämmtliches nicht in Dienst gestelltes Material und die zu keinem in Dienst gestellten Fahrzeuge gehörigen Mannschaften, Offiziere und Beamten. Zu ihrem Verwaltungsbereich gehören: Neubau und Ausbesserungen an Schiffen, Maschinen und Gebäuden, Ausrüstung der Schiffe, Beschaffung der Vorräthe, Bekleidung, Verproviantirung, Lazarethwesen. Demnach stehen unter der Seezeugmeisterei die Beamten der Bauverwaltung, Arsenal= und Magazinverwaltung, Sanitätswesen, Marinebildungswesen und bis auf weiteres der nicht an Bord befindliche Theil des Marinierkorps.
3. Unter der Intendantur steht das gesammte Marinekassen= und Rechnungwesen.

Das Flottenoberkommando verblieb Brommy.

Die Verwaltung der Seezeugmeisterei wurde am 19. April 1850 dem Hauptmann Weber übertragen.

Zum Vorstande der Intendantur wurde von der Bundes= Zentral=Kommission zunächst der ehemalige Generalsekretär Kerst in Aussicht genommen, dann aber der preußische In= tendanturrath Bernau ernannt.

Auf Antrag Brommys erfolgte dann im März 1850 für eine geregelte Verwaltung der Vorräthe die Einsetzung einer Materialdirektion unter der Seezeugmeisterei, mit deren Leitung ebenfalls der Hauptmann Weber betraut wurde.

In allen wichtigen Angelegenheiten sollten die drei gleich=
gestellten Behörden unter dem Vorsitz Brommys zur Berathung
zusammentreten.

Übrigens wurde sehr bald zur Vermeidung von Rei=
bereien, die nicht ausblieben, die Einheit im Oberkommando
als nothwendig anerkannt. Unbeschadet des gleichgestellten
Verhältnisses der drei Behörden wurde daher schon im April
1850 dem Admiral Brommy die Stellung eines Disziplinar=
vorgesetzten des Flottenpersonals übertragen, sowie die Ober=
aufsicht über alle Zweige des Marinedienstes. Daraus folgte
die zweifache Dienststellung Brommys als Oberbefehlshaber
der sämmtlichen in Dienst gestellten Schiffe und als Ober=
befehlshaber der gesammten Marine mit der Verpflichtung
einer Aufsichtführung über alle Verwaltungszweige.

Während es in dem bisher behandelten Zeitraum, also
unter dem Ministerium Duckwitz, darauf angekommen war,
für die schleunige Beschaffung einiger Schiffe gegen Dänemark
Sorge zu tragen, hätte nun im folgenden Abschnitt der
Marinethätigkeit der weitere Ausbau in Angriff genommen
werden müssen. Statt dessen aber wird eben dieser zweite
Abschnitt bereits durch einen so drückenden Geldmangel und
damit zusammenhängend durch eine solche Ungewißheit über
die Zukunft der Marine gekennzeichnet, daß es vielmehr
darauf ankam, lediglich das Bestehende zu erhalten.

Das Wenige, was außer der Gestaltung der Behörden
noch geschah, soll hier in Kürze erwähnt werden.

Die Vervollständigung des Schiffmaterials selbst war
durch die in England bereits gemachten Bestellungen und
den Ankauf in Amerika vorbereitet. Jene in England er=
bauten Schiffe, eine Dampfkorvette und zwei Aviso=Dampf=

schiffe trafen im Herbst 1849, das amerikanische Schiff „United States" bereits im Laufe des Sommers auf der Weser ein. Letzteres wurde durch den amerikanischen Kapitän Howard nach Europa gebracht, mußte aber schon in Liverpool einer Ausbesserung der auf der Nantucketbank erlittenen Beschädigung unterzogen werden und erhielt dann, in Deutschland angelangt, den Namen „Hansa" beigelegt. Zur Abnahme der in Bristol erbauten Schiffe ging der Marinerath Jordan nach England. Dem größten dieser Fahrzeuge, der Dampfkorvette „Kora", wurde später der Name „Ernst August" gegeben.[1]) Die beiden kleineren dieser in England gebauten Schiffe, „Inca" und „Cacique", erhielten die Namen „Großherzog von Oldenburg" und „Frankfurt". Diese Fahrzeuge waren nach dem Urtheil des Marinerathes Marcard, welcher bei ihrer Untersuchung und Abnahme in Bristol anwesend war, außerordentlich gut gebaut und mit vortrefflichen Maschinen versehen.

Eine der vornehmsten Sorgen der Verwaltung mußte die Ergänzung des Offizierkorps sein, also die Errichtung einer Kadettenschule für die in sehr großer Anzahl sich meldenden Seejunker. Schon unter Duckwitz war dieser Gedanke angeregt, aber als für den Augenblick nicht geradezu dringend

---

1) Auf der Hinreise nach England sprach der Marinerath Jordan in Hannover vor, um dort die königliche Genehmigung zu erbitten, daß die in Bristol erbaute Dampfkorvette „Kora" auf den Namen des Königs „Ernst August" getauft werde. Diese Taufe wurde dann in feierlicher Weise am 27. November 1849 vollzogen. Als Stellvertreter des Königs war der Generalmajor von Wynecken anwesend. Unter den Schüssen der auf der Rhede von Blexen liegenden Korvette und des Forts Wilhelm vollzog sich die feierliche Weihe. Der König verlieh den Offizieren Ordensauszeichnungen, der Mannschaft Geldgeschenke und stiftete für die Ausstattung des Schiffes einen silbernen Becher. Der Taufakt selbst wurde durch die Tochter des Amtmanns Thulesius vollzogen.

verschoben worden. Als die Schiffe aber für den Winter 1849/50 theilweise abgerüstet und in die Winterlager gebracht werden mußten, kam ein großer Theil des Schiffdienstes in Wegfall. Schon die Nothwendigkeit, die Seejunker und Schiffsfähnriche vor den üblen Folgen des Müssigganges in den Hafenorten zu bewahren, gab die Veranlassung, für eine Beschäftigung derselben durch Unterricht zu sorgen. Ein Vortrag des Marinerathes Dr. Jordan über diese Einrichtung wurde vom Erzherzog-Reichsverweser genehmigt und im Laufe des Winters der Unterricht eröffnet.

Mit großer Dringlichkeit machte sich auch die Einführung einer Marinegerichtsbarkeit geltend. Bisher hatte kein anderes Zuchtmittel zu Gebote gestanden, als die noch unter Duckwitz am 8. März 1849 erlassene Verordnung über die Dienststrafgewalt. Der Mangel eines Strafgesetzbuches erzeugte nun das Mißverhältnis, daß kleinere, innerhalb der Grenzen jener Dienststrafordnung liegende Vergehen bestraft werden konnten, größere dagegen nicht. Denn selbst der Versuch, für schwere Fälle ein besonderes Kriegsgericht durch hannoversche und oldenburgische Offiziere zu bilden, mißlang in Ermangelung eines anwendbaren Strafgesetzes. So blieb thatsächlich nur sofortige Entlassung übrig, für bereits vorgekommene Veruntreuungen natürlich eine ganz ungenügende Sühne. Gerade bei einer ganz jungen Marine konnte aber eine solche Straflosigkeit doppelt verderblich wirken.

Das Reichsministerium hatte daher im September 1849 die Absicht, die hannoversche Militärstrafgesetzgebung einschließlich des Verfahrens bis auf weiteres für die deutsche Marine durch Verordnung des Reichsverwesers anzunehmen und zugleich die Zuständigkeit der hannoverschen kriegsgerichtlichen Behörden auf die vorkommenden Fälle auftragweise zu erstrecken. Eine Anfrage des Reichsministeriums bei der hannoverschen Regierung fand gerade in jener Zeit statt, als diese in Frankfurt wegen Übernahme der Verwaltung der Marine überhaupt verhandelte.¹) Für den Fall eines Nichterfolges dieser Verhandlungen mußte daher der hannoverschen Regierung jeder Antheil, den sie inzwischen an der Verwaltung erlangen konnte, als ein Gewinn willkommen erscheinen. Sie ging daher bereitwillig auf den Gegenstand ein. Die Ausarbeitung einer Verordnung, übrigens unter Heranziehung auswärtiger Marinegesetze, gerieth aber nach der Abdankung des Reichsministeriums ins Stocken und wurde erst schleunig fertiggestellt, als die inzwischen eingesetzte Bundes=Zentral=Kommission über die Einführung des oldenburgischen Strafgesetzbuches berieth und Beschluß faßte.

Ein Einzelfall, die Dienstwidrigkeiten des Kapitäns Howard, hatten nämlich der Bundes=Zentral=Kommission die dringende Veranlassung gegeben, über die Ersetzung des Mangels eines Strafgesetzbuches zu berathen. Das preußische Mitglied dieser Behörde, General von Radowitz, schlug die Einführung des oldenburgischen Strafgesetzbuches vor, dem die österreichischen Mitglieder zunächst zwar entgegen waren, dann aber der Dringlichkeit der Sache wegen zustimmten, nachdem man ihnen preußischer Seits das Bedenken entgegengesetzt hatte, daß die Einführung des hannoverschen Strafgesetzbuches aus Mangel an Bestimmungen für die Marine erst auf dem Wege von Verordnungen eine Ausdehnung und Anpassung erheische. Im März 1850 wurde dann thatsächlich

---

1) Vgl. über diese Verhandlungen unten Abschnitt 4.

das oldenburgische Strafgesetzbuch vorläufig eingeführt. In Hannover erregte das einige Verstimmung und die hier nach= gesuchte Unterbringung der zu Freiheitstrafen verurtheilten Personen in einer hannoverschen Strafanstalt wurde daher von der Regierung abgelehnt, da die Einrichtung dieser Anstalten dem hannoverschen Kriminalgesetzbuche entsprächen, welches in wesentlichen Punkten von dem oldenburgischen abweiche und es nicht angängig sei, Sträflinge nach zwei verschiedenen Gesetzgebungen zu behandeln.[1)]

Materialien an Schiffen und Geschützen wurden während dieser lediglich der Erhaltung des Bestehenden gewidmeten Thätigkeit des Reichsministeriums und der Bundes=Zentral= Kommission überhaupt nicht weiter beschafft. Der Bericht über die nächsten Bedürfnisse der Marine, den der Marinerath Jordan im Dezember 1849 erstattete, beschränkte sich auf die Bestreitung des Allernothwendigsten, also derjenigen Bedürf= nisse, deren Nichtbefriedigung das Bestehen des Vorhandenen

---

1) Nachdem im Frühjahr 1850 die Einführung des oldenburgischen Strafgesetzbuches beschlossen war, lag es nahe, daß die großherzogliche Regierung um Überlassung eines Auditörs ersucht wurde. Diese ent= sprach dem Wunsche: der Amtsassessor Runde übernahm den Dienst vor= läufig, fühlte sich jedoch nicht an seinem Platze. Auf ein erneutes Er= suchen bestimmte die oldenburgische Regierung Steche zum Marineauditör. Da dieser im Laufe der Zeit immer größere Anforderungen stellte hin= sichtlich seiner Stellung, für die er fast völlige Unabhängigkeit forderte, und hinsichtlich seines Ranges, so wurde ihm seine Entlassung, die er nach Jahr und Tag erbat, nicht ungern gewährt. Die Geschäfte des Marineauditörs erhielt hierauf im November 1851 der hannoversche Amts= assessor von Rantzau zu Lehe, der aber im Oktober 1852 um seine Ver= setzung bat, da die fortschreitende Auflösung der Flotte eine befriedigende Thätigkeit nicht mehr gewährte. Die verringerten Geschäfte führten dann noch je einige Wochen der Obergerichtsrath Cramer von Clausbruch und der Obergerichtsassessor von Gruben.

geradezu gefährdet haben würde. Er sah völlig ab vom Bau neuer Schiffe, von der Anschaffung von Geschützen und Lafetten, von der Erwerbung von Grundstücken und der Errichtung eigener Gebäude für die Seezeugmeisterei, das Arsenal, das Marine=Lazareth und die Seekriegsschule. Von Hafen=, Dock= und Werft=Anlagen konnte überhaupt gar keine Rede sein. Lediglich der Gesichtpunkt, das Vorhandene ent= wickelungfähig zu erhalten, war bei jener Aufstellung maß= gebend.

Trotz dieser drückenden Ungunst der Geldverhältnisse und der schwierigen politischen Lage war immerhin der Grund zu einer Marine gelegt worden, die nach dem Urtheil der da= maligen Sachverständigen trotz mancher Mißgriffe durchaus entwickelungfähig gewesen wäre. Schon der Bericht des preußischen Oberstleutnants von Wangenheim, den dieser am 11. September 1849 über seine Sendung an die Weser und Elbe an das preußische Ministerium erstattet hat — die eng= lischen Schiffe waren damals noch nicht einmal eingetroffen — hebt den durchaus befriedigenden Anblick der größeren Schiffe, die vortreffliche Geschützausrüstung von „Hansa" und „Barba= rossa" und die Tüchtigkeit ihrer Maschinen hervor. Es sei kein Zweifel, daß dieses Geschwader von Dampfschiffen sich überall werde sehen lassen können. Nur von der zwar für seetüchtig gehaltenen „Deutschland" besorge man, daß man sie wegen ihres unkriegsmäßigen äußern Ansehns nicht werde in fremden Häfen zeigen können. Der Oberbefehlshaber Brommy sei ein rühriger Mann und ein offener, fester Charakter, der bei Jedermann in großer Achtung stehe, auf den sich das Vertrauen der gesammten Mannschaft richte. Ihm sei ein mehr als gewöhnliches Befehlshabertalent nicht abzusprechen, da er das Ganze fest zusammenhalte trotz der Eifersucht der englischen Offiziere gegen die Amerikaner, beider gegen die Belgier und der deutschen Offiziere gegen die Ausländer.

Ein deutliches Bild über den Bestand und die Verhältnisse der Flotte gewährt der Bericht über eine im März 1850 vorgenommene Besichtigung der deutschen Marine, vom österreichischen Fregattenkapitän von Bourguignon erstattet. Damals lagen acht Kriegdampfer auf der Weser bei Bremerhaven vor Anker, die, obschon nicht alle gleich ursprünglich zu Kriegsschiffen gebaut, dennoch kriegs= und seetüchtige Fahrzeuge waren mit zweckmäßigen Einrichtungen und in Bemastung, Takelage, Artillerie, Waffen und Maschinen „sehr gut" gehalten.

Die Schiffe waren folgende:

1. Hansa (früher United States) von 750 Pferdekraft und 11 Bombenkanonen mit 260 Mann kriegsmäßiger Bemannung.
2. Barbarossa (früher Brittania) von 440 Pferdekraft und 9 68=Pfündern, Bemannung 183.
3. Ernst August (früher Kora) von 270 Pferdekraft und 6 68=Pfündern, Bemannung 150.
4. Lübeck (aus der hamburger Flotille) von 200 Pferdekraft und 2 25= bezw. 32=Pfünder, Bemannung 100.
5. Hamburg (aus der hamburger Flotille) von 160 Pferdekraft und 2 25= bezw. 32=Pfünder, Bemannung 100.
6. Bremen (aus der hamburger Flotille) von 160 Pferdekraft und 2 25= bezw. 32=Pfünder, Bemannung 100.
7. Großherzog von Oldenburg (früher Inca) von 180 Pferdekraft und 2 68= bezw. 32=Pfünder, Bemannung 100.
8. Frankfurt (früher Cacique) von 180 Pferdekraft und 2 68= bezw. 32=Pfünder, Bemannung 100.

Außerdem besaß die Marine

9. Den Dampfer Erzherzog Johann (früher Acabia) im Trockendock zu Brake liegend und der Ausbesserung bedürftig.
10. Das in der Geeste liegende Segelschiff Deutschland (aus der hamburger Flotille).
11. Die Fregatte Eckernförde (früher Gefion) in Eckernförde liegend.[1])
12—37. Die in Vegesack liegenden 26 Kanonenbote.[2])

Über diese Schiffe und die sonstigen Einrichtungen der Marine läßt sich der Bericht Bourguignons wie folgt aus:

„Die Bewaffnung der Schiffe steht im richtigen Verhältnisse zu ihrer Tragfähigkeit und Stärke; einige sind sogar geeignet, für die Dauer einer Seekampagne eine Vermehrung oder Verstärkung ihrer Artillerie zu tragen. Die Installation der Geschütze ist auf den meisten Schiffen und mit wenigen Ausnahmen eine sehr vortheilhafte. Munition und Projektile

---

1) Die „Gefion" lief im Herbst 1843 von der königlichen Werft in Kopenhagen vom Stapel, kam aber schon auf der ersten Übungsfahrt an der schwedischen Küste bei Falsterbo auf Grund und mußte in Kopenhagen völlig wiederhergestellt werden. Im Jahre 1844 machte das Schiff eine Reise nach dem Mittelmeer, zeichnete sich durch schnelle Fahrt aus und wurde damals als eines der am schnellsten segelnden Schiffe der Welt bezeichnet. Es war für 48 Kanonen eingerichtet. Im Jahre 1846 brachte es den Kronprinzen, nachmaligen König Friedrich VII., nach Gibraltar und Kadix. Während des Krieges mit Deutschland blokirte es 1848 in Vereinigung mit drei anderen dänischen Fregatten die Eider, Elbe und Weser. Im folgenden Jahre erhielt es die Bestimmung, zusammen mit dem Linienschiffe „Christian VIII." die Strandbatterie bei Eckernförde zu nehmen, wurde aber am 5. April nach einem blutigen Kampfe von den deutschen Soldaten in Besitz genommen.

2) Zur deutschen Flotte gehörte ferner ein kleiner Theil der schleswig-holsteinschen Flotille. Vgl. über sie unten Anhang 3.

sind auch für das Beginnen von Kriegsoperationen in hinreichender Quantität vorhanden.

Die Schiffe sind größtentheils gut befehligt, da die Mehrzahl der Kommandanten ganz tüchtige Kapitäne sind.

An Offizieren ist der für jetzt erforderliche Bedarf gedeckt; unter denselben sind mehrere sehr verwendbare Offiziere, besonders die meisten als Detail-Offiziere bestellten Leutnants; mit wenigen einzelnen Ausnahmen haben sich die Ausländer die deutsche Sprache so weit zu eigen gemacht, um deutsch kommandiren und den Dienst betreiben zu können.

Marine-Kadetten (Seejunker) sind vor der Hand auch beinahe vollzählig und vielversprechende Leute unter denselben.

Die Mannschaften, die zwar bei weitem noch unter der Sollrolle sind, scheinen ein gutmüthiger, kräftiger Schlag von Menschen zu sein, gehorsam, willig und lenksam.

Von mehreren Seiten wurde mir gesagt, daß die Einführung eines Militärstrafgesetzes eine gute Wirkung bei der Marine hervorbrachte, so zwar, daß man hofft, nur selten davon Gebrauch machen zu müssen.

Die Equipagen sind wohlgekleidet, gut gehalten, wohlgenährt und sehen recht gut aus.

Die rauhe Jahreszeit und das üble Wetter einerseits, sowie andererseits die Arbeiten, die Schiffe aus der Geeste nach der Weser zu bringen, gestatteten nicht, Detail-Exercitien vorzunehmen, und allgemeine Exercitien hätten wegen der unvollständigen, ohnehin nicht zu hoch angeschlagenen Sollrollen nicht ausgeführt werden können, doch soviel ich aus der Haltung der Leute im allgemeinen und aus den auf dem „Ernst August", auf welchem ich mit Dr. Jordan einige Tage zur See zubrachte, mit ein Paar Geschützen gemachten scharfen

Schüssen sehen konnte, scheint, daß auch auf die Instruktion der Equipagen die gehörige Sorge verwendet wird.

Der Dienst wird nach der deutschen im Wesentlichen guten See-Ordonnanz geführt.

Aus der auf diesen Schiffen herrschenden Reinlichkeit, Ordnung und Ruhe glaube ich schließen zu dürfen, daß der Dienst mit Vorliebe und Pünktlichkeit ausgeführt wird; auch schien mir zu bemerken, soweit dies in wenigen Tagen entdeckt werden konnte, daß wenigstens unter den wirklichen Offizieren mehr militärischer Geist herrsche, als man bei einem so jungen Militärkörper, wie die deutsche Marine ist, und der Verschiedenheit der Elemente, aus welchen derselbe gebildet werden mußte, zu finden erwarten durfte.

Der neunte Dampfer, nämlich der „Erzherzog Johann", ist im Trockendock zu Brake; auch dieser ist ein starkes Fahrzeug von schöner Bauart; soviel die Maschinisten und Admiral Brommy versichern, wird es nicht nöthig sein, die Maschine herauszunehmen, indem das Schiff noch nach dem stattgehabten Auffahren auf eine Sandbank ganz gut und mit Sicherheit seine Fahrt fortsetzen konnte. Die Pferdekraft der Maschine und die Bewaffnung dieses Dampfers ist dieselbe wie jene des „Barbarossa".

„Inca" (Großherzog von Oldenburg) und „Cacique" (Frankfurt) sind ganz neu; das Verdeck derselben, obgleich stark und fest, ist jedoch nicht durchaus von fehlerfreiem Holze.

„Ernst August" ist etwa ein halb Jahr alt.

Die anderen Dampfer sind beiläufig im nachstehenden Alter und mit Ausnahme des Verdeckes vom Dampfer „Erzherzog Johann", welches einer starken Ausbesserung bedarf, oder aber sowie dessen weit hervorragendes überhängendes

Heck ganz neu zu machen wäre und der auch neue Masten zu bekommen hätte, zeigen dieselben überall nur gesundes, festes und Dauerhaftigkeit versprechendes Holz.

Hansa ist etwa 2 bis 3 Jahre
Erzherzog Johann etwa 7 Jahre
Barbarossa „ 7 „
Bremen „ 5 bis 6 Jahre
Lübeck „ 5 „ 6 „
Hamburg „ 5 „ 6 „ alt.

Die Kessel der Dampfer sind gut und dürften die ältesten derselben noch einige Zeit dienen können; alle anderen Theile der Maschinen versprechen noch lange Dienstzeit.

Nur der „Ernst August", „Cacique" und „Inca" haben oscillirende Cylinder und letzterer auch Räder à la Morgan, die jedoch in soliden Dimensionen gehalten sind. Tubular= Kessel haben nur die drei letztgenannten Schiffe. Gangspille sind beinahe durchgängig à l'engrainage.

Die in der Geeste liegende „Deutschland" ist durchaus keine Kriegsfregatte; schön und gut getakelt aber ist ihre Be= mastung. Die starke Bauart und Breite dieses Schiffes dürfte es jedoch zulassen, demselben statt der innehabenden vielen kurzen Kanonen eine angemessene Zahl langer 68 pfündiger Bombenkanonen zu geben und dasselbe sonach durch die Trag= weite und Kaliber seiner wenn auch nicht mehr so zahlreichen Artillerie bedeutend kriegsfähig zu machen.

Der Unterricht, welcher den Seejunkern auf der Fregatte Deutschland ertheilt wird, scheint zu ganz befriedigenden Resul= taten geführt zu haben.

Die in Eckernförde geankerte Fregatte „Gefion" ist ein Muster moderner Schiffbaukunst und verspricht ein vortreff=

licher Segler zu sein, deren innere Haltung jedoch in letzter Zeit aus dem Grunde viel zu wünschen übrig läßt, weil der Kommandant derselben irrigerweise glaubte, die in Bordarrest und Untersuchung befindliche Mannschaft nicht zu Arbeiten und Reinigung des Schiffes verwenden zu dürfen, worüber ich ihn aber gehörig orientirte, um so mehr, als ich mit Vergnügen die viele Sorgfalt entdeckte, mit welcher derselbe für die Reinlichkeit und Konservation aller zum Schiffe gehörigen am Lande befindlichen Geräthschaften und Materialien mit bestem Erfolge bedacht ist.

Die Fregatte hat nur einen kleinen Theil ihrer Geschütze, da die meisten noch in Rendsburg sind; auf derselben befinden sich circa 80 Mann Equipage und eine zeitliche Besatzung von 1 Offizier und 50 Mann der zu Eckernförde garnisonirenden königlich preußischen Landtruppen. Die von einem holsteinschen Auditör, Christiansen, auf Einladung des Admiral Brommy gepflogene Untersuchung des kürzlich auf der Fregatte vorgefallenen subordinationswidrigen Benehmens eines Theils der Mannschaft dürfte ehestens beendet sein.

Auf meine Fragen, ob die Equipage jetzt ruhig, gehorsam und willig sei, und ob die Besatzung von Landtruppen unter den Befehlen des Kommandanten der Fregatte stehe und demselben Folge leiste, erwiderte mir Leutnant-Kommandant Poppe mit entschiedener Bejahung, weshalb vor der Hand und bis zum Abschlusse der Untersuchungen keine andere Maßregel anwendbar ist.

Die in Vegesack befindlichen 26 nicht bemannten Kanonenböte, wenn ich gleich mit deren Konstruktion nicht einverstanden sein kann, sind jedoch immerhin vermöge der Geschütze, die sie führen, keineswegs zu verachten; dieselben haben nämlich eine 68 pfündige Bombenkanone vorne und einen 32=Pfünder rückwärts. Bei einem gemachten Versuche, mit dem „Ernst August" ein Kanonenbot bei ruhiger See mit voller Kraft (Schnelligkeit über 11 Seemeilen auf die Stunde) zu schleppen, stellte sich hervor, daß dasselbe durch die Klüsen so viel Wasser einnahm, daß nach wenig Minuten mit halber und viertel Kraft gegangen werden mußte, um das Kanonenbot nicht sinken zu machen und zu verlieren; da aber das Eindringen des Wassers nur durch die Klüsen und keineswegs von oben geschah, so wird es ein leichtes sein, diesem Übelstande abzuhelfen und die Kanonenböte bei ruhigem Wetter auch auf der See verwendbar zu machen.

Das zu Bremerhaven am Lande befindliche Detaschement der Marine=Infanterie ist in einem gemietheten, nicht sehr bequemen Privathause so gut als möglich untergebracht. Haltung und Aussehn dieser Leute ist ganz gut. Aus dem Defiliren und einigen Handgriffen derselben sah ich, daß das Exerciren mit Erfolg betrieben wird. Tambours, von Pfeifern begleitet, rühren mit gelenkiger Hand die Trommel und schlagen mit gutem Takt die für die deutsche Flotte eigens komponirten Märsche und Trommelstreiche.

Das Spital zu Bremerhaven ist ebenfalls nur ein kleines Privathaus, jedoch für den augenblicklichen Bedarf mehr als hinreichend geräumig.

Für die Kranken wird die gehörige Sorge getragen und dieselben haben die erforderliche Bedienung.

Der Sanitätsdienst und die Verwaltung desselben ist sowohl am Lande als auch auf den Schiffen unter der Leitung des sehr eifrigen dirigirenden Stabsarztes Dr. Heins einfach und zweckmäßig eingerichtet und mit vieler Ordnung geführt. Dem Spital von Bremerhaven ähnlich, aber besser ist das kleine Marine-Spital zu Brake; sowohl das eine als auch das andere haben eine kleine Apotheke im Hause.

Die Marine-Haupt-Apotheke zu Bremerhaven ist mit allem Erforderlichen versehen und die Schiffapotheken der ausgerüsteten Dampfer sind mit vieler Sorgfalt und ganz zweckmäßig eingerichtet.

Die nicht beträchtlichen und bei weitem unzulänglichen Vorräthe an Material für die Schiffe sind in zwei Privatgebäuden nach Thunlichkeit aufbewahrt und für den Augenblick so gut als möglich gesichert, obgleich in einem jener Gebäude das untere Stockwerk von Privaten als Magazin benutzt ist.

Die Artilleriegegenstände sind zum Theil untergebracht; für die nicht montirten Geschütze, die vor einem der obigen Gebäude auf Balken liegen, ist kein eigener Ort vorhanden. Die Projektilen sind in der Nähe der Batterie, theils (Hohlkugeln) in einer geschlossenen Baracke, theils unter freiem Himmel in Pyramiden aufgeschichtet.

Der Pulverthurm, etwa eine halbe Stunde von Bremerhaven, ist von Holz, ziemlich geräumig und trocken. Nicht ferne davon ist das Laboratorium und das Wachhaus, wo königlich hannoversche Truppen den Dienst versehen; es mögen bei 1000 Faß Pulver im obigen Depot sein, worunter ein Theil schon vor vielen Jahren erzeugt wurde.

Das Monturdepot zu Bremerhaven besitzt einen für den ersten Augenblick hinreichenden Vorrath an Kleidungstücken und an Wäsche für die Equipagen; die Hemden sind halb Leinen halb Baumwolle, die Hosenzeuge für den Sommer aber von ganz vortrefflichem Leinen; alle Tuchsorten und wollenen Winter=Unterziehhosen sind von guter Gattung. Auch in diesem Depot herrscht viel Ordnung.

Das Kassenwesen ist insofern in befriedigender Ordnung, als jede Einnahme und Ausgabe in die Register eingetragen und mit den gehörigen Belegen versehen ist; die neue von der hohen Bundes=Zentral=Kommission erlassene Kassenordnung wird nun allmählich ins Leben treten.

Die Materialverwaltung wird bereits nach dem Entwurfe ordnungmäßig besorgt, welchen der sehr beflissene und eifrige Hauptmann Weber unter den Auspicien des Admiral Brommy aufgesetzt hat und der mit wenigen Abänderungen von der hohen Bundes=Zentral=Kommission genehmigt worden ist.

Das Steinkohlenlager in Bremerhaven ist nahe am Hafen gelegen, mit Holzplanken geschlossen und gedeckt, und dürfte bei 1500 Tonnen guter Steinkohlen enthalten; auch in Glückstadt hat die deutsche Flotte bei 12 bis 1500 Tonnen Steinkohlen liegen.

Das Trockendock zu Bracke, worin der Dampfer „Erzherzog Johann" liegt, ist geräumig und verdient von innen verkleidet zu werden; die Schleuse dazu ist bereits von der hohen Bundes=Zentral=Kommission bewilligt worden.

Auf dem „Erzherzog Johann" ist eine Schiffsjungen=Schule angelegt, welche die besten Resultate liefert, die Jungen machen Fortschritte im Lesen, Schreiben, Rechnen, Arithmetik und exerciren recht brav mit Gewehr und Segel; ihre Zahl ist nur 20 und wäre zur ferneren Heranbildung von guten Chargen zu erweitern.

Aus dieser gedrängten, aber der Wahrheit getreuen Schilderung der deutschen Marine dürfte sich gleichzeitig das Faktum klar hervorstellen, daß Admiral Brommy dem schwierigen Posten eines Chefs dieser Marine ganz gewachsen ist."

Soweit der Bericht des Fregattenkapitäns von Bourguignon.

Als die Bundes-Zentral-Kommission die Geschäfte an die wiedereingerichtete Bundesversammlung abgab, äußerte sie sich über die Marine in einer Denkschrift vom 5. Juni 1851 dahin: Die Kommission habe sich bemüht, die provisorische Organisation der Flotte, welche sie vorgefunden, soviel als möglich nach richtigen Verwaltungsgrundsätzen weiter zu entwickeln, den Haushalt der Flotte durch Aufstellung von Etats und von Verwaltungs- und Geschäft-Anweisungen mehr zu regeln und mit dem mindesten Aufwand von Kosten die Erhaltung des an und für sich vortrefflichen Materials so gut zu erzielen, als dies für eine zur Unthätigkeit verurtheilte Kriegsflotte auf einem beengten Strome ohne Kriegshäfen, ohne Docks und sonstige für Kriegsmarinen unentbehrliche Einrichtungen nur immer habe geschehen können. „Was nichtsdestoweniger bei Schöpfung der ersten deutschen Kriegsflotte unter den obwaltenden Umständen erzielt worden ist, darf das gerechte Urtheil sachverständiger Prüfung nicht scheuen."

3.
Die Finanzlage der Marineverwaltung.

Wir haben oben gesehen, daß die Nationalversammlung in ihrer 16. Sitzung vom 14. Juni 1848 die Verfügbarmachung einer Summe von 6 Millionen Thalern zum Zwecke der Gründung einer deutschen Marine beschlossen hatte. Von dieser Summe sollten 3 Millionen sofort, 3 Millionen nach Bedürfnis ausgeschrieben werden. Da aber eine sofortige Verwendung dieser Gelder nicht erforderlich war — die für die hamburger Flotille nöthige Summe von 300 000 Thaler war bereits von der Bundesversammlung aus den Ulm=Rastatter Festungbaugeldern vorgeschossen worden — erfolgte die matrikularmäßige Ausschreibung der ersten Rate von 3 Millionen Thaler erst unter der provisorischen Zentralgewalt durch eine Verordnung des Reichsverwesers vom 10. Oktober 1848. Die zweite Rate von ebenfalls 3 Millionen Thaler wurde durch eine Verordnung vom 12. Februar 1849 zur Umlage gebracht.

Auf diese 6 Millionen Thaler oder 10 500 000 Gulden waren aber bis zum Eintritt der Wirksamkeit der Bundes=Zentral=Kommission, also bis Ende 1849, wirklich eingezahlt worden nur ein starkes Drittel, nämlich 3 629 048 Gulden, es blieben also 6 870 952 Gulden rückständig.

Folgende 14 Regierungen hatten ihre Marinebeiträge baar und vollständig entrichtet:

  Hannover   Schwarzburg-Rudolstadt
  Holstein   Waldeck
  Lauenburg   Schaumburg-Lippe
  Meklenburg-Schwerin Lübeck
  Nassau   Frankfurt
  Oldenburg   Bremen
  Anhalt-Dessau   Hamburg.

Theilweise baar gezahlt hatte Preußen, nämlich die erste Rate im Betrage von rund anderthalb Millionen Gulden, die zweite Rate aber durch Anrechnung von Schiffbauten, und zwar gemäß eines schriftlichen Abkommens mit dem Reichsministerium.

Theilweise (aber ohne solche Gegenleistung) hatten ferner gezahlt:

  Bayern   Anhalt-Bernburg
  Württemberg   Anhalt-Köthen
  Baden   Schwarzburg-Sondershausen
  Großherzogthum Hessen Hohenzollern-Hechingen
  Braunschweig   Liechtenstein
  Sachsen-Weimar   Hohenzollern-Sigmaringen
  Sachsen-Meiningen Beide Reuß
  Sachsen-Koburg-Gotha Lippe
  Sachsen-Altenburg Hessen-Homburg.
  Meklenburg-Strelitz

Gar keine Beiträge zahlten Österreich, Sachsen, Kurhessen und Luxemburg-Limburg, die letzteren ohne ausdrückliche Verwahrung, vielmehr aus aufschiebenden, auf die Zahlungweise oder besondere Verhältnisse bezüglichen Gründen. Österreich aber lehnte eine Zahlung grundsätzlich ab und hatte schon unterm 16. Oktober und 8. Dezember 1848, dann unterm 27. Februar 1849 gegen eine Theilnahme an den Umlagen Verwahrung eingelegt, jedoch Ausgleichung durch andere Mittel, nämlich Bereithaltung von Kriegsschiffen seiner Mittelmeerflotte, in Aussicht gestellt. Es hat sich darüber nicht geäußert und auch später nicht äußern mögen, ob es die bereit zu haltenden Schiffe als Eigenthum, wie es zu einem wirklichen Ausgleich erforderlich gewesen wäre, dem Deutschen Reiche übergeben wolle oder aber, wie es wirklich nur in seiner Absicht lag, lediglich einen Küstenschutz im allgemeinen durch seine Flotte zu gewähren gedenke.

Die folgende Übersicht giebt einen Nachweis über die bis zum 31. Dezember 1849 von den einzelnen Regierungen geleisteten Zahlungen auf die beiden Umlagen von zusammen 10 500 000 Gulden.

Laufende Nr.	Staaten	Ausgeschriebener Betrag		Erfolgte Zahlung		Rückstände	
		Gulden	Kr.	Gulden	Kr.	Gulden	Kr.
1	Österreich	3 132 277	6	—	—	3 132 277	6
2	Preußen	3 161 373	40	1 561 410	54	1 599 962	46
3	Bayern	1 175 979	42	87 027	37	1 088 952	5
4	Sachsen	396 397	38	—	—	396 397	38
5	Hannover	431 198	24	431 198	24	—	—
6	Württemberg	460 964	52	345 723	39	115 241	13
7	Baden	330 331	22	247 748	32	82 582	50
8	Kurhessen	187 584	50	—	—	187 584	50
9	Großherzogthum Hessen	204 640	10	153 480	10	51 160	—
10	Holstein	108 348	42	108 348	42	—	—
11	Lauenburg	10 570	36	10 570	36	—	—
12	Luxemburg u. Limburg	83 766	24	—	—	83 766	24
13	Braunschweig	69 237	28	51 928	6	17 309	22
14	Mecklenburg-Schwerin	118 258	38	118 258	38	—	—

Laufende Nr.	Staaten	Aus-geschriebener Betrag		Erfolgte Zahlung		Rückstände	
		Gulden	Kr.	Gulden	Kr.	Gulden	Kr.
15	Nassau	100 014	6	100 014	6	—	—
16	Sachsen-Weimar	66 396	36	33 198	18	33 198	18
17	„ -Koburg-Gotha	36 865	—	23 953	39	12 911	21
18	„ -Meiningen	37 988	6	28 491	4	9 497	2
19	„ -Altenburg	32 438	32	16 219	16	16 219	16
20	Mecklenburg-Strelitz	23 707	32	17 780	39	5 926	53
21	Oldenburg	72 910	4	72 910	4	—	—
22	Anhalt-Dessau	17 490	2	17 490	2	—	—
23	„ -Bernburg	12 237	28	9 178	6	3 059	22
24	„ -Köthen	10 720	34	8 040	25	2 680	9
25	Schwarzb.-Sondersh.	14 903	34	7 451	47	7 451	47
26	„ -Rudolstadt	17 817	4	17 817	4	—	—
27	Hohenzoll.-Hechingen	4 789	48	2 394	54	2 394	54
28	Liechtenstein	1 832	2	916	1	916	1
29	Hohenzoll.-Sigmaring.	11 746	34	5 873	17	5 873	17
30	Waldeck	17 136	36	17 136	36	—	—
31	Reuß, ältere Linie	7 351	32	3 675	46	3 675	46
32	Reuß, jüngere Linie	17 244	58	12 933	44	4 311	14
33	Schaumburg-Lippe	6 936	58	6 936	58	—	—
34	Lippe	23 804	20	17 853	15	5 951	5
35	Hessen-Homburg	6 606	38	4 954	58	1 651	40
36	Lübeck	13 427	58	13 427	58	—	—
37	Frankfurt	15 806	22	15 806	22	—	—
38	Bremen	16 021	4	16 021	4	—	—
39	Hamburg	42 877	—	42 877	—	—	—
		10 500 000	—	3 629 047	41	6 870 952	19

Was die Stellung Preußens zur Zahlung der zweiten Rate anlangt, so ist daran zu erinnern, daß durch ein Abkommen[1]) mit dem Minister Duckwitz im Dezember 1848 die Übernahme der in Preußen erbauten oder zu erbauenden 40 Kanonenboote vereinbart worden war. Um eine sofortige Verwendung der ersten Rate zu ermöglichen, war Preußen

---

1) Vgl. oben S. 33 u. 34.

ferner darauf eingegangen, die für das Reich aufgewandten Baukosten und andere Lieferungen erst auf die zweite Rate in Anrechnung zu bringen. Die von der preußischen Regierung aufgestellte Rechnung führte aber im Februar 1849 zu Ausstellungen Seitens der Marineverwaltung, welche die Ausrüstungkosten der Fahrzeuge und Mannschaften und größere Holzankäufe von der Rechnung abgesetzt wissen wollte. Dem wurde vom preußischen Bevollmächtigten mit Recht entgegengehalten, daß die Anschaffungen von Kompaß, Ferngläsern, Ankern, Takelage, Handwerkzeug, Hängematten ebenso unerläßlich sei als die Beschaffung der Bekleidung der Mannschaften für den Fall eines nahen Wiederausbruchs des Krieges. Immerhin ermäßigte sich die preußische Aufstellung von 1 269 781 Thalern auf 900 000 Thaler, ohne daß dabei der Taxwerth der ebenfalls der Verabredung gemäß auf das Reich zu übernehmenden „Amazone" in Anrechnung gebracht worden war. Der zweiten Rate der Matrikularumlage war dadurch preußischer Seits dem Abkommen mit Duckwitz entsprechend thatsächlich Genüge geschehen, während dieser allerdings eine baare Zahlung wenigstens eines Theiles der Rate noch erwartet und auf diesen Theil zur Deckung der Bedürfnisse für die ihm näher am Herzen liegende Weserflotte gerechnet hatte.

Da nun thatsächlich die Kanonenboote noch nicht vom Reiche übernommen, auch wegen der „Amazone" noch kein endgültiges Abkommen getroffen, andererseits aber der Krieg mit Dänemark eine Verwendung der Schiffe jederzeit nöthig machen konnte, beschloß das preußische Staatsministerium, da es eine anerkannte Reichsflagge[1] noch nicht gab, die wegen

---

1) Vgl. unten Anhang 1.

Kündigung des Waffenstillstandes in Bereitschaft gesetzten
Kriegsfahrzeuge die preußische Flagge führen zu lassen. Dem
Minister Duckwitz kam die Mittheilung hiervon nicht ungelegen,
da er auf diese Weise der preußischen Kanenenböte, gegen
deren verhältnismäßig theueren Bau er von Anfang an ein=
genommen gewesen war, ledig zu werden hoffte. Er setzte
Camphausen von seiner Annahme in Kenntnis, daß Preußen
die Kanonenböte als Zubehör der Küstenbefestigung gelten zu
lassen, mithin von der deutschen Marine absondern zu wollen
scheine. Demnach würde von dem preußischen Marinebeitrag
nur das noch in Abrechnung zu bringen sein, was an Schieß=
bedarf vom Reiche bestellt worden sei. Camphausen erklärte
dem Minister sofort unterm 16. April, daß diese Annahme
nicht begründet sei und daß die preußische Maßregel sich ledig=
lich auf die wegen Kündigung des Waffenstillstandes in Be=
reitschaft gesetzten Kriegsfahrzeuge beziehe. Auf die vom Mi=
nister beabsichtigte einseitige Veränderung einer getroffenen
Übereinkunft könne er keine Rücksicht nehmen.

Zweifellos war dieser Standpunkt Preußens geschäftlich
der richtige, denn es war, wie noch zu einem viel späteren
Zeitpunkt, durchaus bereit, die Fahrzeuge durch das Reich
abnehmen zu lassen. Andererseits war das Reichsministerium
der damals schon ungemein drückenden Finanzlage wegen zu
dieser Übernahme gar nicht in der Lage, weil mit diesem
Material zugleich die Unterhaltungskosten der Flotte sich be=
deutend erhöht haben würden. Die von Preußen betriebene
Einrichtung und Bemannung der Fahrzeuge war lediglich eine
Folge des Baues und eine Nothwendigkeit in Ansehung des
bevorstehenden Krieges. Die Marineverwaltung aber konnte
die durch das Abkommen mit Preußen erwachsenen Aufgaben

nicht mehr tragen und so behauptete der Finanzminister Merck im Mai und Juni 1849 unter Beibehaltung jenes grundlosen Standpunktes die Zahlungpflicht Preußens, natürlich ohne Erfolg. Denn bei der damaligen Lage der Verhältnisse konnte die preußische Regierung nicht gewillt sein, eine Zahlung zu leisten, zu der sie nicht verpflichtet war, am allerwenigsten aber eine Zahlung, die lediglich der Nordsee zu gute gekommen sein würde.

Es war daher vergeblich, daß Merck auf die hohe Dringlichkeit der Zahlung hinwies, auf die Erschöpfung aller Mittel zur Bestreitung der laufenden Ausgaben der Seezeugmeisterei, der nothwendigsten Bedürfnisse der Nordseeflotte, auf die Unmöglichkeit, die bereits in Anspruch genommenen Kredite aus den gegenwärtigen Mitteln der Reichskassenverwaltung zu ergänzen. Werde das nicht möglich gemacht, so würde, schrieb Merck an den preußischen Bevollmächtigten, „die traurige Nothwendigkeit eintreten, unsere endlich in See gebrachten Schiffe im Angesicht des Feindes alsbald wieder abzutakeln, die mit den größten Anstrengungen gewonnenen Mannschaften zu entlassen und dadurch den wesentlichsten Theil der Schöpfung, welcher die meisten Schwierigkeiten gemacht hat, die Organisation und Disciplinirung des Materials selbst wieder zu vernichten, eine Maßnahme, die genügen würde, der jungen deutschen Marine vor der Nation und vor ganz Europa moralisch den Todesstoß zu geben."[1]) So beklagenswerth diese Sachlage war, so konnte sie die preußische Regierung umsoweniger zu einem gutwilligen Aufgeben ihres Rechtstandpunktes veranlassen, als ihr eben

---

1) Merck an Camphausen, 12. Juni 1849.

in jenen Tagen vertraulich bekannt wurde, daß derselbe Minister Merck aus Hamburg sich damals gerade mit dem Gedanken eines Aufgebens der Flotte trug und mit Verwendung der Schiffe zu überseeischer Packetfahrt im hamburger Interesse.

Mit den oben namhaft gemachten auf die Matrikularumlagen eingezahlten Beiträgen von 3 629 048 Gulden, ferner mit den bei der Reichsverwaltung eingegangenen freiwilligen Beiträgen von 190 492 Gulden und endlich mit den nach und nach aus zwingender Noth aus den Festungbaugeldern entnommenen Vorschüssen von 1 502 864 Gulden, zusammen also mit 5 322 404 Gulden, wurde der Grund zu einer deutschen Flotte gelegt. Ihre Verwaltung ging dann mit dem Schlusse des Jahres 1849 auf die Bundes-Zentral-Kommission über.

Durch die bedeutenden Rückstände der Beiträge für die Flotte litt nun nicht nur die Verwaltung der Marine selbst, der gesammte Finanzhaushalt wurde dadurch in Mitleidenschaft gezogen. Denn da die Bedürfnisse der Flotte befriedigt werden mußten, wurden wie bisher die Fonds für den Festungbau vorschußweise angegriffen. Diese Vorschußleistung aus den Festungbaugeldern fand aber ihre Grenze an den für das Jahr 1850 bereits abgeschlossenen Bauverträgen. Eine Ergänzung jener Bestände war infolge des dauernden Ausbleibens der Marinebeiträge unmöglich und die Herbeiführung eines geregelten Zustandes der Finanzlage des Bundes war ausgeschlossen. Die nothwendige Unterhaltung der Flotte konnte daher weiterhin nur durch eine Vorschußumlage vom Januar 1850 ermöglicht werden, durch freiwillige Vorschüsse der österreichischen Regierung, der preußischen Regierung und einen kleinen Vorschuß der hannoverschen Regierung, weiterhin durch eine auf den dresdener Ministerial-Konferenzen im Februar 1851 vereinbarte und durch Bundesbeschluß vom 28. April anerkannte Matrikularumlage von 750000 Gulden und endlich durch eine am 8. Juli 1851 beschlossene Vorschußumlage von 532000 Gulden. Aber auch auf diese Vorschußumlagen, zumal auf die letzte, gingen die Zahlungen nur theilweise ein.

Unter solchen Verhältnissen wurde der Fortbestand der Marine unhaltbar.

4.
Ausſichten und Abſichten im Sommer 1849.

Die Ausſichten für die Zukunft der Marine waren bei der im vorigen Abſchnitt erörterten Finanzlage geradezu troſt= los. Schon als Duckwitz zurückgetreten war und Jochmus bezw. Merck die Leitung der Marine übernahmen, waren die Kaſſen erſchöpft, man lebte von der Hand in den Mund, von Anleihen unter dem Namen von Vorſchüſſen aus den Feſtung= baugeldern, deren Erſtattung ausſichtlos war, vollſtändig aus= ſichtlos unter dem immer haltloſer ſich geſtaltenden Reichs= miniſterium.

Es konnte daher bei der Lockerung der frankfurter Ver= hältniſſe kaum noch befremden, daß die Männer, welche die eigentliche Verwaltung in der Hand hatten und denen die Geldverlegenheiten täglich und ſtündlich am meiſten fühlbar waren, daß die Räthe des Marineminiſteriums ſich veranlaßt ſahen, auch ihrerſeits nach Hülfe zu ſuchen. Im Juni reiste der Generalſekretär Kerſt in die Nordſeeſtaaten, um dort für die Sache der Marine und für deren Erhaltung zu wirken. Er hat namentlich in Oldenburg und Hannover beſonders nachdrücklich das Intereſſe der Nordſeeſtaaten zur Sprache gebracht für den Fall des Aufhörens der proviſoriſchen Zentral= gewalt. Der Miniſterialrath Dr. Jordan wandte ſich ver=

traulich an den Staatsminister Grafen Brandenburg in Berlin. Eine gedeihliche Entwickelung der Marine sei bei der Haltlosigkeit der frankfurter Zustände unmöglich. Die Marine müsse, so führte Jordan aus, um einen festen Halt zu gewinnen, sobald als möglich dem Theil des deutschen Bundesstaates angeschlossen werden, als dessen Verwirklichung die von Preußen und seinen Verbündeten Hannover und Sachsen beabsichtigte Einsetzung eines Verwaltungsrathes[1]) zu begrüßen sei. Denn es handle sich nicht blos um das Ansehn der Marine, sondern noch mehr um ihre Daseinfrage, da die vorhandenen Mittel kaum hinreichten, die Flotte noch drei bis vier Wochen über Wasser zu halten.

Ein unmittelbares Eingreifen war für die preußische Regierung nicht möglich. Bei ihrer Stellung zu der von ihr nicht anerkannten Zentralgewalt konnte es daher nur darauf ankommen, eine genaue Kenntnis von dem Gang der

---

1) Zur Erläuterung des politischen Hintergrundes erinnere ich hier daran, wie im Frühjahr 1849 der Versuch eines neuen Reichsregimentes zusammengebrochen war und wie damals den beiden Großmächten die Aufgabe zufiel, für die künftige Herstellung einer deutschen Verfassung zu sorgen. Preußen, dessen Vorschläge von Österreich abgelehnt worden waren, erließ Ende April eine Einladung an alle deutschen Regierungen, Bevollmächtigte zur Beschließung einer annehmbaren Reichsverfassung nach Berlin zu schicken. Diese war von Preußen dahin gedacht, daß Deutschland einen Bundesstaat unter preußischer Leitung bilden und mit Österreich eine ewige Union eingehen solle, also die Ausbildung eines engeren und weiteren Bundes. Die am 17. Mai in Berlin begonnenen Berathungen führten zu einem in Wirklichkeit freilich nur scheinbaren Einverständnis der drei Königreiche Preußen, Hannover und Sachsen und zum Abschluß des Dreikönigbündnisses vom 26. Mai, das allen später Beitretenden offen gehalten und zu dessen Geschäftführung ein gemeinsamer Verwaltungsrath eingesetzt wurde. Vgl. Näheres darüber in von Sybel, Die Begründung des deutschen Reiches I, S. 323 ff.

Verwaltung in Frankfurt zu besitzen, damit nicht etwa bei der schließlichen Auflösung der Reichsregierung eine Verschleuderung der Marinebestandtheile stattfinde. Denn mochten nun nach dieser Auflösung die Geschäfte an eine neue Zentralgewalt für den gesammten Staatenbund oder unmittelbar an Preußen übergehen als Leiter des engeren Bundes, so war es für die Regierung in beiden Fällen nothwendig, den Stand des Marinewesens genau übersehen zu können. In diesem Sinne empfahl auch der General von Radowitz dem Grafen Brandenburg, das Anerbieten Jordans zu Berichten über den Stand der Marineangelegenheiten, wie es dann auch geschehen ist, anzunehmen.

Für eine etwa nöthig werdende schnelle Übernahme der Marine in andere und stärkere Hände konnte die Ausführung eines Planes von Werth werden, der im Schooße der Marineverwaltung schon im Mai zur Sprache gekommen war. Von dem Augenblicke an nämlich, in welchem die Flottenangelegenheiten aus dem Zustand der Berathungen heraustraten und zur Verwirklichung geschritten werden konnte, begann auch die beträchtliche Entfernung zwischen der gestaltenden und verwaltenden Oberbehörde und den Schauplätzen der Verwirklichung ihrer Anordnungen als ein lähmendes Hinderniß fühlbar zu werden. Die Nothwendigkeit einer dauernden Anwesenheit der eigentlichen schaffenden Behörde in der unmittelbaren Nähe der Küste machte sich immer mehr geltend. Ein Entwurf über solche Maßnahmen war schon am 18. Mai ausgearbeitet worden und hatte die Billigung des damaligen Marineministers gefunden. Der Ministerwechsel hinderte die Vollziehung. Auch der Minister Jochmus hatte sich kurz vor seiner Abreise — er begab sich mit dem Reichsverweser

am 30. Juni nach Gastein — in mündlicher Besprechung mit Jordan einverstanden erklärt. Am 3. Juli reichten dann Kerst, Jordan und Marcard dem stellvertretenden Marineminister Merck eine Denkschrift ein über die Verlegung einer Abtheilung der bisherigen Marineoberbehörde nach Hamburg.[1]
Thatsächlich würde die Einrichtung einer Admiralität in Hamburg eine etwa eintretende Lösung der Marine aus ihrem Verband mit der provisorischen Zentralgewalt erleichtert haben. Des äußeren Rechtszusammenhangs wegen bemühte sich besonders Jordan sehr lebhaft, die Verlegung nach der Küste durch das Ministerium selbst vornehmen zu lassen, denn er rechnete bereits mit der Möglichkeit eines ganz plötzlichen und sehr baldigen Zusammenbruchs der Reichsherrlichkeit.

In Ansehung der dem Minister Merck eingereichten Denkschrift vom 3. Juli erfuhren die drei Räthe sehr bald, daß im Gegensatz zu ihr ein Gegenbericht verfaßt worden, der keinen Geringeren zum Verfasser hatte, als den Minister Merck selbst. Dieser war einer der entschiedensten Gegner des Minister Duckwitz gewesen, dessen Veranstaltungen er zu wiederholten Malen nicht allein im Marineausschuß, sondern auch öffentlich in der Nationalversammlung auf das heftigste und nicht selten mit persönlichen Mitteln bekämpft hatte. Der Gegenbericht griff nun die bisherige Marineverwaltung auf das schärfste an und die Meinung von Merck lief, wie Kerst und Jordan vertraulich nach Berlin, Marcard nach Hannover berichteten, auf nichts geringeres hinaus, als daß die Marine als eine unhaltbare Sache aufgegeben werden müsse und die vorhandenen Dampfschiffe für zu errichtende Packetlinien

---

[1] H 40, Nr. 1 b.

Hamburg—Rio und andere verwendet werden sollten. Hamburg solle der Hafen für diese Dampfer werden.

Infolge dieser Anschauung mußte der Versuch der drei Räthe, die Verlegung der Marinebehörde nach Hamburg durch das Reichsministerium selbst anordnen zu lassen, vollständig scheitern. Die eingereichte Denkschrift wurde nach einer geheimen Berathung im Gesammtministerium zu den Akten genommen und beschlossen, dem Antrage keine Folge zu geben.

Der Generalsekretär Kerst, der übrigens kurz vorher in Berlin gewesen war, berichtete zuerst am 5. Juli dem preußischen Ministerpräsidenten über die Vorgänge in Frankfurt und schloß einige Tage später daran die Mahnung, bald einen Entschluß zu fassen, wenn man die Marine nicht aufgeben wolle. Es gebe in Norddeutschland keinen Gegenstand von gleicher Volksthümlichkeit wie die Flotte. Aber, fügte er hinzu, soweit er die Stimmung an den Höfen und im Volke habe kennen lernen, werde man sie nur dann an eine stärkere Macht gern übergehen sehen, wenn sie die deutsche Flagge führe.

Jordan ging einen gewaltigen Schritt weiter, als er über diese neuesten Ereignisse nach Berlin berichtete.[1] Er hielt den Zeitpunkt für eingetreten, den Verwaltungsrath der drei verbündeten Königreiche die Marineangelegenheiten in die Hand nehmen zu lassen. Das Bestehen der Flotte sei gefährdet, wenn das Steuer nicht in andere Hände komme. Er schlägt geradezu vor, der Verwaltungsrath solle ein Oberkommando mit dem Sitze in Hamburg ernennen und unter Berufung darauf die Marineministerialbeamten auffordern, mit

---

1) Bericht vom 8. Juli 1849.

allem Zubehör der Verwaltung nach Hamburg überzusiedeln. Sämmtliche Bürobeamte seien den Räthen ergeben und die Absendung der Registratur und der Bibliothek würde keine erheblichen Schwierigkeiten veranlassen.

Diese letztere Versicherung Jordans entsprach übrigens — bezeichnend für die frankfurter Zustände — durchaus den thatsächlichen Verhältnissen. Auch der preußische Geschäfts= träger von Balan und der von Berlin nach Frankfurt ge= sandte Major Teichert berichteten in gleicher Weise. Beide sollten damals unter der Hand dahin wirken, daß das in Liverpool befindliche Schiff „United States" der Gefahr dänischer Hinwegnahme wegen vorläufig dort verbleibe. Teichert hat dann aber auch mit den ihm aus der Paulskirche und der Marinekommission bekannten Kerst und Jordan die andere Angelegenheit besprochen und diese wie auch der Hannoveraner Marcard haben ihre volle Bereitwilligkeit erklärt, sich mit der gesammten Beamtenschaft den Befehlen des Verwaltungs= rathes bei einer Verlegung der Marinebehörde nach Hamburg unterzuordnen.

Der dritte Ministerialrath, Marcard, berichtete in gleicher Weise wie Kerst und Jordan die Vorgänge nach Hannover. Er wies aber auch bereits dunkel, ohne genaueres zu wissen, darauf hin, daß anscheinend Hannover mit in den Merckschen Plan hineingezogen werden solle. Im übrigen spricht auch er die Hoffnung aus, daß der Marine bald ein anderer Schutz werden möge, als die jetzige Zentralgewalt ihn geben könne. Es komme darauf an, von dieser auf gute Weise loszukommen. Das sei freilich um so schwieriger, als das Reichsministerium mit der Marine das einzige fortgebe, worüber es thatsächlich noch verfügen könne. Andererseits würden vielleicht die drücken=

den Verbindlichkeiten und die geringen Mittel das Ministerium veranlassen, sich der Marine freiwillig zu entäußern.[1]

Als dieser Bericht Marcards vom 6. Juli in Hannover einging, war bereits eine Meldung des hannoverschen Bevollmächtigten in Frankfurt, des Oberfinanzraths Witte, beim Minister des Äußern, Grafen Bennigsen, eingelaufen, welcher einige von Merck entworfene, sehr bedeutungsvolle Aufzeichnungen über das Verhältnis Hannovers zur deutschen Marine übermittelte. Der Minister Merck führt in dieser Aufzeichnung aus, daß Hannover nach seiner Lage berufen sei, die Leitung der Marine in der Nordsee zu übernehmen. Hannovers unthätigem Verhalten sei es hauptsächlich zuzuschreiben, „daß unwissende Bürokraten (Kerst und Jordan), ehrgeizige Kaufleute (Duckwitz) und fremde Abenteurer (Morgan) sich der Leitung der Marine bemächtigt, die Gelder vergeudet und eine kostbare Zeit verschwendet haben." Die Leitung der Flottenangelegenheit müsse in starke Hände kommen „und nicht mehr, wie bisher, quasi als bremer Familiensache betrieben werden". Wollte man dem Plane, die Flotte an Preußen mit unbedingtem Vertrauen zu überlassen, Raum geben, so würden daraus für die Nordseestaaten zwei Nachtheile entstehen. Einmal würde man die Nordsee der Ostsee opfern, die doch nur eine Pfütze sei, und zweitens würde aus einem Unternehmen, von welchem der gesammte Handelsstand Deutschlands sich großen Nutzen verspreche, nichts werden als eine Staatsflotte zum Staat. Besser wäre es, wenn man auf die Errichtung einer eigenen Kriegsflotte verzichtete und nur eine bedeutende Anzahl bewaffneter Dampfer anschaffte und unter-

---

[1] Bericht Marcards vom 6. Juli 1849 in H 40, Nr. 1 b. Ebenda der nachfolgende Bericht Wittes über die Merckschen Ausführungen.

hielte, welche in Friedenzeiten den Verkehr mit den Kolonien zu vermitteln hätten.

Witte bemerkt selbst hierzu, es sei leicht zu erkennen, was davon auf Rechnung des hamburger Kaufmanns zu setzen sei. Witte giebt aber auch gleichzeitig die Frage zur Erwägung, die, wie anzunehmen ist, eben durch die Unterhaltungen mit Merck nahegelegt war, ob es nämlich nicht dem hannoverschen Vortheil entspräche, einstweilen einige der besten Schiffe zu übernehmen und sich dadurch in dieselbe Lage zu setzen wie Preußen, welches statt der Marinebeiträge Kanonenböte gebaut und nun das Material in der Hand habe. Komme es zu geordneten Zuständen, so würde Hannover die Kosten wiedererhalten, bleibe die Verwirrung, so habe es die Schiffe. Ja es komme zu diesem pekuniären Interesse noch die politische Rücksicht, daß man die Flotte nicht in die Hände Preußens gerathen lasse. Bei dessen Verhältnis zur Zentralgewalt bekomme es die Schiffe von dieser nicht. Gerade deshalb könne sie Hannover übernehmen, ohne mit Preußen in Widerstreit zu kommen. Es könne darauf hingewiesen werden, daß die Erhaltung der Schiffe für den berliner Bund nöthig gewesen sei und daß deshalb Hannover sich der Sache unterziehen müsse. Für Hannover werde es sich machen lassen, so lange Merck die Marineangelegenheiten in der Hand habe. Es sei aber keine Zeit zu verlieren.

Ein Fünfter, welcher in jenen Tagen über die Merck'sche Absicht schrieb, war der vormalige Minister Duckwitz in Bremen. In einem Schreiben an den Ministerialvorstand Braun in Hannover entwickelte er jenen Merck'schen Plan und fügte hinzu, daß man in Frankfurt darauf rechnen zu können glaube, daß Hannover ein solches Vorhaben billige. Daß man diese

Meinung von Hannover habe, sei aber sehr gut, denn dadurch werde der andere Plan erleichtert, die Zentralgewalt zu einer Aufforderung an Hannover zu bewegen, die Angelegenheiten der Nordseeflotte vorläufig in die Hand zu nehmen, der Flotte die hannoversche Flagge zu geben und die deutschen Staaten zur Einschießung der Unterhaltungskosten zu bewegen. Es sei alles vorbereitet, so daß die Aufforderung bald in Hannover eintreffen könne, aber freilich in der Zuversicht, Hannover werde dem Plane beipflichten. Es komme nur darauf an, daß man Muth habe und zufasse. Der König Ernst August müsse die Flotte retten, die Nation werde ihm zujauchzen. Sollte man aber in Frankfurt Mißtrauen gegen Hannover schöpfen und fürchten, es werde sich nicht brauchen lassen, so müsse sich Hannover von selbst in die Sache mischen und der frankfurter Wirthschaft ein Ende machen. In solchen Zeiten wie den jetzigen, sei „die gewohnte Kleiderordnung nicht zu halten".[1]

Solche Anregungen fielen in Hannover auf empfänglichen Boden. Wir sind über die Stellung und Stimmung der hannoverschen Regierung in jenen Tagen vorzüglich unterrichtet durch eine Niederschrift des Geheimen Legationsraths August Neubourg, des begabten und federgewandten Generalsekretärs im Ministerium des Äußern. Zwei Umstände seien, so führte er aus, für das Verhalten der hannoverschen Regierung maßgebend. Einmal die Unmöglichkeit, daß die provisorische Zentralgewalt bei ihrer Machtlosigkeit und Mittellosigkeit sich ferner der Marine annehme, dann die jedes deutsche Gefühl verletzende Behandlung der Kriegsflagge durch

---

[1] Schreiben des Senators Duckwitz vom 8. Juli 1849 ebenda.

England, welches gedroht habe, die Schiffe, welche ihr Vaterland unter dieser Flagge gegen Dänemark vertheidigen würden, wie Seeräuber zu behandeln. Wollten die Regierungen für die Marine, in der das deutsche Einheitgefühl seinen beredten Ausdruck gefunden, keine Theilnahme mehr zeigen und sie der Auflösung preisgeben, so würden sie beschuldigt werden, daß ihnen an der Einheit und Ehre Deutschlands nichts liege. Dazu böten aber die Sonderinteressen der Nordseestaaten einen zweiten Gesichtpunkt. Preußen wolle das außerösterreichische Deutschland, mindestens aber Norddeutschland, beherrschen. Zu seinen Schritten zu diesem Ziele gehöre auch die Gründung einer eigenen, neben seinem Bemühen um die Leitung der allgemeinen deutschen Marine. Gelinge beides, so habe es auf dem Wege der friedlichen Eroberung Deutschlands einen guten Schritt vorwärts gethan, weil ihm damit auch die Leitung der deutschen Handelspolitik zufalle. Schon mit Rücksicht auf die preußischen Ostsee- und Rheininteressen widerstreite das aber den Interessen der Nordseestaaten und die Art, wie Preußen sich im Abschluß von Handelsverträgen versucht habe, sei nicht geeignet, Vertrauen zu seiner handelspolitischen Einsicht zu begründen. Die Erhaltung des Vorhandenen sei daher für die Nordseestaaten die Erfüllung einer Pflicht zur Erhaltung der Selbständigkeit. Unter den Nordseestaaten stünde Hannover voran, von ihm würden erhaltende Schritte erwartet, sei es, indem es einen Antrag der provisorischen Zentralgewalt auf einstweilige Übernahme der Marine annehme oder indem es einen entsprechenden Auftrag selbst beantrage. Dazu sei nun freilich zweierlei erforderlich, die materiellen Mittel und die rechtliche Befugnis. Da Hannover die Mittel allein nicht habe, müsse es auf die Beisteuer der übrigen, gleich ihm betheiligten Staaten rechnen dürfen, der Nordseestaaten und der übrigen, dem entfernteren Handelsgebiet der Nordsee angehörenden Länder. Die rechtliche Befugnis würde durch den Auftrag der provisorischen Zentralgewalt gegeben sein, dessen Annahme Preußen gegenüber eine Erleichterung in dessen ausgesprochener Nichtanerkennung der Zentralgewalt finden dürfte. Ohne Einvernehmen mit Preußen und den Ostseestaaten werde nicht verfahren werden können, weil die Schiffe auch mit deren Gelde erworben und weil die zu ergreifenden Maßregeln zum Theil in den Bereich des Vertrages vom 26. Mai fielen. Wolle man in der Marineangelegenheit demnächst gefragt und nicht blos mit Eröffnungen versehen werden, so müsse man handelnd auftreten, soweit man dazu befugt sei.

Begreifen wir diesen Standpunkt Hannovers in wenigen Worten, so war die Absicht diese: Erhaltung der Marine im Interesse der Nordseestaaten, im Interesse ihres Handels und der politischen Selbständigkeit; dann in beiden Hinsichten ausschlaggebende Stellung Hannovers bei der Verwaltung der Nordseeflotte und Fernhaltung eines vorherrschenden Einflusses Preußens. Vom Standpunkte der hannoverschen Politik aus mag grundsätzlich diese Stellung die richtige gewesen sein. Man kann der hannoverschen Regierung auch das Anerkenntnis nicht versagen, daß sie durchaus folgerichtig nach jenen Grundsätzen gehandelt hat. Aber diese Grundsätze waren aufgebaut auf einer verblendeten Überschätzung der eigenen Kräfte und der der übrigen Mittel= und Kleinstaaten. Sie waren daher, wie das Ende der Flotte gezeigt hat, undurchführbar.

Zunächst kam freilich die hannoversche Regierung nicht dazu, den bisherigen Anregungen eine selbständige Folge zu geben, weil inzwischen, und zwar durchaus erwünscht, eine Aufforderung von Seiten des berliner Verwaltungsrathes genau im obigen Sinne an sie ergangen ist.

Den obigen frankfurter Berichten und den verschiedenartigen Plänen lag die eine gemeinsame Anschauung zu Grunde, daß, wenn eine Erhaltung und Entwickelung der Marine stattfinden solle, der Übergang in eine kraftvollere und zahlungsfähige Verwaltung nothwendig sei. Die Gefahr lag nahe, daß bei gänzlichem Versiegen der Mittel, was so zu sagen jeden Tag zu erwarten war, eine mitten im Kriege mit Dänemark erfolgende gänzliche Abrüstung der mit so vielen Kosten eingerichteten Schiffe an der Nordsee den Keim zu einer deutschen Kriegsmarine vernichten und die ganze junge Schöpfung dem Spotte des übrigen Europa preisgeben konnte. Am 6. Juli 1849 unterbreitete die preußische Regierung die Angelegenheit dem Vorsitzenden des Verwaltungsrathes der drei verbündeten Regierungen Preußen, Hannover und Sachsen in Berlin.[1]) Der Verwaltungsrath solle sich mit denjenigen Regierungen, welche dem Bündnis vom 26. Mai noch nicht beigetreten, zur Herbeiführung eines Einverständnisses in Verbindung setzen. Als aber unmittelbar darauf in Berlin durch die obigen Mittheilungen Kersts und Jordans die Aussichtslosigkeit einer Verlegung der Marinebehörde an die Küste durch das Reichsministerium selbst und sogar die Absichten bekannt wurden, mit denen sich der Minister Merck trug, ging die preußische Regierung dem Verwaltungsrathe gegenüber in der ersten Aufwallung erheblich weiter und machte geradezu den nicht ganz unbedenklichen Vorschlag Jordans zu dem

---

1) Vgl. über den Verwaltungsrath oben S. 81 Anm.

ihrigen. Sie schlug am 11. Juli dem Verwaltungsrathe vor, die Leitung der deutschen Marineangelegenheiten unverzüglich selbst in die Hand zu nehmen und den Vorschlägen Jordans Folge zu geben durch Ernennung eines Oberkommandos für die Marine mit dem Sitze in Hamburg und durch Aufforderung an die Marine-Ministerialbeamten in Frankfurt, mit dem Zubehör der dort befindlichen Behörde nach Hamburg überzusiedeln.

So sehr man die sachliche Zweckmäßigkeit einer solchen Verlegung im allgemeinen auch zugeben mag, so standen ihr doch erhebliche Bedenken entgegen. Vor allen dies, daß jene an Preußen gerichteten Anträge nicht vom Marineminister selbst ausgegangen waren, sondern von dessen Untergebenen, hinter seinem Rücken und wider seinen Willen. Dabei war in Betracht zu ziehen der völlig entgegengesetzte politische Standpunkt von Merck und von Kerst und Jordan und der Umstand, daß sachlich dem einem der reichsten hamburger Handelshäuser angehörigen Merck ebensogut ein Urtheil über Marineverhältnisse zuzutrauen war als den beiden sehr zufällig erst in Frankfurt dem Marinewesen zugeführten früheren Schullehrern Kerst und Jordan.

Das wichtigste Bedenken aber war der gerechte Zweifel, ob man von Seiten der drei verbündeten Regierungen in einer nicht sie allein sondern eine Mehrzahl noch nicht beigetretener Staaten berührenden Bundesangelegenheit in dieser etwas gewaltthätigen Weise vorgehen könne, ohne sich anderen Verwickelungen der schlimmsten Art auszusetzen. Da der Kern der Sache lediglich die Sicherstellung der Marine und die Bereitstellung der zu ihrer Unterhaltung nothwendigen Mittel war, so hat sich der Verwaltungsrath auch thatsächlich durch die obigen Bedenken abhalten lassen, auf die Jordan'schen Vorschläge einzugehen. Er hielt vielmehr für den einzigen sicher zum Ziele führenden Weg den, daß die preußische Regierung die Regierung irgend eines der Nordseestaaten veranlasse, sich durch eine sofort zu versuchende Vereinbarung mit dem Marineminister einstweilen die gesammte Verwaltung der Flottenangelegenheiten in der Nordsee im Namen und für alle Mitglieder des deutschen Bundes übertragen zu lassen. Preußen und die andern mit ihm verbündeten Staaten würden dann der betreffenden Regierung gegenüber die Verpflichtung einzugehen haben, für den einstweilen nöthigen Aufwand der Unterhaltung die Bürgschaft zu übernehmen.

Diese vom Verwaltungsrath an das preußische auswärtige Ministerium am 12. Juli erlassene Antwort entsprach nun durchaus dem oben entwickelten Standpunkte der hannoverschen Regierung, was sehr natürlich zuging: denn eben der hannoversche Bevollmächtigte im Verwaltungsrath, der Klosterrath und spätere Geheime Legationsrath von Wangenheim, war Berichterstatter in der Angelegenheit gewesen und dem von ihm selbst gestellten Antrage entsprach der obige Beschluß. Von den Mitgliedern dieser Behörde wurde übrigens schon in jener Sitzung der Wunsch ausgesprochen, daß, wenn Preußen sich mit einem solchen Ersuchen an Hannover wenden sollte, dieses seine guten Dienste nicht versagen möge. In dem sofortigen Bericht an seine Regierung rieth Wangenheim, sich der Verhandlung in Frankfurt zu unterziehen und die Leitung zu übernehmen. Schon Tags zuvor, am 11. Juli, hatte er in diesem Sinne berichtet. Am 12. Juli traf denn auch telegraphisch die Billigung des hannoverschen Ministeriums beim Gesandten Grafen Knyphausen in Berlin ein.

Auch die preußische Regierung verkannte nicht die Wichtigkeit der Bedenken, durch welche der Beschluß des Verwaltungsrathes geleitet worden war und richtete am 23. Juli ein Schreiben an das hannoversche Ministerium im Sinne jenes Beschlusses. Eine Vereinbarung aller deutschen Regierungen sei keinesfalls so schnell zu erreichen, als die rechtzeitige Vorbeugung der Übelstände erheische. So möge Hannover durch Vereinbarung mit dem Marineminister sich einstweilen die gesammte Verwaltung der Flottenangelegenheit in der Nordsee für alle Mitglieder des deutschen Bundes übertragen lassen. Dabei werde vorausgesetzt, daß die hannoversche Regierung bei Übernahme der Marineangelegenheit sich anheischig mache, bei deren weiterer Leitung und den zu treffenden Anordnungen im Einverständnis mit dem Verwaltungsrathe zu verfahren. Unter dieser Bedingung werde die preußische Regierung bereit sein, die nöthigen Geldmittel zur Unterhaltung des fortlaufenden Dienstes gemeinsam mit den übrigen Verbündeten zur Verfügung zu stellen.[1]

In Hannover ging man mehr als willig auf den Plan ein. Einige Bevorwortungen bei den Bedingungen fanden schnelle Abwickelung und am 26. Juli erging an den hannoverschen stellvertretenden Bevollmächtigten in Frankfurt, den Oberfinanzrath Witte, die Weisung, die Verhandlungen mit dem Minister Merck zu eröffnen. Schon vorher war übrigens Witte von den Vorgängen verständigt und zu vertraulicher Besprechung mit Merck ermächtigt worden. Witte war daher bereits vor Empfang der amtlichen Weisung in der Lage, zu

---

[1] Die Verhandlungen im Verwaltungsrath finden sich im Geh. St.-A. und in H 40, Nr. 1b. Ebenda die weiteren auf diese Angelegenheit bezüglichen Aktenstücke.

berichten, daß Merck, der übrigens von den Abmachungen im Verwaltungsrathe keine Ahnung hatte, die Beschleunigung der Angelegenheit bringend wünsche, da sonst das Reichs= ministerium bei der finanziellen Unmöglichkeit, für die Unter= haltung der Flotte zu sorgen, sich genöthigt sehen würde, auf jedes Auskunftmittel einzugehen, von welcher Seite es sich auch darbiete.

So hatte Witte die besten Aussichten, seine Verhand= lungen schnell ins Reine zu bringen. Allerdings waren ver= schiedene Hindernisse zu überwinden. Nicht nur beim Reichs= minister Fürsten Wittgenstein wurde ein Widerstand dagegen vorausgesetzt, noch mehr bei dem beim Erzherzog=Reichsverweser in Gastein weilenden eigentlichen Marineminister Jochmus, der leidenschaftlich gern Reichsminister war und den es mit Trauer erfüllt haben würde, wenn ihm auf einmal sein bestes Ministerium abhanden gekommen wäre. Dann aber stieg am Horizont der deutschen Flotte zu allen Plänen dieses Sommers noch ein neuer auf. Je mehr es sich nämlich herausstellte, daß die schon jetzt vorhandenen und demnächst erwarteten Schiffe ein werthvolles Marinematerial darstellten, um so mehr Liebhaber fanden sich, die herrenlose Flotte heimzuführen. Nun trat auch Österreich auf den Plan und Graf Rechberg äußerte gesprächsweise, daß man die deutschen Dampfschiffe zur Belagerung von Venedig hergeben könne. Eine ähnliche auf eine Vereinigung der Flotte mit der österreichischen im Mittelmeer hinzielende Bemerkung wurde auch dem Reichs= verweser selbst in den Mund gelegt. Daß solche Gedanken schon damals thatsächlich erwogen wurden, geht aus späteren mehrfachen Äußerungen hervor. Diese Umstände waren Grund genug für Merck und Witte, ihre Verhandlungen mit einer gewissen Schnelligkeit zu führen, um bald zu einem fertigen Vertragentwurf zu gelangen.

Diesen Vertragentwurf überbrachte Witte persönlich nach Hannover, wo er am 21. und 22. August im Gesammtministerium berathen und im Allgemeinen gutgeheißen wurde. Auch in Frankfurt verliefen die Verhandlungen innerhalb des Ministeriums glatter, als man voraussehen konnte. Der Fürst Wittgenstein war einverstanden und die Unzuträglichkeit der Geldnoth war so groß, daß Merck schließlich auch die Vollmacht des Reichsverwesers erreichte. Auch einige Abänderungen, die man in Hannover bei dem Vertragentwurf angebracht wünschte, wurden, soweit sie sachlich waren, leicht erreicht und nur bei Punkten förmlicher Natur, wie bei dem Ausdruck des Oberaufsichtrechts, zeigte Merck eine leicht erklärliche Scheu des Nachgebens.

Die beste Unterstützung war die Lage der Reichskasse. Diese sei, wie Witte nach seiner Rückkehr berichtete, so drückend, daß das Reichsministerium im Falle des Nichtzustandekommens des Vertrages genöthigt sein würde, alle Ausgaben für die Marine einzustellen und dadurch einen förmlichen Konkurs über sie ausbrechen zu lassen. Dann aber würde, fuhr er fort, der Fall eintreten, wo Preußen gerechtfertigt erschiene, wenn es mit der Erklärung, für die Erhaltung der Schiffe sorgen zu wollen, die Flotte an sich nähme, ein Fall, der gewiß nicht den hannoverschen Wünschen entspräche. Er habe deshalb auch Wangenheim um Beschleunigung gebeten, da dessen Verhandlungen in Berlin die in Frankfurt bedingten. Das Reichsministerium lebe aus der Hand in den Mund, bei ihm handle es sich nicht um Monate, sondern um Wochen und Tage.

Der hannoversche Bevollmächtigte beim Verwaltungsrath, Geheime Legationsrath von Wangenheim, legte den Vertragsentwurf nebst dem im hannoverschen Gesammtministerium aufgenommenen sogenannten Notatum, sowie eine Übersicht des Geldbedürfnisses am 30. August dem Verwaltungsrathe vor. Eines Eingehens auf die Bestimmungen des Vertrages bedarf es hier nicht, da er thatsächlich nicht zur Ausführung gekommen ist. Zu erwähnen sind nur diejenigen Punkte, welche zu Weiterungen im Schoße des Verwaltungsrathes und der preußischen Regierung geführt haben. Dahin gehörte besonders die Bestimmung, wonach im Kriege die Marine unter dem Oberbefehl der Zentralgewalt stehen solle, ferner das dieser vorbehaltene Oberaufsichtsrecht und die Möglichkeit jederzeitiger Zurücknahme von ihrer Seite gegen Erstattung der Kosten. Die preußische Regierung sprach sich sofort gegen den Oberbefehl der Zentralgewalt im Kriege aus und überhaupt gegen jede Verfügung derselben über die Flotte, sie wünschte die Übernahme der Verwaltung durch Hannover auf sechs Monate ohne Kündigung bestimmt, aber ein sofortiges Aufhören des Verhältnisses bei Eintritt einer neuen Zentralgewalt. Die im Interesse des Abschlusses in Frankfurt gewünschte Beschleunigung der berliner Verhandlungen war dadurch unmöglich und wurde noch mehr verzögert, weil der Vorsitzende, der Generalleutnant von Canitz, im Verwaltungsrathe Zusagen gemacht hatte und daraufhin bereits ein Antwortschreiben an Wangenheim entworfen war, ohne daß er schon eingehend darüber an die preußischen Ministerien berichtet und sich deren Zustimmung versichert hatte. Denn nun stellte sich heraus, daß man auf dieser Seite die Vertragsgenehmigung durch die Erörterung einer weiteren Frage bedingt sehen wollte. Man könne nämlich, so führte der preußische Kriegsminister aus, Preußen nicht zumuthen, außer den früheren Matrikularbeiträgen noch bedeutende Zahlungen für die Nordseeflotte zu machen und nebenbei aus seinen alleinigen Mitteln die Kosten der Erhaltung und Erweiterung der Ostseeflotte zu bestreiten, ohne gewiß zu sein, ob die mitverbündeten Regierungen diese Beschaffungen in die deutsche Flotte aufzunehmen bereit seien. Das begründe seinen Antrag, von einer ferneren getrennten und dadurch kostspieligeren Verwaltung der Nord- und Ostseeflotte abzusehen. Die Richtigkeit dieser Forderung zugegeben, so war sie, ohne mit dem in Frankfurt abzuschließenden Vertrage etwas zu thun zu haben, in hohem Maße geeignet, den Abschluß hinauszuschieben, da sie in Verbindung mit anderen Forderungen von Preußen zur Bedingung der Zahlung gemacht wurde. Aber schon jene obigen vom Verwaltungsrathe aufgenommenen preußischen Abänderungen des Vertragsentwurfes waren der Art, daß ein Eingehen des Reichsministeriums auf sie so gut wie aussichtslos war.[1]

Schon Wangenheim erklärte das in Berlin zu verschiedenen Malen und Witte berichtete es aus Frankfurt nach

---

[1] Auf die Nachricht von diesen Vorgängen im Verwaltungsrath schrieb Witte am 14. September an Neubourg in Hannover: Die Preußen fangen augenscheinlich an zu tergiversiren, sei es, daß sie in der Aussicht auf die baldige Errichtung einer neuen Zentralgewalt und in der Hoffnung, daß dabei die Nord- und Ostseeflotte ihrem Departement zufallen werde, deren Verwaltung nicht vorher noch in die Hände Hannovers kommen lassen wollen, oder sei es, daß sie letzteres aus Besorgnis vor einem Rücktritt Hannovers von dem Dreikönigbunde zu verhindern wünschen. Dazu kommt, daß auch Bürgermeister Smidt meiner Überzeugung nach aus allen Kräften dagegen intrigiren wird. Bremen wird immer darauf rechnen, mehr Einfluß auf die Flotte zu gewinnen, wenn sie unter einer Zentralverwaltung steht, als unter Hannover.

Hannover. Denn gerade zum Aufgeben gewisser Ehrenrechte war man in Frankfurt am allerwenigsten geneigt, weil am Ende kein anderes Ergebnis übrig geblieben wäre, als der Beweis, daß das Reichsministerium bereit gewesen, auf alle ihm gestellten Bedingungen hin die Flotte abzutreten. Dazu kam aber, daß sich im Laufe des September in Frankfurt die Lage überhaupt geändert hatte und keineswegs mehr eine solche war, daß man dem Reichsministerium heute diese, morgen jene Bedingung stellen konnte. Die österreichische Regierung nämlich hatte dem Reichsministerium nicht nur 250000 Gulden sofort zur Verfügung, sondern auch für die nächste Zukunft die nöthige Unterstützung in Aussicht gestellt. Die Sorge für eine weiter hinausliegende Zeit aber verflüchtigte sich durch die immer aussichtsvoller sich gestaltende Errichtung einer neuen Zentralgewalt. In demselben Maße aber verminderte sich die Neigung des Reichsministeriums zum Abschluß des Vertrages.

Andererseits trat nun aber auch in Berlin ein sehr bedeutender Umschwung der Ansichten ein. Die Aussichtslosigkeit eines Abschlusses in Frankfurt unter den obigen Bedingungen war bekannt geworden, es wurde aber auch erzählt, daß nach Bremerhaven der Befehl ergangen sei, die Flotte zum Auslaufen bereit zu halten und daß man die Absicht hege, die Schiffe zur Überwinterung in die mittelländischen Gewässer gehen zu lassen. Der Gewährsmann dieser Mittheilungen war der Generalsekretär der Marine, Kerst, den das Reichsministerium am 18. September unter dem Vorwande des Geldmangels, in Wirklichkeit, weil er ihm wegen seiner preußischen Beziehungen verdächtig war, ganz plötzlich entlassen hatte. Vier Tage später war Kerst in Berlin und berichtete über die Lage in Frank=

furt. Abgesehen davon, ob die Kerstschen Mittheilungen in Rücksicht des Auslaufens der Flotte vollständig zutreffend waren oder nicht — nach seiner Erklärung im Abgeordnetenhause schenkte der Minister von Schleinitz jenem Gerüchte keinen Glauben — so mußte eins vor allem der preußischen Regierung nothwendig erscheinen, nämlich auf jeden Fall zu verhindern, daß die Schiffe den verbündeten Regierungen entzogen und diese, wenn der Waffenstillstand den Krieg statt des Friedens brächte, sich von maritimen Schutzmitteln entblößt sehen konnten. Die unter solchen Umständen eintretende schwere Verantwortung den Kammern gegenüber — eine erregte Anfrage des Abgeordneten von Ammon über diese Angelegenheit hatte am 28. September stattgefunden — war für die preußische Regierung Veranlassung, ihre erschwerenden Bedenken und Bedingungen fallen zu lassen und den Wunsch auf sofortige Wiederaufnahme der Verhandlungen in Frankfurt auszusprechen.

Ehe aber diese Willensmeinung der preußischen Regierung nach einer mündlichen Besprechung des am 27. September in Berlin erschienenen hannoverschen Ministers Grafen Bennigsen mit dem preußischen Minister von Schleinitz in schriftlicher und bindender Form erfolgte, war es, wie Witte in Frankfurt schon vier Wochen früher befürchtend ausgesprochen, nunmehr zur Weiterführung der Verhandluugen thatsächlich zu spät. Denn an demselben Tage, an dem die hannoversche Regierung ihren Bevollmächtigten mit dem Abschluß der Verhandlungen in Frankfurt beauftragte, am 3. Oktober, war dort die vorläufige Nachricht eingetroffen von dem in Wien erfolgten Abkommen zwischen Preußen und Österreich wegen Errichtung einer neuen provisorischen Zentralgewalt. Tags darauf erhielt die Nachricht ihre amtliche Bestätigung durch eine Mittheilung der österreichischen Regierung, durch welche der Reichsverweser ersucht wurde, für den Fall der Genehmigung jenes Abkommens sein Amt an Österreich und Preußen abzugeben.

Es war nur natürlich, daß unter solchen Umständen der Erzherzog und das Reichsministerium sich lediglich noch für befugt ansehen konnten, die laufenden Geschäfte wahrzunehmen, keineswegs aber einen Vertrag von so eingreifender Wichtigkeit abzuschließen.

Im Laufe des Monats Dezember übernahm dann die infolge des preußisch-österreichischen Abkommens eingesetzte Bundes-Zentral-Kommission die Fürsorge für die Flotte.

5.
Die Überwinterungfrage 1849|50; das oldenburgifch-preußifche Übereinkommen.

Die Sorge für eine fichere Unterbringung der Flotte während des Winters hat das Reichsminifterium der Marine fchon fehr früh befchäftigt. Bereits unterm 24. Mai 1849 berichtete Brommy auf eine ergangene Anfrage, daß fich in Brake, alfo auf oldenburgifchem Gebiete, durch baldige Inangriffnahme von Baggerarbeiten ein ficheres Winterlager für 7 bis 8 Schiffe würde gewinnen laffen. Infolge des Geldmangels und des Mangels an eigenen Dampfbaggern unterblieb die Ausführung, zumal die Senate von Hamburg und Bremen eine leihweife Hergabe ihrer Bagger wegen eigenen Gebrauchs abgelehnt hatten. Damals nämlich, im Frühjahre 1849, war das Intereffe der Nordfeeftaaten an derartigen Anlagen noch nicht foweit rege geworden, um vorfchußweife folche Arbeiten ausführen zu laffen. Das trat erft fpäter ein, als mit der gefteigerten Anzahl der Schiffe und der wachfenden Zahl der Mannfchaften und Beamten die großen Vortheile fühlbar wurden, welche von den Flottenftandorten der Umgegend zufloffen.

Unter folchen Umftänden lag es nahe, eine Überwinterung in einem heimifchen Hafen als unerreichbar aufzugeben und eine Übungfahrt nach südlichen eisfreien Gewässern vornehmen zu lassen, letztere zugleich als ein nothwendiges Erforderniß zur Ausbildung der Mannschaft. Demnach schlug der damalige Generalsekretär Kerst in einem Vortrag vom 8. September vor, einen Theil der Flotte eine Übungfahrt nach Amerika machen zu lassen, die übrigen Schiffe aber in Hamburg zu lagern. Schon viel früher dagegen hatte der Marinerath Jordan auf einer Dienstreise im April und Mai Brommy gegenüber und dann auch in einem Gespräch mit Duckwitz zuerst den Gedanken einer Übungfahrt nach dem mittelländischen Meere angeregt, welcher später zu den oben erwähnten und noch weiter unten zu behandelnden aufregenden Gerüchten mit Anlaß gegeben hat.

Zum Theil wohl infolge dieser Gerüchte fragte Brommy in einem vertraulichen Schreiben vom 13. September beim Marineminister an, ob die Schiffe nach dem Mittelmeer segeln sollten. Es wurde abgelehnt; ob unter dem Eindruck des Aufsehns und der Entrüstung, die das Gerücht einer möglichen Übergabe der Flotte an Österreich hervorrief, bleibe dahingestellt. Denn es ließ überhaupt, vom Kostenpunkte abgesehen, der Umstand, daß die deutsche Flagge[1]) von den meisten Seestaaten noch nicht anerkannt war, eine jede Übungfahrt als mißlich erscheinen. Infolge dieses Umstandes, im Verein mit einem naheliegenden Bedenken, welches sich aus der für die „Hansa (United States)" übernommenen Bürgschaft herleitete, mußte auch eine Fahrt nach Amerika unterbleiben. Wenn nun überhaupt noch ein auswärtiger Hafen in Betracht kam, so konnte es nur ein sehr nahe gelegener

---

1) Vgl. Anhang 1.

und daher kaum ein anderer sein, als der von Antwerpen. In dieser Hinsicht wurde vom Reichsministerium ein Schriftwechsel mit dem deutschen Gesandten in Brüssel, Baron von Drachenfels, eingeleitet, welcher zu dem Ergebnis geführt hat, daß kein Hindernis im Wege stehe, die größten Schiffe „Hansa" und „Barbarossa", deren sichere Überwinterung in einem heimischen Hafen allein zweifelhaft war, in Antwerpen lagern zu lassen.

Inzwischen war jedoch in Frankfurt eine Meldung Brommys vom 3. Oktober eingelaufen, die oldenburgische Regierung sei bereit, die Arbeiten zur Vertiefung in Brake sofort vornehmen zu lassen. Mit der Zustimmung in Frankfurt verband man die Anfrage an Brommy, ob dort nicht auch die beiden großen Fregatten „Hansa" und „Barbarossa" untergebracht werden könnten. Die oldenburgische Regierung unterzog sich gern auch den erweiterten Arbeiten zu einer Vergrößerung der Rille des Braker Siels, welche auch den beiden großen Fregatten Platz gewähren konnten, wobei vorausgesetzt war, daß man sich entschließen würde, die Schiffe während der Ebbe in dem weichen Schlickbett des Siels liegen zu lassen. Da nach den gutachtlichen Äußerungen keine erheblichen Bedenken dagegen sprachen, wurde Brommy am 18. November zu den nöthigen Abschlüssen mit der oldenburgischen Regierung bevollmächtigt. So eröffnete sich die Aussicht, das ganze Geschwader während der Eiszeit in Brake beisammenhalten zu können. Das war in doppelter Beziehung wünschenswerth, in Hinsicht auf die Mannszucht und im Hinblick auf die Möglichkeit eines Wiederausbruchs des Krieges.

Da aber gleichwohl diese Wahrscheinlichkeit keine Gewißheit bot, da ein plötzlich einsetzender starker Frost die Erd-

und Baggerarbeiten bei Brake verhindern konnte, so riethen Brommy und der oldenburgische Bevollmächtigte Oberst Mosle, bei-zu befürchtender Eisgefahr mit den beiden größeren Schiffen die Rhede von Brake zu verlassen. Man solle dann in See gehen und nach Umständen eine Zuflucht in der Jahde oder Elbe oder bei Helgoland suchen, um nach Aufhören des in keinem Falle sehr lange währenden Eisganges in die Weser nach Brake zurückzukehren und die Schiffe dort in ein weiches Schlammbett zu legen. Mit Rücksicht hierauf wurden die beiden Fregatten seit längerer Zeit seefertig gehalten und mit Lebensmitteln versehen. Brommy aber erhielt eine dem obigen Vorschlage entsprechende Weisung, jedoch mit dem Befehl, im Falle der Nothwendigkeit der Aufsuchung eines fremden Hafens den von Antwerpen zu wählen.

Demnach war bestimmt worden, daß die Schiffe „Ernst August", „Hamburg", „Lübeck", „Bremen" und „Erzherzog Johann" jedenfalls, „Hansa" und „Barbarossa" wenn möglich in Brake überwintern sollten. Die „Deutschland" sollte einstweilen auf der von Eis selten bedrohten Rhede von Blexen liegen bleiben, da sie jederzeit ohne besondere Kosten in die Geeste gebracht werden konnte, wo sie bei Ebbe ebenfalls in einem Schlickbett sicher liegen würde. Die 26 Kanonenbote wurden in Vegesack verwahrt.

Da trat am 25. November heftiger Frost ein, der nicht nur die Beendigung der in Brake noch nöthigen Baggerarbeiten unmöglich machte, sondern auch die Weser derart mit Treibeis belegte, daß Brommy nicht in der Lage war, die drei großen Dampfer nach Brake zu bringen. Er war genöthigt, für „Hansa", „Barbarossa", „Ernst August" und

„Deutschland" eine Winterzuflucht in der Geestemündung auf hannoverschem Gebiete zu suchen.

So glatt, wie es hiernach scheinen kann, haben sich alle diese Anordnungen und Ausführungen nun freilich nicht treffen lassen. Die Gerüchte, welche in ihrer Begleitung entstanden, die Befürchtungen, welche aus ihnen erwuchsen, haben zu verschiedenen Bedenken, Erörterungen und Maßnahmen Veranlassung gegeben, die hier umsoweniger übergangen werden können, als sie die Bestrebungen Preußens, Hannovers und Oldenburgs sehr klar hervortreten lassen.

Gleichzeitig mit dem oldenburgischen Anerbieten zur Ausbaggerung des Flußbettes bei Brake erwachte auch andernorts ein lebhaftes Interesse und ein Wettstreit für die Winterbergung der Flotte. Der hamburgische Senat machte auf einen Platz bei Krautsand aufmerksam, der hannoversche Bevollmächtigte in Frankfurt auf eine Stelle im Flüßchen Leda bei Leer. Dann wurde durch Untersuchungen festgestellt, daß sich auch für die großen Schiffe eine Unterkunft in der Geeste finde und leicht einrichten lasse. Duckwitz rieth dringend, die hannoversche Regierung möge die Vorkehrungen in der Geeste vorschußweise treffen lassen und angesichts eines möglichen plötzlichen Eisgangs durch eine kleine Ausgabe ein großes deutsches Vermögen sicherstellen. Die preußische Regierung hatte schon seit Mitte September Swinemünde als Winterlager in Vorschlag gebracht und gleichzeitig Untersuchungen über die Thunlichkeit dieser Maßregel anstellen lassen, welche befriedigend ausgefallen waren. Auch im Verwaltungsrath wurde die Frage der Überwinterung erörtert, eingehender am 12. Oktober. Damals bestand im Reichsministerium angeblich die Absicht, die Flotte in einem bel=

gischen Hafen überwintern zu lassen. Der Verwaltungsrath schloß sich hier dem Standpunkte der preußischen Regierung an und glaubte in einem solchen Vorgange eine Verletzung der deutschen Ehre sehen zu müssen. Er sprach sich in einem Beschlusse dahin aus, daß Vorkehrungen zu treffen seien, dem Überwintern der deutschen Schiffe in einem fremden Hafen vorzubeugen, ein Beschluß, der dann durch den hannoverschen Bevollmächtigten in Frankfurt vertraulich zur Kenntnis des Reichsministeriums gebracht wurde.

Preußischer Seits wies man übrigens auch auf die Unmöglichkeit der beabsichtigten Überwinterung in Antwerpen hin, weil die Schleuse am dortigen Dock nur 57½ Fuß breit sei, während die „Hansa" 59 Fuß messe. Auch gegen die Sicherheit in Brake stellten sich Bedenken ein. Die Schiffe würden dort nämlich vor dem Einfluß eines Siels haben liegen müssen. Die zeitweilig starke Strömung konnte aber den Schlamm unter den Schiffen wegspülen und so die Gefahr eines Kielbruchs erzeugen. Die eine Zeit lang beabsichtigte Anvertrauung von Schiffen ans Ausland wurde in Preußen vornehmlich und nicht mit Ungrund auf die in Frankfurt bestehenden preußenfeindlichen Gesinnungen zurückgeführt. Das empfand man mit um so größerer Mißstimmung, als man preußischer Seits zu der Forderung sich berechtigt glaubte, daß eine entsprechende Anzahl der mit theilweise preußischem Gelde beschafften Nordseeschiffe in die Ostseehäfen etwa unter hannoverscher Flagge übergeführt werde, damit dieselben bei etwaiger Wiederaufnahme von Feindseligkeiten im Frühjahr zum Schutze der ausgedehnten Küstenstrecke von der Memel bis zur Eider mitwirken könnten. Man war in Preußen sogar entschlossen, gegenüber einem Auslaufen der Schiffe in fremde Häfen ein gewaltsames Dazwischentreten gegen eine so unberechtigte Verfügung zu empfehlen und zu dem Zwecke die Einnahme von Lebensmitteln zu verhindern und die Seeleute zu entziehen.

Um die Stimmung in der preußischen Regierung zu verstehen, ist es nöthig, darauf hinzuweisen, daß von Anfang an im Kriegsministerium die Besorgnis geäußert war, daß, wenn Preußen in der Marineangelegenheit nicht selbständig vorschreite und anstatt mit selbstgeschaffenen Kriegsschiffen sich nur mit seinem Gelde betheiligte, die Interessen Preußens nicht genügend gewahrt werden würden. Diese Besorgnis hatte sich ja nun freilich bei der traurigen Lage des Marinewesens und dem Ausbleiben des größten Theils der Marinebeiträge schon damals als begründet herausgestellt. Man wünschte nun den für Preußen nachtheiligen Folgen dieser nach den Mehrheitsbeschlüssen der Ministerien Auerswald und Pfuel bisher eingehaltenen Politik soweit noch möglich zu begegnen. In diesem Sinne drang der damalige Kriegsminister von Strotha schon gelegentlich jener Überwinterungfrage neben dem Verlangen der Sicherung einiger Schiffe in den Ostseehäfen darauf hin, daß Preußen auf den ursprünglich eingeschlagenen Weg zurückkehre und die Selbstbeschaffung von Kriegsschiffen durch Bau oder Ankauf anstrebe.

Zu diesem zweifellos gerechtfertigten Standpunkte Preußens in der Flottenangelegenheit im allgemeinen und in der Frage der Überwinterung im besonderen traten nun in letzterer Hinsicht verschärfend hinzu die oben schon berührten Gerüchte über die Absicht des Reichsministeriums, die Flotte im adriatischen Meere zu überwintern und, wie Gerüchte sich schnell auszuwachsen pflegen, sie Österreich zu überliefern. Wie hoch die öffentliche

Erregung über die Möglichkeit stieg, daß Österreich, das nicht einen Kreuzer zu den Matrikularbeiträgen für die Flotte geleistet hatte, nun ihrer Verwaltung und Verwendung theilhaftig werden könnte, zeigten die überaus erregten Verhandlungen in der preußischen Kammer am 28. September.

Man hat in jenen Tagen geradezu behauptet, daß das ganze Gerücht aus preußischer Werkstatt herrühre.[1]) Das war sicher nicht der Fall. Denn nicht allein Kerst berichtete nach Berlin über Äußerungen, die zu solchen Schlüssen berechtigten, auch der gewiß ganz unverdächtige hannoversche Marinerath Marcard schrieb, übrigens zufällig an demselben Tage wie Kerst, seinem Freunde Wedemeyer in Hannover vertraulich über diesen Plan. Danach hatte der Reichsverweser am 5. September in Marcards Gegenwart unter anderm auch von der Vortrefflichkeit der österreichischen Marine gesprochen und geäußert, daß er eine baldige Vereinigung jenes Geschwaders mit der Nordseeflotte hoffe. Als dann Kerst seines Amtes entlassen war, berichtete er persönlich in Berlin, daß die Schiffe Befehl erhalten hätten, sich zum 15. Oktober zum Auslaufen bereit zu halten, daß die von Neapel erfolgte Anerkennung der Flagge den Vorwand abgeben solle, um die Schiffe nach dem mittelländischen Meere zu senden und daß der Erzherzog-Reichsverweser geäußert habe, daß die Schiffe sich sehr gut befinden würden, wenn sie unter den Befehl des österreichischen Admirals Dahlerupp gestellt würden. Kerst hat nicht nur mündlich, sondern auch später noch von Bremen aus schriftlich und auf Ehrenwort versichert, daß der Marineminister Jochmus selbst ihm jenen Plan entwickelt habe. Er, Kerst,

---

1) Wangenheim in einem Bericht an die hannoversche Regierung vom 6. September 1849.

habe sich sofort in einem schriftlichen Berichte dagegen ausgesprochen, sei dann aber gleich darauf seines Amtes entsetzt worden. Auch der früher zum Zweifel geneigte hannoversche Bevollmächtigte von Wangenheim in Berlin sprach am 21. September selbst die Vermuthung aus, daß Brommy bereits den Befehl in der Tasche habe, unter österreichischer Flagge nach dem Mittelmeer unter Segel zu gehen. Und wenige Tage später war in der Weserzeitung eine Mittheilung aus Wien zu lesen: „Briefe aus Triest melden, daß dort Anstalten zur Überwinterung der deutschen Flotte getroffen werden."

Alle diese Äußerungen thun deutlich dar, daß jenes Gerücht kein künstlich gemachtes war; daß es aber am allerwenigsten aus preußischer Quelle floß, geht aus den Erkundigungen und Maßnahmen hervor, welche zur Überwachung der ganzen Angelegenheit sofort von Preußen ins Werk gerichtet wurden.

Alsbald, nämlich nach dem ersten Auftreten jenes Gerüchtes, zog die preußische Regierung beim Konsul Delius in Bremen und dem Ministerresidenten von Kampt in Hamburg Erkundigungen ein, ob wirklich in Bremerhaven Lebensmittel an Bord genommen würden. Um ganz sicher zu gehen, wurde gleichzeitig der Oberstleutnant von Wangenheim aus dem Kriegsministerium an die Weser und Elbe geschickt zur Anstellung von Nachforschungen. Sie gaben aber keinen Anhalt für die gehegten Befürchtungen. Um jedoch die Angelegenheit dauernd im Auge zu behalten und eine die Nord- und Ostseestaaten gleich benachtheiligende Maßregel rechtzeitig behindern zu können, wurde infolge eines Beschlusses des Staatsministeriums der ehemalige Generalsekretär Kerst Ende September an die Standorte der Nordseeflotte zur Beobachtung geschickt.

Die unterm 30. September ihm ertheilte Anweisung gab ihm auf: alle Vorgänge zu beobachten, welche über die Pläne der Zentralgewalt Aufschluß geben könnten, über seine Wahrnehmungen zu berichten und falls sichere Anzeichen eine weitere Entfernung der Flotte unzweifelhaft erscheinen ließen, sich über die Mittel gutachtlich zu äußern, wie eine solche Maßregel nöthigenfalls durch militärisches Einschreiten hannoverscher, oldenburgischer, hanseatischer und selbst preußischer Truppen zu verhindern sein würde.

Schon unterm 6. Oktober erstattete Kerst seinen ersten Bericht aus Bremen, unmittelbar nach einer Besprechung mit Brommy. Die Schiffe würden wirklich, so hatte er erfahren, bis zum 15. Oktober segelfertig sein. Tags darauf war Kerst in Oldenburg, wo das Mißtrauen gegen das Reichsministerium noch größer war als bei Kerst selbst. In oldenburgischen Regierungskreisen war man entschieden der Ansicht, daß der frankfurter Mittelmeerplan keineswegs aufgegeben sei. An demselben Tage, am 7. Oktober, berichtete Kerst, eine wirkliche Sicherheit gegen jene Gefahr bestehe für Preußen und seine Verbündeten lediglich in der Besitznahme der Flotte. Man möge daher die Verproviantirung der Schiffe militärisch verhindern und die hart am Lande in Bremerhaven liegende „Deutschland" und den „Erzherzog Johann" in Brake besetzen. Werde diese Maßregel schnell durchgeführt, durch einen Erlaß die Beweggründe dazu bekannt gegeben und den Offizieren, welche sich dem Verwaltungsrath unterordneten, ihre Stellen gewährleistet, so würde sein Vorschlag schnell zum Ziele führen und die Flotte den Staaten sichern, deren Eigenthum sie sei.

Soweit bewegte sich Kerst im Rahmen seines Auftrags. Er ist aber auch darüber hinausgegangen und hat dem Kom=

modore Brommy gegenüber Einwirkungen versucht in Bezug auf dessen Verhalten zur Zentralgewalt.[1]) Kerst wird als ein Mann von großer Heftigkeit geschildert. Durch seine Entlassung war er persönlich in hohem Maße gereizt und von Haß gegen das Reichsministerium erfüllt. In Bezug auf alle seine Mittheilungen ist daher große Vorsicht anzuwenden. Wenn er nun von Brommy berichtete, daß derselbe im Falle der Zumuthung, in einen österreichischen Hafen zu steuern, entschlossen sei, der Zentralgewalt den Gehorsam zu verweigern, so mag wohl lediglich der auf solchem Seitenwege laufende Wunsch Kersts der Vater dieser ganz gewiß unzutreffenden Mittheilung gewesen sein. Schon die soldatische Grabheit und Ehrenhaftigkeit Brommys, der wir später noch bei gleicher Gelegenheit begegnen werden, schließt eine solche Äußerung aus. Wir wissen aber auch weiter, daß Brommy, als er kurze Zeit darauf zu den Überwinterungverhandlungen in Frankfurt war, gegen seine näheren Bekannten sein Befremden über die

---

1) Wie Kerst selbst sich seinen Auftrag gewünscht hatte, geht aus seinem Schreiben an den preußischen Minister von Schleinitz vom 26. September 1849 hervor. Er schlägt darin vor, ihm den Auftrag zu ertheilen, die Erklärung der Flotte für das Dreikönigbündnis herbeizuführen und ihn zu dem Zwecke zu ermächtigen, die Patente der Offiziere Namens der verbündeten Regierungen zu bestätigen, ihnen die in Frankfurt in Aussicht genommenen Beförderungen zuzusichern, Brommy die Ernennung zum Admiral anzukündigen, zu versprechen, daß die Ost- und Nordseeflotte vereinigt als deutsche Marine gehalten werden sollen, die Soldrückstände sofort zu berichtigen und den Offizieren die Bürgschaft für die nächste Zukunft in seiner Person zu geben, indem man ihn seine bisherige Stellung zur Marine wieder einnehmen lasse. Sollte, was er nicht annehme, dieser Versuch fehlschlagen, so müsse allerdings sofort der entscheidende Schritt folgen und er selbst ermächtigt sein, mit einigen Kompagnien von Oldenburg oder Bremen einige Schiffe zu besetzen. Geh. St.-A.

Zumuthungen äußerte, die Kerst an ihn gestellt habe und die den Zweck verfolgt hätten, ihn zum offenen Ungehorsam gegen die Zentralgewalt, in deren Eid und Pflicht er doch bis jetzt noch stünde, zu bewegen.[1)]

In Oldenburg erhielt dann Kerst die erste Kunde von der zwischen Österreich und Preußen getroffenen Vereinbarung über eine neue Zentralgewalt.[2)] Die Nachricht wurde in Oldenburg mit Mißstimmung aufgenommen und bedauert, daß nunmehr auch die Flotte in die Verwaltung der einzusetzenden Bundeskommission übergehen und somit auch diese rein deutsche Schöpfung von der österreichischen Politik werde beeinflußt werden. In diesem Sinne sprach sich namentlich der Staats= rath Schloifer aus. Durch die infolge jener preußisch=öster= reichischen Vereinbarung veränderten Aussichten und die in Frankfurt inzwischen erfolgte Entscheidung in der Überwinterungs= frage fand die Kerstsche damalige Sendung ihre Erledigung.

In Oldenburg schenkte man den Flottenangelegenheiten aber auch fernerhin die genaueste Beachtung. Die Arbeiten am Winterlager in Brake gingen rüstig vorwärts und es be= stand, wenn der Frost nicht zu zeitig und zu plötzlich eintrat, die Hoffnung, die gesammte Flotte auf oldenburgischem Ge= biete überwintern zu sehen. Das gewährte aber bei späterer Verbesserung und Vergrößerung der Anlagen gute Aussichten für die Zukunft und für den Einfluß, den die oldenburgische Regierung für immer auf die Gestaltung der Flottenverhält= nisse würde ausüben können. Es gewährte ferner gute Aus= sichten für die Vortheile, die dem Lande durch die mit einem

---

1) So berichtete Balan von Frankfurt aus am 17. Oktober 1849.
2) Vgl. über diese Vereinbarung unten Abschnitt 6, Eingang.

dauernden Flottenstandorte verbundenen Anlagen, durch Menschenzufluß und Verkehr erwachsen konnten. Die oldenburgische Regierung war schon aus den obigen Gründen geneigt, jeden Faden zu benutzen, der ihre Beziehungen zur Flotte fester knüpfen konnte. Dazu schien sich gerade damals eine Gelegenheit zu bieten, die in sich schon die Darbietung von Hülfe begründet hätte.

Die Marineverwaltung befand sich nämlich im Oktober und November wieder in einer traurigen Geldlage. Nun war zwar das Reichsministerium seinem gänzlichen Verscheiden nahe. Es ließ sich aber voraussehen, daß es in den nächsten Wochen noch förmlich die Verfügung über die Flotte behalten mußte, wie denn auch thatsächlich bis zur Einsetzung und Anerkennung und bis zur ersten Wirksamkeit der neuen Bundes-Zentral-Kommission der Rest des Jahres dahingegangen ist. Dieser Zeitraum von einigen Wochen konnte aber vollauf genügen, das Geschwader in der Weser der Vernichtung oder einer schwer wieder zu ordnenden Zerrüttung preiszugeben, wenn alle Geldzuflüsse aufhörten, jeder Halt und jedes Vertrauen sich verlöre. Denn die Lage, in der sich Brommy wieder einmal befand, war gerade damals eine ganz jämmerliche. An Löhnung und laufenden Ausgaben waren 30000 Thaler rückständig, außerdem hatte die Flottenverwaltung dringende Schulden von 40000 Thalern. In Brommys Kasse aber befanden sich nur 400 Thaler. Seine Bemühungen in Frankfurt waren vergeblich gewesen. Er wußte nicht, wovon er die Mannschaft bezahlen sollte und erwog den verzweifelten Plan, schlimmsten Falls mit der Flotte auszulaufen und in irgend einem fremden Hafen so lange auf Borg zu leben, bis man ihn einlösen würde.

Bei dieser Lage glaubte die oldenburgische Regierung eingreifen und sich Brommy und die Flotte verbinden zu können. Sie trat dabei auf denselben Standpunkt, von dem aus Hannover im Sommer einen Einfluß auf die Nordseeflotte zu gewinnen getrachtet hatte. Dabei waltete aber der große Unterschied vor, daß Hannover jenes Bestreben im Gegensatze zu Preußen durchzuführen gewünscht hätte, die oldenburgische Regierung aber nur mit Preußens Hülfe solche Pläne zu verwirklichen gedachte. Ihre Absicht ging dahin, sich unter der Hand mit der Verwaltung der Flotte unter Voraussetzung stillschweigender Zustimmung der bisherigen Verwaltungsbehörde einstweilen und so lange betrauen zu lassen, bis von der später zusammentretenden Bundes-Zentral-Kommission die geeigneten Beschlüsse wegen fernerer Verwaltung gefaßt sein würden. Die bedingende Voraussetzung war dabei, daß der Verwaltungsrath oder noch besser Preußen allein sich bereit finden ließe, die während eines solchen Zeitraumes erforderlichen Kosten vorschußweise zu zahlen.

Der oldenburgische Bevollmächtigte beim Verwaltungsrathe, Oberst Mosle, der damals einen bedeutenden Einfluß zumal auf die Person des Großherzogs hatte, theilte in einem Schreiben vom 3. November 1849 dem preußischen Vorsitzenden des Verwaltungsrathes, von Bodelschwingh, die obigen Vorschläge vertraulich mit. „Die frankfurter sogenannte Reichsgewalt, so schrieb Mosle, wird sich eine solche stille und geräuschlose Übernahme ihrer Verbindlichkeiten auch still gefallen lassen und wir erwerben uns ein immer sichereres und entschiedeneres Anrecht und mit demselben in natürlicher Folge auch die Disposition über die Flotte. Unter dem „wir" verstehe ich vor allem Preußen, denn ich betrachte Preußen als unseren Führer und Repräsentanten und unser Interesse als identisch mit dem seinigen."

Das preußische Staatsministerium beschäftigte sich in seiner Sitzung vom 11. November mit Mosles Vorschlage und ging natürlich auf ihn ein. Drei Tage später wurde dem oldenburgischen Staatsministerium die entsprechende Mittheilung gemacht, daß Preußen bereit sei, für jenen Zweck zur Abwendung des der Nordseeflotte drohenden Schadens einen Vorschuß von 100000 Thalern zu leisten und die oldenburgische Regierung „mit Vermeidung jeder Aufsehn erregenden Behandlung der Sache" vertrauenvoll die Maßregeln zu überlassen, welche nothwendig, das Nordseegeschwader dem deutschen Bunde in gutem Zustande zu bewahren. Gleichzeitig erhielt der preußische Gesandte für Hannover und Oldenburg, Graf von Bülow, der sich damals zufällig am letzteren Orte befand, den Auftrag, schriftlich eine nähere Vereinbarung zu treffen und den Geldbeitrag Preußens als Vorschuß für die Gesammtheit des deutschen Bundes zu bezeichnen. Diese Vereinbarung wurde am 18. November 1849 abgeschlossen und enthielt nur die obigen allgemeinen Bestimmungen, da es nicht möglich war, ein rechtliches Verhältnis zwischen Preußen, Oldenburg und Brommy herzustellen. Denn weder Preußen noch Oldenburg hatten ein Recht, über die Flotte Bestimmungen zu treffen oder Brommy Befehle zu ertheilen. Lediglich das Geld war das Band, welches Brommy an Oldenburg fesseln und letzteres wieder von Preußen abhängig machen sollte.[1]

Brommy, der in jenen Tagen vom Erzherzog-Reichsverweser zum Kontreadmiral ernannt worden war, empfing

---

[1] Die Verhandlungen hierüber im Geh. St.-A.

die Botschaft von der oldenburgischen Hülfe mit leeren Händen und offenen Armen. Die geeigneten Verabredungen mit ihm wurden sofort getroffen und der Admiral zeigte sich dem olden= burgischen Wunsche willig, auch die großen Schiffe nebst den Zeughausbeständen und den Büros nach Brake zu verlegen. Da trat, wie oben schon erwähnt, am 25. November starker Frost ein und machte die sofortige Verlegung der großen Schiffe in die Geeste nothwendig. Von Frankfurt aber erhielt Brommy den Befehl, das von Oldenburg bereits empfangene Geld zurückzuzahlen. Um festzustellen, ob die Verlegung der Schiffe lediglich auf den eingetretenen Frost oder etwa auch auf frankfurter Anweisungen zurückzuführen sei, ferner, in= wieweit noch auf die Bereitwilligkeit Brommys im Sinne des oldenburgisch=preußischen Übereinkommens zu rechnen und end= lich, ob nunmehr die oldenburgische Regierung überhaupt noch in der Lage sei, die übernommenen Verpflichtungen zu er= füllen, zur Erkundung dieser Verhältnisse wurde wiederum Kerst von der preußischen Regierung nach der Weser gesandt.

In Frankfurt war man noch bis vor kurzem durchaus geneigt, auf die von Oldenburg angestrebte Verwaltung der Flotte einzugehen. Die nunmehrige plötzliche Abweisung ist auf die allgemeine politische Lage und hier auf folgenden Umstand zurückzuführen.

Der Erzherzog=Reichsverweser hatte in seiner am 6. Okto= ber ertheilten Zustimmung zum preußisch=österreichischen Ver= trage vom 30. September[1]) die Niederlegung seiner Würde vom Beitritt sämmtlicher deutscher Regierungen abhängig gemacht. Es war dies eine nothwendige Folge der von ihm befolgten

---

1) Vgl. unten Abschnitt 6, Eingang.

Politik, welcher der Gedanke zu Grunde lag, durch das Ausharren auf seinem Platze den Zusammenhang des öffentlichen Rechtes zu wahren. Die obige Voraussetzung war nun thatsächlich noch nicht vollständig erfüllt, insofern einige kleinere Staaten, und zwar gerade solche, welche dem preußischen Bündnis vom 26. Mai angehörten, ihre Zustimmung noch nicht ausgesprochen hatten. Zu diesen Staaten gehörte neben Altenburg, Gotha, Waldeck und Schaumburg-Lippe auch — Oldenburg. Gerade die bisherige Nichterklärung Oldenburgs mußte dem Reichsministerium Anlaß zur Vorsicht geben. Denn die Überwinterung in Brake und die Übertragung der Flottenverwaltung an diesen Staat würde so lange kein Bedenken gehabt haben, als eine auch von Oldenburg anerkannte Zentralgewalt bestand. Im anderen Falle aber würde das Geschwader ausschließlich zu der durch den Verwaltungsrath ausgeübten Verfügung Preußens gestanden haben. Ja man näherte sich in Frankfurt sogar der Annahme, als sei die oldenburgische Regierung gerade durch eine Berechnung der angedeuteten Art veranlaßt worden, ihre Zustimmung zurückzuhalten. Jedenfalls nahm die Reichsverwaltung aus jenem Umstande Veranlassung, doppelt vorsichtig darauf bedacht zu sein, auch nicht einmal die Möglichkeit eines Planes zu gestatten, der vielleicht darauf gerichtet sein könnte, die Flotte der Gewalt der Bundes-Zentral-Kommission zu entziehen und lediglich unter die Befehle des berliner Verwaltungsrathes zu bringen.

In diesen etwas weitgehenden Befürchtungen wurde das Reichsministerium durch den hannoverschen Bevollmächtigten Witte wesentlich bestärkt,[1]) welcher sogar erwirkte, daß die

---

[1]) Infolge der oldenburgischen Flottenbestrebungen, noch mehr aber im allgemeinen gelegentlich der Verhandlungen über die Revision der

hannoversche Regierung bei der jetzt günstigeren und für Hannover freieren Lage ihn mit der Wiederaufnahme der Verhandlungen wegen Übernahme der Flottenverwaltung von neuem beauftragte. Die von den hannoverschen Ständen bewilligte Vorschußleistung von 20000 Thalern für die Flotte konnte als verheißender Anfang gelten. Die Angelegenheit kam aber nicht in Fortgang.

Inzwischen nämlich hatte man von Frankfurt aus von Bally nach Oldenburg gesandt. Ihm gelang es, die mündliche Beitrittserklärung des Großherzogs zu erwirken.[1]) Seiner Vollmacht entsprechend gab er infolgedessen Brommy die Ermächtigung, nunmehr wieder die oldenburgische Geldhülfe anzunehmen. Das ist dann auch nach einigen Zwischenwendungen im Laufe des Dezembers und Januars

---

Bundesverfassung, hatte das frühere Einvernehmen zwischen Oldenburg und Hannover eine Trübung erfahren. Der Steuerdirektor Lichtenberg in Oldenburg berichtete während des Jahres 1849 mehrfach über die Stimmung in Oldenburg an seine Regierung in Hannover. Danach hatte Oldenburg Besorgnis vor einer Hinneigung Hannovers in Verbindung mit Österreich zu gewissen Plänen, bei denen es auf die Selbstständigkeit der kleineren deutschen Staaten abgesehen sein konnte. Das sei der Grund für die oldenburgische Annäherung an Preußen gewesen. Um dieses Mißtrauen Oldenburgs in die Uneigennützigkeit der hannoverschen Absichten in Bezug auf die deutschen Angelegenheiten zu zerstreuen, hat dann Hannover im Januar 1850 sogar den dem oldenburgischen Hause nahestehenden russischen Hof in Anspruch genommen. H 17 I, Nr. 1q. — Über Österreichs für die Mittelstaaten verlockende Pläne wegen Mediatisirung der Kleinstaaten vgl. von Sybel, Die Begründung des deutschen Reiches II, S. 72.

1) Diese mündliche Zustimmung erfolgte am 11. Dezember. Am 12. Dezember sprach das preußische Ministerium dem oldenburgischen den dringenden Wunsch aus, die großherzogliche Regierung möge durch Beschleunigung ihrer Beitrittserklärung zum Beginn der Wirksamkeit der neuen Bundesbehörde mitwirken.

sowohl unter dem Reichsministerium als nach dessen Rücktritt unter der Genehmigung der Bundes-Zentral-Kommission geschehen.¹)

1) Über eine Tags zuvor gehabte Unterredung mit Brommy berichtete Kerst am 27. Dezember 1849 an den preußischen Minister von Schleinitz: Mit ungeheuchelter Freude erklärte Brommy, nun durch das endliche Verschwinden des Reichsministeriums einer schwer drückenden Sorge ledig zu sein. Er hoffe nunmehr von Preußen und seinen Verbündeten Schutz und Unterstützung zu erhalten, wie er denn als guter Deutscher auch früher, wenn die öfter angeregte Frage an ihn ernstlich herangetreten wäre, entschieden auf unserer Seite gewesen sein würde. Jetzt wünsche er nur, daß die Bundeskommissare sich in Frankfurt über die Flotte nicht einigten und er von beiden Seiten widersprechende Befehle erhielte, wodurch ihm erleichtert würde, sich rückhaltlos mit der Flotte für das Bündnis vom 26. Mai zu erklären. Geh. St.-A. Man vgl. aber über Kerst die Bemerkung auf S. 112.

6.
Die Flotte unter der Bundes-Zentral-Kommission und die Stellung der maßgebenden Regierungen.

Die gegensätzlichen Bestrebungen Preußens und Österreichs zur Herstellung einer neuen deutschen Verfassung hatten im Laufe des Sommers 1849 noch zu keinem Ergebnis geführt. Andererseits ließ der Reichsverweser Erzherzog Johann im August 1849 ernstlich seinen Rücktritt ankündigen und zugleich bei den Großmächten einen Vorschlag einreichen, nach welchem Österreich und Preußen zwischenzeitlich, nämlich bis zur Herstellung der Bundesverfassung, die Befugnisse des Reichsverwesers übernehmen und bis zum 1. Mai 1850 durch eine Kommission von 4 Mitgliedern ausüben sollten. Am 30. September 1849 wurde ein Vertrag zwischen Preußen und Österreich über dieses Interim in Wien unterzeichnet. Im letzten Drittel des Dezembers 1849 eröffnete die demnach eingesetzte sogenannte „Bundes=Zentral=Kommission" ihre Thätigkeit.

Sie war angekündigt lediglich als eine verwaltende Behörde. Die Befugnis, Gesetze zu erlassen, war ihr ausdrücklich abgesprochen. Nun war aber die Gesetzgebung für die deutsche

Marine schon lange hinter ihrer äußeren Entwickelung zurückgeblieben. Es war daher vorauszusehen, daß die Bundes-Zentral-Kommission, selbst nur auf Zeit eingesetzt, schwankend in ihren Befugnissen, der Marineverwaltung schwerlich diejenige Festigkeit und diejenigen Einrichtungen geben konnte, deren sie zu ihrer weiteren Entwickelung bedurft hätte.

In die Zentralkommission traten als Mitglieder ein die Österreicher Freiherr von Kübeck und Feldmarschallleutnant Schönfels, preußischer Seits der General von Radowitz, später General von Peucker, und der Oberpräsident Dr. von Bötticher. Zur Bearbeitung der Flottensachen wurde eine Abtheilung für die Marineangelegenheiten eingesetzt, bestehend aus dem Obersten von Wangenheim als Vorstand, dem Fregattenkapitän von Bourguignon und den bisherigen Marineräthen Jordan und Marcard.

Die Nothlage, in der sich die Flotte seit lange befand, war hervorgerufen durch die nur theilweise oder gänzliche Nichtzahlung der Matrikularbeiträge einzelner Staaten. In dieser Hinsicht war die Stellung der nichtzahlenden Mittelstaaten bedingt durch die Stellung der beiden Großmächte, der Standpunkt Preußens hinwieder aber abhängig von der Erklärung Österreichs, das einen Matrikularbeitrag bisher überhaupt nicht geleistet hatte. Nach preußischer Anschauung lief die ganze Frage auf zwei Möglichkeiten hinaus: entweder man hielt eine deutsche von allen Staaten durch Beiträge unterhaltene Flotte oder eine solche der preußischen Union. Die Umstände drängten also darauf hin, eine bestimmte Erklärung Österreichs und der dem Bündnis vom 26. Mai nicht beigetretenen Staaten darüber herbeizuführen, ob sie ihren rückständigen matrikularmäßigen Verpflichtungen nachkommen oder ihr Miteigenthum an der Flotte gegen Rückgewähr ihrer Einzahlungen aufgeben wollten. Auf diesem Wege würde dann die norddeutsche Flotte ausschließliches Eigenthum der durch den Vertrag vom 26. Mai verbündeten Staaten werden.

Für Österreich war nach Lage der Sache eine dreifache Stellungnahme möglich: entweder Zahlung seiner rückständigen Beiträge oder statt dessen Übergabe eines entsprechenden Theiles der adriatischen Marine als Eigenthum und zu voller freier Verfügung des Bundes oder endlich die Erklärung, daß Österreich, da es bereits eine eigene Kriegsmarine besitze am Eigenthum der Flotte keinen Antheil beanspruche, sondern sie den hierbei unmittelbar betheiligten Bundesgliedern überlasse.

Es konnte gar nicht zweifelhaft sein, daß von der Erledigung dieser drei nothwendigen Vorfragen die ganze Zukunft der deutschen Flotte abhing. Durch ihre Beantwortung war auch die schließliche Erklärung Preußens bedingt, welches in den ersteren beiden Fällen die Wahl gehabt hätte, entweder seine zweite Rate baar zu zahlen oder entsprechend dem Abkommen mit der vormaligen Reichsgewalt die in der Ostsee gebauten Kanonenböte dem Bunde zu übergeben. Im dritten Falle wäre für eine freie Vereinbarung derjenigen Staaten freies Feld geschaffen worden, welche zur Unterhaltung einer Flotte sich bereit erklärt haben würden. Preußen wäre in diesem Falle die Übernahme der Marine auf seinen engern Bund das Erwünschteste gewesen, da auf eine rege Theilnahme der Binnenstaaten doch nicht zu rechnen war. Hannover aber betrachtete es aus den früher entwickelten Gründen als seine vornehmste Aufgabe, eine Stärkung der preußischen Vormacht durch einen diesem Staate möglicherweise zuwachsenden maßgebenden Einfluß auf die Flotte mit allen Kräften zu verhindern und Österreich sozusagen bei der Stange zu halten.

So war die politische Lage, als die Bundes-Zentral-Kommission ihre für die Flotte aus allen diesen Gründen unfruchtbare Marinethätigkeit begann. Schon in der Sitzung vom 2. Januar 1850 wurde es offenbar, daß die österreichischen Mitglieder der Kommission durchaus keine Neigung zeigten, der Anregung ihrer preußischen Kollegen Raum zu geben und sich über die Stellung Österreichs in Rücksicht der obigen drei Fragen offen herauszulassen. Ihre beiläufige Bemerkung, daß die kaiserliche Regierung wohl der Meinung sei, daß sie ihren Theil am Seeschutze des Bundes bereits durch ihre adriatische Flotte leiste, mit der es sich ähnlich wie mit den Truppenkontingenten verhalte, war natürlich nicht nur ganz ungenügend, sondern in der Sache auch unzutreffend. Denn bei der Flotte trat ebenso wie bei den Festungen die Eigenthumsfrage in die erste Linie. Auch in einer späteren Sitzung vom 10. und 20. Februar wollten die österreichischen Kommissare auf eine Äußerung darüber, inwieweit die adriatische Flotte als Bundeseigenthum anzusehen sei, nicht eingehen. Damals handelte es sich um die Beitreibung rückständiger Matrikularbeiträge. Denn die Geldnoth drohte wieder nach wenigen Wochen hereinzubrechen. Die von Preußen an Oldenburg gezahlten Gelder und jener kleine Vorschuß Hannovers hatten gerade gereicht, die Flotte bis zum Januar über Wasser zu erhalten. Ein von Preußen und Österreich für die Bundes-Zentral-Kommission im allgemeinen geleisteter Vorschuß von 1 200 000 Gulden deckte nach Berichtigung der rückständigen Ausgaben für die Flotte deren Bedürfnisse und die der Festungen nur bis zum 1. April 1850. So war die Beschaffung neuer Mittel nöthig. In jener Sitzung erklärten die österreichischen Kommissare vorweg, daß Österreich auf einen Beitrag zur Flotte nicht eingehen werde, da es durch seine adriatische Marine zum Schutze der deutschen Interessen mehr als seinen Beitrag geleistet habe. Trotz der Ablehnung eines Eingehens auf die nothwendige Frage des Eigenthums wollte aber Österreich auch den Anspruch auf die deutsche Flotte in der Nordsee nicht aufgeben, ohne sich jedoch bestimmt über sein Verhältnis zu ihr auszusprechen.

Da diese Frage eine offene blieb, ließ sich auch eine Regelung der Beitragsfrage der übrigen Staaten nicht erreichen. Zum Zwecke einer deutlichen Erklärung Österreichs schlugen daher von Peucker und von Bötticher im April die ausdrückliche Anberaumung der österreichischen Stellungnahme als Gegenstand einer Verhandlung der preußischen Regierung vor. Diese aber hoffte damals noch auf das Zustandekommen einer deutschen Union und mochte vorher einen entscheidenden Beschluß in Betreff ihrer eigenen Stellung zur Flotte selbst nicht fassen. So unterblieb die Klärung und die Noth der Flotte stieg wieder höher und höher. Im Sommer lieh Österreich von neuem einen Vorschuß her, aber, wie Fürst Schwarzenberg dem hannoverschen Gesandten in Wien erklärte, zum letzten Mal. Die österreichische Regierung werde auf sofortige Einzahlung der Matrikularbeiträge antragen — den ihrigen natürlich ausgeschlossen — und im Falle der Weigerung auf öffentlichem Verkauf bestehen. In Preußen war man dieses Hinhaltens ebenfalls schon müde und der preußische Finanzminister erklärte, sich nach dem Beschlusse des Staatsministeriums nur dann zu einem ferneren Vorschusse für die Marine verstehen zu können, wenn ein diesen Vorschuß ausreichend deckender Theil der Flotte als Unterpfand der preußischen Regierung übergeben und in einen preußischen Hafen abgeführt würde.

Im März sandte die Bundes-Zentral-Kommission von Bourguignon und Jordan an die Weser, um sich über die Flotte und die Hafenangelegenheiten an Ort und Stelle zu unterrichten. Es handelte sich damals um die Anlegung eines Dockyards in Brake. Darüber und übrigens auch über die Einrichtung eines Kriegshafens in der Jahde hat Kerst Vorarbeiten gemacht und Mosle Entwürfe nach Frankfurt gesandt. Von der Anlage eines Kriegshafens konnte natürlich gar keine Rede sein. Unerläßlich dagegen schien es, der Flotte ein Winterlager an einem und demselben Standorte zu schaffen. Der Anfang dazu war schon im vorigen Jahre in Brake gemacht. Der Frost hatte die Erweiterung gehindert. Auch ein Trockendock war bei Brake hergerichtet, wegen Zeit- und Geldmangel aber die Dockmündung durch einen Erddamm wieder geschlossen worden, der jedesmal weggegraben und wieder angeschüttet werden mußte, wenn Schiffe hinaus- und hineingebracht wurden. Mehrere leichte aber noch nicht auskömmliche Gebäulichkeiten waren gleichfalls errichtet.

Die Zusammenlegung der Standorte an der Weser auf einen Punkt war aber geboten. Es war eigentlich nur die Wahl zwischen Brake und Bremerhaven. Auch abgesehen von den bei Brake schon bestehenden Einrichtungen hatte diese Örtlichkeit Vorzüge vor jener. Die Entfernung vom Handelsverkehr war für die Entwickelung der Mannszucht von Vortheil, von Werth auch der Umstand, daß der zur weiteren Ausdehnung der Anlagen bei Brake gehörige Grund und

Boden Eigenthum der olbenburgischen Regierung war. Die Bundes-Zentral-Kommission beschloß daher, daß noch im laufenden Jahre zum Bau einer massiven Schleuse mit Pontonverschluß am Trockendock zu Brake, sowie zur Anlage einiger leichter Gebäude geschritten werden solle. So nothwendig ein Fortschreiten auf dieser Bahn gewesen wäre, so trugen doch die preußischen Mitglieder der Kommission Bedenken, ihrerseits mit solchen Anträgen den Bemühungen Oldenburgs entsprechend hervorzutreten, weil dann sofort bei Hannover und durch Hannover bei den österreichischen Kommissionsmitgliedern der Verdacht erregt worden wäre, als handle es sich um preußisch-oldenburgische Anzettelungen. Denn schon seit Januar berichtete der hannoversche Steuerdirektor Lichtenberg in Oldenburg über alle Begebenheiten und warnte vor Ereignissen, die sich in Brake vorzubereiten schienen. Die Anwesenheit Kersts in Oldenburg trug zu solchen Befürchtungen wesentlich bei.

So groß waren diese Befürchtungen vor preußischen Absichten, daß selbst ein anderer Plan der Bundeskommission, den sie im März entwickelte, sehr bald der gleichen Verdächtigung begegnete. Die Kommission war nämlich geneigt, für den Fall eines Friedensschlusses mit Dänemark und nach erlangter Anerkennung der Flagge aus Ersparungsrücksichten in die Hergabe der fünf kleineren Dampfschiffe der Flotte zum Postdienst der norddeutschen Küstenstaaten zu willigen. Bremen sprach sich bedingt dafür aus. Die hannoversche Regierung hatte keine Verwendung und muthmaßte, daß der Antrag, was gar nicht der Fall war, von Preußen ausgegangen sei in der Absicht, wenn andere Staaten die Schiffe nicht verwenden könnten, sie selbst zu übernehmen. Der Vorschlag kam denn auch nicht zur Ausführung, zumal da die Einrichtung im Anfange Kosten verursacht hätte, für die eine Deckung nicht vorhanden war.

Solche und ähnliche Verhältnisse, unsicher und schwankend, beeinträchtigten naturgemäß eine ruhige, ungestörte Ausbildung der Flotte in hohem Maße und in gleicher Weise, wie auf der andern Seite die Geldnoth lähmend auf ihre Entwickelung wirkte. Die Lage des pflichttreuen und arbeitfreudigen Mannes, auf dessen Schultern die Ausbildung der deutschen Seewehr ruhte, war eine geradezu ergreifende. Einige Zeilen eines Briefes, den der Admiral Brommy am 25. April 1850 an den oldenburgischen Oberst Mosle richtete, mögen von seiner Stimmung Zeugnis geben:

„Ich stehe und falle mit unserer Schöpfung. Der Himmel gebe, daß ich diese bevorstehende Krise wie die früheren überstehe. Aber wahrlich! Es ist keine Kleinigkeit, den Muth zu bewahren und bei allen Geduldproben treu auszuharren. Wäre nur eine höhere Macht da, welche uns in Schutz nähme. Ohne eine Spitze an der Marineverwaltung geht es wahrhaftig auf die Länge nicht und aufrichtig darf ich es Ihnen gestehen, daß die letzten Zeiten des Reichsministeriums trotz des obschwebenden Bankerotts doch besser waren, als das jetzige Interim. Wenigstens war Einheit vorhanden. Man legte doch durch Zaudern keine Hindernisse in den Weg . . . . Wie soll es aber werden? Wenn es so wie jetzt fortgeht, ist die Marine ruinirt. Es wird nicht anders möglich sein, als Oldenburg mit der Oberaufsicht der Verwaltung provisorisch zu beauftragen, bis ein Definitivum hergestellt ist. Wo das Geld herkommen soll? Nun, wo es früher in ähnlicher Lage herkam. Sie, Herr Oberst, wissen, wie ich denke, daß ich deutsch gesinnt bin und daß ich nur zu gut weiß, wo unsere deutschen Gesinnungen die beste Stütze finden können.... Machen Sie es möglich, daß Preußen, wenn auch nicht ostensibel, doch durch Oldenburg die Sache vermittelt und halten Sie sich überzeugt, daß es mein eifriges Bestreben sein wird, der dereinstigen deutschen Regierung die Flotte in einer Deutschlands würdigen Weise zu übergeben."[1])

Der Oberst Mosle theilte den Nothschrei Brommys an den General von Radowitz in Erfurt und den Minister von Schleinitz in Berlin mit. Es müsse etwas geschehen, schrieb er. Oldenburg allein habe zu wenig Mittel. Geld und Einsetzung einer Behörde an der Küste könnten allein helfen. Preußen sei dabei interessirt, daß der Kern einer Marine nicht wieder untergehe und daß ein Seeplatz an der Nordsee für Preußen und das mit ihm verbündete Deutschland geschaffen werde. Das könne nur an der oldenburgischen Küste geschehen.

Zu noch thatkräftigerem Entschlusse drängte der oldenburgische Regierungsrath Erdmann. Er rieth zur sofortigen Besitzergreifung der augenblicklich herrenlosen Flotte durch die Unionstaaten. Die Flotte könne nicht länger warten auf Errichtung einer endgültigen Zentralgewalt, sie zerfalle sonst. Das Flottenkommando werde keine Einwendungen machen und die nicht zur Union gehörenden Staaten könnten durch Rückzahlung abgefunden werden.

Ein etwas späterer Besuch Erdmanns bei Brommy traf diesen in düsterer Stimmung. Das Verhalten der Bundes=

---

1) Geh. St.-A.

Zentral=Kommission, welche fortwährend über Kleinigkeiten an ihn schrieb, ohne daß ihm über deren rechtlichen Fortbestand seit dem 1. Mai etwas bekannt gemacht war, hatte ihm allen Muth genommen. Es schien Erdmann, als erwarte der Admiral nur die Befehle der Union. So schrieb er an Mosle und dieser rieth, man solle den Admiral veranlassen, die Hülfe des Großherzogs anzusprechen, der sich dann an die Union wenden könne. Der geeignete Zeitpunkt werde eintreten, so= bald sich die frankfurter Verhandlungen für die Erlangung einer allseitig anerkannten neuen Zwischenregierung als ver= geblich herausstellen würden, was nicht lange ausbleiben könne, wenn die Unionstaaten an dem in Berlin vereinbarten Standpunkte festhielten. Im gleichen Sinne schrieb Mosle auch an den preußischen Minister von Schleinitz. Dieser aber war zunächst gar nicht geneigt, ein Eingreifen anzurathen.

Als aber später die Lage der deutschen Verhältnisse dazu drängte, mit der Möglichkeit eines Bruches zwischen Preußen und Österreich zu rechnen, mußte auch die weitere Möglichkeit in Rücksicht gezogen werden, daß etwa eine von den Gegnern der Union in Frankfurt eingesetzte Behörde sich der Schiffe und des in Bremerhaven befindlichen Arsenals bemächtigen könnte.[1]) Zur Verhinderung dieser Möglichkeit und zur Ver= hinderung eines Verfalls und einer Auflösung der Flotte infolge der andauernden Geldnoth beschloß die preußische Regierung Mitte Juli 1850 einen Bevollmächtigten in der Person des im Kriegsministerium angestellten Hauptmanns Geppert nach der Weser zu senden. Er erhielt den Auftrag, unter oldenburgischer Vermittelung der Flottenverwaltung

---

1) Mosle hatte in einem Schreiben vom 7. Juli darauf hin= gewiesen.

nöthigenfalls die zu ihrer Erhaltung erforderlichen Geldmittel zu gewähren, ferner sich vertraulich darüber zu unterrichten, ob der Admiral im Falle eines Bruches zwischen Österreich und Preußen bereit sei, bei der oldenburgischen Regierung und durch deren Vermittelung bei der Union um Aufnahme für die Flotte nachzusuchen. Für diesen letzteren Fall erhielt der Bevollmächtigte sogar die Befugnis, dem Admiral, den Offizieren und Mannschaften das Verbleiben in ihren gegenwärtigen Verhältnissen namens der preußischen Regierung zuzusichern.

Eine Besprechung mit Brommy fand aber erst Ende Juli nach dessen Rückkehr von Eckernförde statt. Der oldenburgische Regierungsrath Erdmann leitete sie ein und erhielt vom Admiral, wie nicht anders zu erwarten war, die zutreffende Antwort, daß so lange irgendwie Gelder von Frankfurt aus angewiesen werden würden und so lange nur ein Schatten von Zentralgewalt vorhanden sei, er dieser gehorchen müsse. Im übrigen erklärte er Erdmann, daß er weder seine Ansicht, daß die Flotte nur den norddeutschen Staaten gehören könne, noch seine bisherige Absicht geändert habe, im allerschlimmsten Falle — wenn nämlich keine Zentralgewalt mehr vorhanden oder das Bestehen der Flotte bedroht sein sollte — ihr Schicksal in die Hände des Großherzogs von Oldenburg zu legen. Dem ihm fremden preußischen Bevollmächtigten gegenüber war der Admiral natürlich zurückhaltender.[1] Immerhin glaubte jener durch seine Sendung

---

[1] Gegenüber dem Oberstleutnant von Wangenheim, der im Herbst in Bremerhaven war, äußerte Brommy, daß er sich durch die Sendung des Geppert verletzt gefühlt habe. Er versicherte aber dabei, er wisse wohl, wo allein die Zukunft der Flotte liege und daß er in entscheidenden Augenblicken dieser Überzeugung gemäß handeln werde. — Bericht der preußischen Bundeskommissare vom 21. September 1850.

so viel gewonnen, daß Brommy nunmehr wisse, wo er im entscheidenden Augenblicke auf sichere Aufnahme rechnen könne.

Die größte Noth war freilich inzwischen wieder einmal durch den österreichischen Vorschuß abgewendet worden, so daß die Bundeskommission die Zahlungen nach Bremerhaven doch immer wieder ermöglichen konnte. Aus wohlberechneten Gründen werde Österreich immer noch rechtzeitig als der Helfer in der größten Noth erscheinen und die Verlegenheit der Bundeskasse nicht zum äußersten kommen lassen, schrieben die preußischen Mitglieder an ihre Regierung.

Die Zerrissenheit und der Zwiespalt der Interessen trat recht deutlich zu Tage, als die Bundeskommission an die nunmehr wieder fällige Frage der Überwinterung herantreten mußte. Oldenburg und im Hintergrunde Preußen wünschten Brake als Winterlager, Hannover und im Hintergrunde Österreich die Geeste. Der Admiral, der in erster Linie eine Übungfahrt forderte, konnte und mochte sich für keinen der beiden Orte entscheiden, zumal beide nicht vollkommen geeignet waren. Demgemäß gestalteten sich die Berathungen in der Bundeskommission. Am 2. September wurde die Übungfahrt abgelehnt aus Mangel an Mitteln und aus Mangel einer allseitig anerkannten Flagge. Aus letzterem Grunde wurde auch Swinemünde als Winterhafen verworfen, zugleich wegen der Schwierigkeit der Durchfahrt durch den Sund. Das österreichische Mitglied der Marineabtheilung, von Bourguignon, sprach sich für die Geeste aus, der Preuße von Wangenheim, der besonders die Kosten für die dortigen Uferbeschädigungen im vorigen Winter ins Feld führte, gab Brake den Vorzug. Die österreichischen Mitglieder der Kommission legten natürlich aus politischen Rücksichten mehr Gewicht auf die Ansicht Bourguignons, die Preußen auf die Wangenheims. Letztere schlugen vor, Brommy die Wahl zu lassen und zu ermächtigen, nach seinem Gutbefinden die nöthigen Baggerarbeiten vornehmen zu lassen. Dieser Vorschlag fand als glücklicher Ausweg Annahme. Aber ehe noch die entsprechende Mittheilung an Brommy abgesandt wurde, ging von diesem der Antrag auf Sendung eines Bevollmächtigten ein. Der Österreicher von Kübeck beantragte die Sendung Bourguignons, die preußischen Mitglieder lehnten ab: so wurden beide gesandt, Wangenheim und Bourguignon. Als dann die Angelegenheit am 18. September in der Kommission zum Vortrage kam, stimmte Wangenheim für Brake, Bourguignon für die Geeste. So blieb nichts übrig, als dem Admiral die abweichenden Meinungen der Kommission mitzutheilen und ihm zur Pflicht zu machen, nach Erwägung der für und wider aufgeführten Gründe und nach seinem eigenen Ermessen das Winterlager zu wählen.[1]

Abgesehen von der Nothwendigkeit, die zu diesem Auswege führte, war er auch der allein richtige. Denn Brommy hatte keine Sonderinteressen, weder für Hannover noch für Oldenburg, wie aus allen seinen Schreiben an beide Theile hervorgeht. Die Zeiten der Kondottieri seien vorbei, schrieb er an Oberstleutnant von Wangenheim nach Frankfurt. Als sein nochmaliger Versuch, die für die Mannschaft nöthige Übungsfahrt zu erreichen, wieder fehlschlug, entschloß er sich, die kleineren Schiffe nach Brake, die größeren in die Geeste zu legen.

---

[1] Diese Verhandlungen finden sich im Geh. St.-A.

Die Geldschwierigkeiten legten zu Anfang des neuen Jahres 1851 den Gedanken nahe, eine Ersparung in den Marineausgaben durch gewisse Maßnahmen zu erzielen, etwa durch Abtakelung einiger Schiffe oder durch Verminderung des Mannschaftbestandes. Solche Vorschläge unterbreitete der preußische Kommissar von Bötticher Anfang Februar der Kommission, die ihrerseits die Marineabtheilung mit einem Gutachten darüber beauftragte. Es war kein Zweifel, daß diese Erwägung der erste Anfang war einer endlichen Beschluß= fassung über die Zukunft der Marine überhaupt. Denn daß die Auflösung der Flotte eine unvermeidliche Nothwendigkeit werden würde, darüber waren sich die Kommissare in Frank= furt, auch die Österreicher, schon damals klar, ohne daß man zunächst geneigt war, offen mit diesem Gedanken hervorzutreten. Andererseits mußte während des Frühjahrs bereits irgend ein Entscheid getroffen werden, da die Vorbereitungen zu einer etwa zu beschließenden und jetzt in hohem Maße nothwendigen Übungfahrt frühzeitig getroffen werden mußten, wenn nicht der Sommer wiederum ungenützt verstreichen sollte.

Brommy war aufgefordert worden, sich über die Ersparung= frage gutachtlich zu äußern. Auch er vermuthete, daß damit die Auflösung begonnen werden solle. Darüber konnte er nun freilich beruhigt werden. Aber er wünschte doch persönlich bei Erörterung dieser Fragen in Frankfurt anwesend sein zu dürfen und beantragte seine Reise dorthin. Trotz mehrmaligen Widerspruchs der preußischen Kommissare wurde diese Reise dann auch ausgeführt. Bötticher nämlich befürchtete nicht nur, daß durch Brommys Abreise die Besorgnisse in der Flotte selbst über eine mögliche Auflösung vermehrt werden könnten, sondern auch, daß dieser in Frankfurt Verbindungen anknüpfen möchte, die eine später doch nöthige Auflösungmaßregel erschweren könnten. Anfang April 1851 fanden dann jene Berathungen der Marineabtheilung mit Brommy statt, die das Ergebnis hatten, daß eine Ersparung an Material und Mannschaften bei dem bereits immer mehr herabgedrückten Bestande nicht möglich sei, ohne dem Ganzen gefährlich zu werden. Nöthig sei aber eine Übungreise eines Theils der Flotte, die sich ohne erhebliche Mehrkosten ermöglichen lassen werde. Eine für die Bundes-Zentral-Kommission abgefaßte Denkschrift[1]) führte aus, daß eine solche bisher schon erwünscht gewesene Übungfahrt nunmehr unabweislich sei, als das letzte und einzige Mittel, die Flotte überhaupt noch zu erhalten, da andernfalls die Matrosen bei der steten Unthätigkeit abgehen würden.

Aber es war schon damals vorauszusehen, daß wenig Aussicht für die Verwirklichung dieses Vorschlages vorhanden war, denn auch die österreichische Regierung zeigte damals gerade ein sehr geringes Interesse für den Fortbestand der Marine und auch die in Dresden stattfindenden Verhandlungen zur Änderung der Bundesverfassung ließen über die der Flotte ungünstige Stimmung der meisten Regierungen gar keinen Zweifel. Brommy selbst mußte gelegentlich jener Berathungen in schmerzlicher Weise an das Ende seiner Schöpfung gemahnt werden, als ihm der General von Peucker die Frage über die zweckmäßigste Einleitung einer Auflösung der Flotte vorlegte. Brommy bat, ihm die Antwort auf diese Frage zu erlassen. Er werde und müsse willig die Ausführung solcher für ihn sehr schwerer Aufträge übernehmen, es würde

---

1) Die Denkschrift vom 8. April 1851 in H. 40, Nr. 1c.

aber über seine Kräfte gehen, wenn er einer Schöpfung, an der er so großen Antheil habe, selber den Todesstoß versetzen sollte.

Es konnte nicht fehlen, daß die Gerüchte von der Möglichkeit einer Auflösung der Marine zu dieser selbst hindurchsickerten. Die Stimmung der um ihre Zukunft besorgten Offiziere wurde dadurch düster und mißmuthig. Zu Duckwitz kamen sie schon seit längerer Zeit und klagten, daß sie den gegenwärtigen Zustand nicht mehr ertragen könnten, daß sie ihren Abschied nehmen wollten, daß nur die Liebe zu ihrem Admiral sie noch halte. Bald las man auch in öffentlichen Blättern über die Aussichten der Flotte. Brommy litt unter diesen Zuständen am meisten. Dazu kam, daß eine Unzahl frankfurter Verfügungen, nicht selten Bezeugungen von Mißfallen und Erörterungen nebensächlicher Kleinigkeiten enthaltend, seine Stimmung geradezu verbitterten. Schon im Januar schüttete er Duckwitz sein Herz aus und klagte über die Thorheiten seiner vorgesetzten Behörde, die vom Seewesen nicht die mindeste Kunde hätte. Seiner Geduld dürfte bald ein Ziel gesetzt sein und wenn auch Niemand unentbehrlich sei, so sei es doch klar, daß er für den Augenblick der Schlußstein der ganzen Schöpfung sei. Im Januar 1851 war es so weit gekommen, daß bei nur 42 Flottenoffizieren nicht weniger als 76 Rechnungsbeamte in Bremerhaven angestellt waren. Die Verwendung jedes Schuhnagels müsse schriftlich belegt werden, schrieb Duckwitz an Neubourg in Hannover, alles gehe in Schreibseligkeit unter. Es sei kein Zweifel, daß, wenn Brommy gehe, eine Stunde später kein einziger Offizier mehr auf der Flotte sei. Hannover möge im eigenen Interesse und zur Wahrung von Deutschlands Ehre bei den dresdener Verhandlungen

auf die schleunigste Einsetzung einer ordentlichen Marine=
verwaltung bringen.

Aber solche Bemühungen Hannovers waren erfolglos,
denn die sogenannten dresdener Konferenzen,[1]) zu anderem
Zwecke, zur Berathung der Bundesverfassung, berufen, konnten
für Verhandlungen dieser Art gar keinen geeigneten Boden
abgeben. Im Gegentheil wurde dort bald offenbar, daß die
Mehrzahl der maßgebenden Regierungen vielmehr zu einer
Auflösung geneigt war. Bayern wollte sie im Januar 1851
geradezu beantragen. Später wurde den hannoverschen Be=
mühungen in München das schwierige Bedenken der allgemeinen
deutschen Zoll= und Handelspolitik entgegengehalten. Denn
dort stand man damals schon wie später noch viel mehr auf
dem Standpunkte, daß eine Bundesflotte für Bayern nur dann
Werth habe, wenn sie einer den bayrischen Interessen ent=
sprechenden Handelspolitik zur Stütze diene, nicht aber in dem
Falle, wenn die Nordseestaaten in ihrer gesonderten Handels=
politik auch ferner verharrten. Von dieser Ansicht aus war
der Minister von der Pfordten höchstens bereit, nicht geradezu
auf die Auflösung der Flotte hinzuwirken, sondern bis zur
endgültigen Entscheidung auf ihre Erhaltung bedacht zu
sein, wenn das ohne große Opfer möglich sei. Denselben
Standpunkt wie Bayern nahmen auch Württemberg und
Sachsen ein, letzteres stellte die Vereinigung der gesammten
Bundesländer zu einem Zollgebiet als Bedingung für die
Aufnahme der Flotte unter die gemeinsamen Bundesangelegen=
heiten.

---

1) Vgl. über die dresdener Konferenzen von Sybel, Die Begrün=
dung des deutschen Reiches II, S. 70 ff.

So hatte der Gedanke der Nothwendigkeit einer Auf=
lösung der Flotte schon weite Kreise ergriffen, nothwendig,
um herauszukommen aus dem jetzigen bei der völligen Theil=
nahmlosigkeit mehrerer Regierungen ganz unhaltbaren Zu=
stande. Denn daß es so wie jetzt nicht bleiben könne, war
Allen klar, auch denen, die eine Auflösung hinausschieben
oder ganz verhindern wollten.

Über die Wege nun, welche bei einer Änderung des
bestehenden Verhältnisses etwa gangbar gemacht werden
konnten, hatten drei Denkschriften, welche bereits Ende des
Jahres 1850 ausgearbeitet worden waren, wichtige Anwei=
sungen gegeben.

Die Bundes=Zentral=Kommission nämlich hatte im No=
vember 1850 der Marineabtheilung die Ausarbeitung einer
Denkschrift aufgetragen, in welcher die Erfordernisse zur Fort=
bildung der Marine angegeben, die Ausgaben berechnet und
Mittel und Wege in Vorschlag gebracht werden sollten, um
die Zukunft der Flotte zu sichern. Es war auch ein Zeichen
der gänzlich mangelnden Einheitlichkeit der Verwaltung, daß
sie sich bei der Verschiedenheit der Ansichten nicht zu einer
Denkschrift vereinigen konnte, sondern statt einer deren drei
lieferte, also Jeder eine besondere: eine vom Oberstleutnant
von Wangenheim, eine vom Marinerath Jordan und eine
vom Fregattenkapitän von Bourguignon.[1]

Die kürzeste dieser Denkschriften ist die Bourguignonsche.
Er bezieht sich, was den damaligen Zustand der Nordseeflotte
betrifft, auf den von ihm erstatteten und oben wiedergegebenen
Bericht vom 26. März 1850[2] und beschränkt sich weiter darauf,

---

1) Die drei Denkschriften in H. 40, Nr. 1c.
2) Vgl. oben S. 62.

die Vorschläge der früheren technischen Marinekommission ohne nähere Gründe für nicht zweckmäßig zu erklären. Indem er die Sorge für die Ostsee Preußen, für das abriatische Meer Österreich überläßt, bringt er für die Bildung eines Nordseegeschwaders eine andere Zusammenstellung in Vorschlag, deren Anschaffungskosten er im ganzen auf 19 750 000 Thaler berechnet und für welche er an jährlichen Ausgaben vom ersten bis zehnten Jahre eine höhere, vom elften Jahre an eine jährliche Summe von 3 573 760 Thaler annimmt. Auf welchem Wege diese Geldmittel zu beschaffen seien, stellt er lediglich anheim und äußert nur, daß, wenn sie nicht beschafft werden könnten, auch nichts übrig bleibe, als die Marine aufzugeben, da der jetzige Zustand nicht fortbestehen könne.

Die Jordansche Denkschrift ist die umfangreichste. Sie beginnt mit der Schilderung der Geldschwierigkeiten, erwähnt den geringen Fortschritt, den die Marine unter solchen Umständen gemacht, die vielen mangelnden Anstalten, Häfen, Docks u. s. w. Sie gedenkt der Nachtheile für die Mannschaft, z. B. infolge der Unthätigkeit und besorgt bei einer Fortdauer dieses Zustandes nicht blos eine schneller vorschreitende Entwerthung der Schiffe, namentlich der bei der Lage im Freien verfaulenden Kanonenbote, sondern auch eine Verwilderung der Mannschaft. Jordan betont die Nothwendigkeit und Nützlichkeit einer Flotte und mißt ihren Werth für Deutschland nach dem Widerwillen des Auslandes gegen die neue Schöpfung, indem er sich dabei auf die Äußerungen englischer Blätter beruft. Den Bedarf für 1851 berechnet er auf 1 205 528 Thaler. Selbst wenn die Marine nicht als eine allgemeine deutsche Einrichtung anerkannt werden sollte, glaubt er die erforderlichen Geldmittel zu erreichen durch einen aus den Staaten des Zollvereins und den übrigen norddeutschen Staaten zu bildenden Marineverein, eine neue deutsche Hansa. Er schließt seine Denkschrift mit Vorschlägen für eine veränderte Einrichtung der Marinebehörden, deren Sitz er nach Hamburg verlegt.

Die bedeutendste der drei Denkschriften ist die des Oberstleutnants von Wangenheim, welche von genauer Kenntnis der Akten zeugt und mit großer Sorgfalt und Gewandtheit abgefaßt ist. Nachdem er betont, daß eine Entschließung nicht länger vertagt werden könne und daß man nur die Wahl habe zwischen Fortbildung oder Verfall der Flotte, giebt er eine Zusammenstellung der Anschaffungen und der bisherigen und künftigen Kosten. Diese letzteren berechnet er für die nächsten zehn Gründungsjahre auf jährlich 4900000 Thaler, vom elften Jahre an auf 3800000 Thaler. Da trotz des Geldmangels und des Unterbleibens wichtiger Einrichtungen die Bestandtheile der Flotte und die Bemannung im besten Zustande seien, führt ihn sein Ergebnis dahin, daß der durch die Theilnahmlosigkeit mehrerer Regierungen bekundete Gedanke des Aufgebens der Flotte entschieden von der Hand zu weisen sei. Für die Beibehaltung sprechen ihm sittliche, politische und finanzielle Rücksichten. Erstere gelten der Bemannung und den Beamten, die ihr Leben an die Flotte geknüpft, die politische ist ihm namentlich mit Rücksicht auf die Ereignisse der letzten Jahre mit der Frage von Deutschlands Macht und Ansehn untrennbar verbunden. Auch den Geldverlust an Material und für die Mannschaft aufgewandter Kosten läßt er in die Wagschale fallen. So wirft er die Frage auf, wie eine weitere Entwickelung in Aussicht genommen werden könne. Da von Österreich und Preußen mit Rücksicht auf ihre Flotten im Mittelmeer und in der Ostsee eine Weiterzahlung abgelehnt werde, entstehe die Frage, ob die übrigen Staaten jene obigen Summen aufbringen könnten. Mit der Verneinung der Frage der Aufbringung auch etwa des halben Betrages würde der Gedanke einer Flotte als deutsches Bundeseigenthum überhaupt gänzlich zu Boden fallen. Es würde dann nur von einer österreichischen, einer preußischen und derjenigen Flotte die Rede sein können, welche etwa die norddeutschen Küstenstaaten unter sich zu gründen und zu erhalten ihrem Interesse entsprechend erachten sollten. Jede dieser Flotten würde — vorausgesetzt daß die Binnenlandstaaten wenigstens Bruchantheile, theils baar, theils durch vermehrte Kontingentstellung zur Landmacht, zu entrichten gehalten wären — zur allgemeinen deutschen Zentralgewalt nur in ein Kontingentverhältnis treten. Die Verfügung im Frieden und die Verwaltung verbliebe Österreich, Preußen und den Küstenstaaten. Käme aber eine solche Beisteuer der Binnenlandstaaten nicht zu Stande, so werde nur noch eine Vertheilung der vorhandenen Nordseeflotte übrig bleiben, d. h. eine Übernahme der Schiffe von Seiten der norddeutschen Küstenstaaten unter entsprechender Abfindung der übrigen Länder. In diesem Falle könne von einer deutschen Flotte ebensowenig die Rede sein, wie von einem Einfluß der deutschen Zentralgewalt auf sie. Es gäbe dann eine österreichische, eine preußische und eine Flotte anderer norddeutscher Küstenstaaten.

Demnach stellte von Wangenheim für die Zukunft der deutschen Flotte folgende Möglichkeiten in folgender Reihenfolge auf:

1. Süddeutsche Flotte unter
   Österreichs Leitung
   Norddeutsche Flotte unter
   Preußens Leitung
   } Beide zur Zentralgewalt im Kontingentverhältnis stehend.

2. Österreichische Flotte
   Preußische Flotte
   } Im Kontingentverhältnis zur deutschen Zentralgewalt.

   Bundesflotte, bei der Zentralgewalt im Eigenthumverhältnis vertreten.

3. Österreichische Flotte
   Preußische Flotte
   Flotte der Nordseestaaten
   } Alle drei im Kontigentverhältnis zur Zentralgewalt.

4. Österreichische Flotte
   Preußische Flotte
   Eventuell eine Nordseeflotte
   } Ohne Beziehung zur deutschen Zentralgewalt; Schiffe und Material der Nordseeflotte werden vertheilt oder verkauft.

Von so verschiedenem Standpunkte nun auch die Verfasser der drei Denkschriften ausgingen, in dem einen Punkte trafen sie zusammen, daß ein Verbleiben in dem zur Zeit bestehenden Zustande nicht nur unnütz, sondern auch schädlich sei und daß man, wenn eine weitere Ausbildung nicht möglich, ein gänzliches Aufgeben dem allmählichen Verkommen vorziehen müsse. Endlich aber stimmten sie überein in der Nothwendigkeit einer nun endlich einmal herbeizuführenden Entscheidung in dem einen oder dem anderen Sinne.

Mit dem Anfange des Jahres 1851 hat ja dann auch thatsächlich, zwar nicht schnell, wie es wünschenswerth gewesen wäre, sondern langsam die Entscheidung sich zu entwickeln begonnen. Nicht allein innerhalb der Regierungen nahm im Laufe dieses Jahres die Erwägung über die Flottenfrage einen breiten Raum ein, auch die öffentlichen Blätter nahmen lauter für und gegen die Flotte Stellung. Dabei ist das eine unzweifelhaft festzustellen: seitdem die Paulskirche geschlossen, seitdem öffentliche Stimmen in den deutschen Kammern für die Nothwendigkeit einer Flotte nicht besonders laut geworden, der Krieg mit Dänemark beigelegt war, seitdem die ganze Frage an den Rand einer Versumpfung gebracht schien, war auch die öffentliche Meinung gegen den Flottengedanken kühler geworden. Man schätzte Gewinn und Verlust ab und gewöhnte sich, als Ergebnis nur den letzteren zu sehen. Man hatte so manche Hoffnung des Jahres 1848 begraben und wagte vielfach gar nicht mehr zu erwarten, daß das einzige Überbleibsel dieses Jahres sollte erhalten werden können. In weiten Kreisen hatte man einsehen gelernt, daß der Gedanke eines einigen großen Deutschlands mit einheitlicher Spitze als mit der Entwickelung der deutschen Staaten unvereinbar und als durch Papier und Tinte sicher unerreichbar werde aufgegeben werden müssen. Es mußte nutzlos scheinen, die Kräfte an eine Schöpfung zu verschwenden, die wie die einer Seemacht eine selbständige Politik, einen kräftigen einheitlichen Willen und bedeutende Mittel nothwendig zu ihrem Gedeihen voraussetzen mußte, Erfordernisse, an denen es freilich dem deutschen Bunde von jeher gefehlt hatte und voraussichtlich immer fehlen würde. Wozu eine Flotte beibehalten, deren Material in Schlamm und Schlick lag und dem Verderben und Verfaulen ausgesetzt war, deren Mannschaft durch Unthätigkeit und Mangel jeder höheren Bestimmung, ja eigentlich jeden Lebenszweckes der Gefahr unterlag, sittlich zu verkommen, eine Flotte, die der jammervolle Zwiespalt der deutschen Regierungen nicht einmal zu einem sicheren Lagerplatze kommen ließ, die in kläglicher Geldnoth nur von Monat zu Monat ein unthätiges Leben fristete! Eine solche Flotte konnte man und mußte man umso eher aufgeben, als jede Aussicht fehlte, für sie eine bessere Zukunft bald herbeizuführen.

Beobachten wir die Stellung der maßgebenden Regierungen zur Flottenfrage.

In Preußen war man seit längerer Zeit von der gänzlichen Unhaltbarkeit des bestehenden Zustandes überzeugt. Da sich für die Unterhaltung einer deutschen Marine als einer gemeinsamen Bundesflotte, wozu Preußen bereit war, keine Aussicht bot, konnte hier die Entwickelung einer gemeinschaftlichen Marine aller norddeutschen Seestaaten neben einer besonderen preußischen und österreichischen noch am ehesten Anklang finden. Das wäre namentlich dann der Fall gewesen, wenn die Gründung eines besonderen Handels- und Zollvereins sich hätte verwirklichen lassen und wenn die Leitung und Verwaltung der gemeinschaftlichen Flotte vornehmlich in Preußens Hände gelangt wäre. Dem standen aber erhebliche Bedenken gegenüber. Vor allem die Unsicherheit und sogar Unwahrscheinlichkeit des Gelingens einer solchen zoll- und handelspolitischen Einigung. Aber selbst im Falle einer solchen konnte Preußen von seinem Standpunkte aus an einer gesonderten Flotte derselben nur dann einen regen Antheil nehmen, wenn ihm wirklich die thatsächlich alleinige Verwaltung und Leitung übertragen würde. Das war aber in keinem Falle vorauszusetzen und mußte schon durch die Verschiedenartigkeit der Interessen bei der Wahl von Standorten, Häfen und Marineanlagen eine Erschwerung und Verhinderung finden. Eine von Sonder-

interessen zersplitterte Verwaltung war aber an und für sich
schon den mit dem Vorhaben verbundenen Schwierigkeiten
nicht gewachsen. Dazu kam, daß die Erhaltung einer gemein=
schaftlichen norddeutschen Flotte neben einer preußischen der
Entwickelung der letzteren entschieden nachtheilig gewesen wäre.
Die Schöpfung einer Flotte mußte die Verwendung ungetheilter
geistiger und materieller Kräfte fordern. Preußen würde seine
Kräfte haben theilen müssen, nur um etwas zu erhalten, was
unter ganz anderen Verhältnissen geschaffen wurde, was that=
sächlich jetzt schon ohne innere Nothwendigkeit bestand und
bereits in der Auflösung begriffen war. Denn darüber war
Niemand in Zweifel: wenn die Nordseeflotte nicht schon vor=
handen gewesen wäre, würde keiner daran denken, sie zu schaffen.
Für die Herstellung einer besonderen preußischen Marine unter
Verwendung aller dazu verfügbaren Kräfte des Staates sprachen
aber rein politische und handelspolitische Gründe. Preußens
Vortheil war es, wenn die Handelsschiffe der übrigen nord=
deutschen Staaten genöthigt waren, in fremden Welttheilen
den Schutz preußischer Kriegsschiffe in Anspruch zu nehmen.
Preußen konnte dadurch diesen Staaten gegenüber an Ansehn,
an Einfluß und Macht nur gewinnen. — Bei der Unmög=
lichkeit, die Haltung einer gemeinsamen deutschen Bundesflotte
bei der vorwaltenden Lage der Verhältnisse zu erreichen, und
unter Berücksichtigung der besonderen preußischen Interessen,
mußte daher der Regierung, um weitere hoffnunglose Geld=
opfer zu sparen, die schleunige Auflösung der Nordseeflotte
als eine Nothwendigkeit erscheinen, wobei es dann den Nord=
seestaaten und anderen Staaten überlassen geblieben wäre, die
Schiffe zu erwerben und weiterhin zu unterhalten. Demnach
faßte die preußische Regierung den Entschluß, zu der ferneren

Unterhaltung der Flotte nichts mehr zu zahlen. Dieser Beschluß wurde dem preußischen Bevollmächtigten bei den dresdener Konferenzen, dem Grafen von Alvensleben, unterm 11. Februar 1851 zur Verwendung in Dresden mitgetheilt.

Die österreichische Regierung nahm im allgemeinen einen ähnlichen Standpunkt ein wie Preußen, nur daß Österreich an der Unterhaltung einer im Eigenthum des Bundes befindlichen Flotte sich überhaupt nicht betheiligen wollte. Es würde das eine Zersplitterung der ohnehin schwachen Kräfte bedeutet haben, die es, wie von Anfang der Flottengründung an, so auch ferner vermeiden wollte. Allenfalls konnte Österreich eine kontingentweise Stellung von Schiffen genehm sein. Für die Erhaltung der Nordseeflotte hatte es an sich keine Theilnahme. Nur insofern durch preußische Betheiligung an einer solchen oder durch preußische Erwerbung von Schiffen im Falle ihrer Auflösung dieser Staat einen Machtzuwachs erfahren konnte, schwankte Österreich zwischen den Gedanken der Erhaltung oder der Auflösung und hat durch die Unstetigkeit seiner Entschließungen wesentlich zu einer Verschiebung und Verlängerung der Auflösung beigetragen. In diesem Sinne fand die Politik Hannovers in Wien ein offenes Ohr.[1]

---

[1] Im Februar 1851 erschien in der Zeitschrift Austria ein vom österreichischen Handelsminister von der Bruck veranlaßter Aufsatz, welcher angeblich die österreichische Auffassung wiedergab und eine Marineverwaltung in drei Abtheilungen in Wien, Berlin und an der Nordsee vorschlug mit gemeinsamer Einschießung der Matrikularbeiträge und Theilung derselben in drei Drittel. Die Neigung des Fürsten Schwarzenberg für die Flotte ging aber nicht soweit, daß diese und andere Einzelvorschläge irgendwie die Auffassung der österreichischen amtlichen Kreise wiedergeben konnten. Sie waren vielmehr lediglich die Anschauungen des Ministers von der Bruck und nicht einmal dessen ursprüngliche. Denn ich habe festgestellt, daß der Aufsatz der Austria, der dann auch in der hannover-

In Hannover bestand der leidenschaftliche Wunsch der Beibehaltung der Nordseeflotte, und zwar als Bundeseigenthum. Denn eine Beibehaltung durch die Nordseestaaten allein mußte deren Kräfte, das war offenbar, weit übersteigen. Eine Theilnahme der Binnenstaaten an der Seewehr konnte man aber mit um so mehr Recht fordern, als die Küstenstaaten auch zur Landwehr des Binnenlandes, zum Festungbau, beitrugen. Bei einer solchen Bundesflotte in der Nordsee bestand aber für Hannover eine weitere Forderung in der Sicherung eines erheblichen Einflusses auf Befehl und Verwaltung. Denn ohne solchen Einfluß war man dort mit Rücksicht auf das Bestreben Preußens, seinen Einfluß auf die Nordseeküste auszudehnen, zur Zustimmung nicht gewillt.[1]) Der Gegensatz zu Preußen war überhaupt für Hannover die Richtschnur seines Handelns. Man setzte voraus, daß Preußen nur deshalb die Auflösung betreibe, um die Schiffe zu erwerben und sich mit oldenburgischer Hülfe an der Nordsee festzusetzen und so einen völlig neuen militärischen, politischen und volkswirthschaftlichen Einfluß auf die nordwestlichen Küstenländer zu erlangen. War diese Voraussetzung richtig, so mußte Hannover im eigenen Interesse eine solche Umarmung durch den mächtigen Nachbar zu vermeiden suchen. So lebhaft in Hannover der Wunsch auf Beibehaltung der Flotte auch aus allgemeinen und eigenen Staatsinteressen war, die Frage in ihrer jetzigen Entwickelungsstufe wurde noch weit mehr als durch

---

schen Zeitung abgedruckt wurde, auf den Senator Duckwitz in Bremen zurückzuführen ist. Duckwitz war mit Bruck vom Marineausschuß der Nationalversammlung her befreundet und hatte ihm Anfang Februar in einem langen Schreiben seine Flottenschmerzen und Marinepläne vorgetragen, die dann in obiger Weise ihren Weg in die Austria fanden.

1) Reubourg an Duckwitz, 28. Februar 1851. H. 40, Nr. 1c.

solche allgemeinen Rücksichten durch den Gegensatz gegen Preußen beeinflußt. Damit Preußen nicht die Schiffe erwerben könne, darum mußte die Auflösung vermieden, die Beibehaltung erstrebt werden, letztere aber unter Fernhaltung Preußens. Einer einflußreichen Theilnahme Preußens zöge Hannover selbst die öffentliche Versteigerung der Flotte vor, so schrieb Neubourg im Februar 1851 an Duckwitz. Da aber dadurch einer Erwerbung durch Preußen nicht vorgebeugt werden konnte, erklärte der hannoversche Minister des Auswärtigen von Münchhausen dem österreichischen Gesandten von Langenau Ende April, daß „die mit einer Auflösung der Flotte verbundenen Gefahren nur durch Verbrennung der Schiffe" vermieden werden könnten.[1)]

Genau von dem hier gezeichneten Standpunkte aus lief der Weg, den Hannover im Verlaufe der weiteren Entwickelung

---

[1)] Eigenhändiger Vermerk Münchhausens in den Akten vom 28. April 1851. H 40, Nr. 1d. Die Stellung Hannovers wird auch ersichtlich aus der Verfügung an die Gesandtschaften vom 11. Februar, ebenda. — Übrigens kann ich bei dieser Zeichnung des hannoverschen Standpunktes nicht unterlassen zu erwähnen, daß innerhalb der hannoverschen Regierungskreise auch gegentheilige Stimmen sich Geltung zu verschaffen suchten. Es waren das der Kriegsminister Prott und der nachmalige Kriegsminister Karl Jacobi. Der Letztere hatte im Gesammtministerium im April 1851 vergeblich gegen den ganzen Plan gestimmt. Beide erachteten eine Nordseeflotte als ziemlich werthlos für einen Krieg, befürchteten vor allem durch die Betheiligung an einer solchen eine Kürzung der Mittel für das Landheer und beschränkten sich darauf, die Küsten gegen Landungen durch Kanonenböte zu sichern. Jacobi zumal läugnete in einer Denkschrift vom 26. April 1851 überhaupt die angeblich so große Gefahr einer Festsetzung Preußens in der Nordsee. Denn sollte je Hannover von Preußen feindlich behandelt werden, so erscheine bei der sonstigen geographischen Lage des Landes für dessen Vertheidigung die Anwesenheit von preußischen Schiffen in der Weser von geringer Erheblichkeit. Ebensowenig sei abzusehen, wie unter gewöhnlichen Verhält=

gegangen ist. In diesem Sinne ergingen die Anweisungen an die sämmtlichen Gesandten, namentlich nach Wien, Frankfurt und an den Bevollmächtigten für die dresdener Konferenzen von Schele. Die hannoversche Regierung ging aber auch einen Schritt weiter. Sie hoffte zwar noch immer auf eine bundesseitig zu beschließende Ausbildung und Entwickelung der Flotte, aber sie faßte auch die Möglichkeit des Gegentheils ins Auge und richtete deshalb an Oldenburg, Bremen und Hamburg die Anfrage, ob diese Regierungen bereit seien, zunächst behufs einstweiliger Erhaltung der Nordseeflotte und falls deren Beibehaltung als Bundesmarine nicht zu erreichen sein sollte, zu ihrer dauernden Erhaltung einen bestimmten Kostenbeitrag zu übernehmen. Während die Antworten dieser Regierungen die Geneigtheit zu einer gemeinschaftlichen Erwägung kundgaben, war es aber durch die in Hannover eingegangenen Nachrichten klar geworden, daß auf die Erwirkung eines endgültigen Beschlusses auf Unterhaltung einer Kriegsflotte in Dresden oder nach Wiedereröffnung des Bundestages nicht zu zählen sei. Es mußte daher als nächstliegende Aufgabe erscheinen, die bundesseitige Auflösung zu verhindern, damit die Erhaltung und künftige Entwickelung noch offen bleibe. Dazu bot nun der Umstand eine Aussicht, daß die Marine-Abtheilung der Bundes-Zentral-Kommission eine Übungfahrt dringend empfohlen und wie oben erwähnt durch Darlegung des gänzlichen Verfalls unterstützt hatte, dem sonst

---

nissen die hannoverschen Interessen wesentlich dadurch leiden könnten, daß Preußen Schiffe in einem oldenburgischen Hafen habe, wodurch es weder Recht noch Vorwand erhalte, die hannoversche Handelsflagge zu belästigen. — Übrigens ist die ganze Denkschrift nicht besonders tiefgehend und die eben angeführten Proben nicht einwandfrei. H. 40, Nr. 1d und H. 40, Specialia Nr. 1a.

die Flotte bei weiterer Unthätigkeit entgegengehen würde. Zur Ausführung dieses den Höfen in Berlin und Wien zur Erwägung mitgetheilten Antrages war ein Vorschuß von 60000 Thalern nöthig. Die Herbeischaffung eines solchen Bedarfs war für die Nordseestaaten nicht unerschwinglich und konnte einen der Übungfahrt günstigen Bundesbeschluß erleichtern. Die hannoversche Regierung lud daher Oldenburg, Hamburg und Bremen zu einer Berathung der Flottenangelegenheit zum 6. Mai nach Hannover ein, um dort zugleich eine Vorlage über einen Flottenbestand zu machen, welcher im Verhältnis zu den Kräften der Nordseestaaten im äußersten Falle etwa von den vier Staaten einstweilen auf eigene Kosten zu unterhalten sein möchte, wenn auch stets unter Gutheißung, unter der Flagge und als Einrichtung des deutschen Bundes.

Diese Versammlung hat dann am 6. Mai in Hannover stattgefunden. Die Bevollmächtigten der Regierungen vereinigten sich über folgende Punkte: Die Erhaltung und Ausbildung der vorhandenen Marine als Flotte des deutschen Bundes sei das zunächst zu erstrebende Ziel. Zu dessen Erreichung sei es rathsam, die Erhaltung der Flotte als organische Einrichtung des Bundes in Frankfurt durch eine Denkschrift und einen entsprechenden Antrag zur Entscheidung zu bringen, der von Hannover zu stellen und von den übrigen und anderen zu gewinnenden Regierungen zu unterstützen sei. Daneben seien die Gesandten anzuweisen, nöthigen Falls auf Anerkennung der Flotte als Bundeseigenthum anzutragen. Dieser Antrag sei zu begründen durch Hinweis auf die rechtliche Unmöglichkeit eines Beschlusses über die Flotte ohne Anerkennung des Eigenthums. Sie könne von der Bundesversammlung als Rechtsnachfolgerin der Bundes-Zentral-

Kommission und mit Rücksicht auf die bisherige Erhaltung aus Bundesmitteln nicht abgelehnt werden. Für diesen letzteren Fall sollte von den Bundestagsgesandten eine Bereitwilligkeit der Nordseestaaten zur Vermittelung eines etwa nöthigen Vorschusses zur einstweiligen Unterhaltung der Flotte ausgesprochen werden. Wenig später wurde dann auch mit Braunschweig, Schaumburg-Lippe, Meklenburg-Schwerin und Lübeck auf schriftlichem Wege ein Einverständnis erzielt.

Dies war die Stellung derjenigen drei Regierungen, welche bei den nunmehr beginnenden Verhandlungen über die Zukunft der Flotte maßgebend waren, der Regierungen von Preußen, Österreich und Hannover.

7.
Die Verhandlungen über die Auflösung der Flotte.[1])

Im Mai 1851 trat der wieder eingesetzte Bundestag zusammen. Die preußische wie die österreichische Regierung waren beide der Überzeugung, daß es eine der ersten Aufgaben der Bundesversammlung sein müsse, sich mit der Frage der Beibehaltung oder Auflösung der Flotte zu beschäftigen. Durch einen Notenwechsel zwischen dem preußischen Ministerium des Auswärtigen und dem österreichischen Gesandten in Berlin von Prokesch-Osten war auf Veranlassung des Fürsten Schwarzenberg diese Übereinstimmung der beiden Regierungen ausdrücklich festgestellt worden.[2]) Die preußische Regierung durfte daher in der Anweisung für ihren Bundestagsgesandten Generalleutnant von Rochow die Erwartung aussprechen, daß der

---

1) Außer auf die preußischen und hannoverschen Staatsakten konnte ich mich für diesen Abschnitt auch auf die gedruckten Bundestagsprotokolle stützen und auf die Berichte Bismarcks, welche von Poschinger, Preußen im Bundestag, Bd. I, veröffentlicht hat. Einige bei Poschinger fehlende oder lückenhaft abgedruckte Berichte Bismarcks finden sich in den Beilagen, auf welche ich hier im allgemeinen verweise.

2) Schriftwechsel zwischen dem österreichischen Gesandten von Prokesch-Osten in Berlin und dem Minister von Manteuffel vom 27. April bezw. 1. Mai 1851.

österreichische Gesandte beauftragt sein werde, entweder gemeinsam oder gleichzeitig einen Antrag auf unzweideutige Erklärung der Bundesversammlung einzubringen. Nach den dresdener Konferenzen[1]) konnte es kaum zweifelhaft sein, daß die große Mehrzahl sich für die Auflösung aussprechen würde.

Es erschien daher auffallend, daß bei Beginn der Sitzungen des Bundestages der österreichische Gesandte Graf Thun thatsächlich noch ohne jede Anweisung seitens seiner Regierung in der Flottenangelegenheit war. Der General von Rochow sah sich daher außer Stande, seinen Antrag in der ersten Sitzung, wie beabsichtigt, einzubringen. Es zeigte sich auch sofort, daß der Graf Thun persönlich einer sofortigen Auflösung der Flotte abgeneigt war, daß vielmehr seine Rochow gegenüber geäußerte Meinung dahin ging, daß die Nordseeflotte in die zu ihrer Erhaltung für Deutschland geeigneten Hände, wie zum Bei-

---

1) Preußen hatte damals den Bevollmächtigten Graf Alvensleben beauftragt, die Angelegenheit in Dresden zur Sprache zu bringen. Alvensleben berichtete am 7. März, daß von bayrischer Seite bereits ein Antrag angemeldet sei, welcher zwar zunächst nur das Stimmenverhältnis bei Beschlüssen über die Nordseeflotte berühren werde, aber zu einem Beschlusse über deren Auflösung führen sollte. Hiermit verband Alvensleben die Bemerkung: nur im Falle dringender Nothwendigkeit, welche nach Bayerns Ankündigung nicht vorliege, würde er es der Stellung Preußens für angemessen erachten, die erste Anregung zur Auflösung zu geben, statt den offenbar vorhandenen Wünschen der Mehrzahl der übrigen Regierungen nachzukommen. Da aber der bayrische Bevollmächtigte den Antrag wegen der Flotte von einem Tage zum andern verschob und schließlich ganz zurücktrat, war Alvensleben genöthigt, diesen Gegenstand in der zweiten Kommission anzuregen. Es waren zwar alle darin einverstanden, daß die Flotte nicht beibehalten werden dürfe und daß eine Beschleunigung dieser Angelegenheit sehr wünschenswerth sei. Auf der andern Seite hielt man es aber bei dem damaligen Stande der Konferenzen für durchaus unthunlich, einen Beschluß darüber unter Einholung der Genehmigung der Regierungen zu Stande zu bringen.

spiel die deutschen Nordseestaaten, geleitet würde. Der Gedanke einer eigentlichen Bundesflotte erschien zwar auch ihm nicht durchführbar, wohl aber eine dreitheilige Flotte in einem Kontingentverhältnis zum Bunde.

Man erräth unschwer aus diesen Äußerungen den Erfolg, den die hannoverschen auf eine Verhinderung des Auflösungsbeschlusses gerichteten Bemühungen am wiener Hofe und in Frankfurt selbst inzwischen gehabt hatten. Als der preußische Gesandte Graf Arnim in Wien infolge dieser Sachlage im Auftrage seiner Regierung beim Fürsten Schwarzenberg auf eine nunmehrige Anweisung des Präsidialgesandten in Frankfurt hinzuwirken suchte, erklärte der Fürst, daß er eine solche aus dem Grunde noch nicht erlassen habe, weil ihm inzwischen mitgetheilt worden sei, daß mehrere norddeutsche Staaten, namentlich Hannover und Oldenburg, in eine Berathung über die Zukunft der Marine getreten seien.[1]

Die hannoversche Regierung entfaltete eine rührige Thätigkeit. Ihr Gesandter in Frankfurt war der mit den Verhältnissen dieser Frage schon vertraute und gewandte spätere Minister von Schele, welcher seine Regierung bereits auf den dresdener Ministerialkonferenzen vertreten hatte. Die ihm von seiner Regierung nach Frankfurt übersandten Anträge, welche den zwischen den vier Nordseestaaten in Hannover am 6. Mai stattgehabten Verhandlungen entsprachen, begleitet von einer von Neubourg verfaßten Denkschrift, machte er weiterhin zum

---

[1] Gleichwohl schlug Schwarzenberg dem Minister von der Pfordten vor, er möge doch veranlassen, daß die bayrischen Stände sich gegen den Fortbestand der Flotte aussprächen. Knesebeck, der das aus München nach Hannover berichtet, bemerkt dazu: „ziemlich perfide." Bericht vom 18. Juni 1851. H. 40, 1e.

Gegenstande der Verhandlungen mit den gleichgesinnten Vertretern. Den anfänglich kleinen Kreis wußte er geschickt zu erweitern. Die Aussichten für das hannoversche Vorgehen verbesserten sich, als es dem hannoverschen Gesandten von dem Knesebeck in München und Stuttgart unter Mittheilung der hannoverschen Anträge gelang, vom Minister von der Pfordten günstige Zusagen zu erhalten. Einen gleichen Eindruck hinterließen die mündlichen Äußerungen des sächsischen Ministers von Beust bei seiner Anwesenheit in Hannover. Der persönlichen Unterstützung des Präsidialgesandten Grafen Thun war Schele gleichfalls sicher.

So vorbereitet, überreichte er in der Bundestagssitzung vom 11. Juni 1851 jene Denkschrift, in welcher die Gründe näher entwickelt waren, denen zufolge die in der Nordsee vorhandene deutsche Flotte als Eigenthum des Bundes zu betrachten sei und beantragte:

1. Die Bundesversammlung wolle die Anerkennung jener Flotte als Eigenthum des Bundes aussprechen.
2. Die Bundesversammlung wolle die Niedersetzung eines Ausschusses zur Vorbereitung eines Beschlusses verfügen über die Frage, ob die Nordseeflotte als Flotte des Bundes beizubehalten oder ob solche aufzulösen und wie gegebenen Falles diese Auflösung zu bewerkstelligen sei.

Dem gegenüber brachte der preußische Gesandte von Rochow den eine gesunde Beschleunigung der ganzen Angelegenheit bezweckenden Antrag ein, vor allem über die Hauptfrage zu beschließen, ob es nämlich in der Absicht des deutschen Bundes liege, die Nordseeflotte ferner beizubehalten und hiemit auch den dazu erforderlichen Kostenaufwand in seinem ganzen Umfange für den Augenblick sowie bleibend zu übernehmen.

In der folgenden Sitzung vom 13. Juni wurde über die Anträge verhandelt. Trotz der eingehenden Ausführungen der Gesandten Hannovers und Preußens war die Bundesversammlung nicht zu einer sofortigen Stellungnahme den beiden Anträgen gegenüber zu bewegen. Die Mehrheit hielt es für bedenklich, die Anerkennung der Flotte als Eigenthum des deutschen Bundes auszusprechen vor näherer Prüfung der Angelegenheit durch einen Ausschuß. Schele, dessen Bemühungen übrigens vom Präsidialgesandten unterstützt wurden, vermied denn auch vorsichtig nach Erkenntnis der Sachlage auf Abstimmung zu bringen, um nicht ein später schwer zu beseitigendes Mißtrauen gegen seine Anträge zu erregen. Daneben mußte es ihm auch darauf ankommen, eine sofortige Abstimmung über den viel weiter gehenden Antrag Preußens zu verhindern. So wurde ein Ausschuß zur Vorbereitung der Anträge bestellt und in ihn Österreich, Preußen, Bayern, Hannover und die freien Städte gewählt. Trotz gewisser Bedenken, den Antragsteller auch zum Berichterstatter zu machen, Bedenken, die von Rochow geltend gemacht und auch von Thun nicht verkannt wurden, ließ sich doch die Bestellung Scheles nicht umgehen. Denn der bayrische Gesandte von Xylander war mit den Einzelheiten der verwickelten Frage noch gänzlich unvertraut und der Hanseat Brehmer erschien Rochow als das am wenigsten unbefangene Mitglied. Außerdem versprach Schele, gewissenhaft die abweichenden Ansichten aufzunehmen und die fertige Arbeit vorher bei allen Ausschußmitgliedern in Umlauf zu setzen, damit diese ihre Wünsche und Bedenken aussprechen könnten. So wurde ihm die Berichterstattung übertragen.

Während diese Hauptfragen der Behandlung des Ausschusses unterlagen, war die sofortige Beschlußfassung über eine andere nicht minder wichtige Frage geboten, nämlich die Beschaffung der Mittel für die Flotte vom 1. Juli an. Denn die im Februar in Dresden vereinbarte und durch Bundesbeschluß vom 28. April 1851 anerkannte Matrikularumlage von 750000 Gulden sollte nur die Bedürfnisse für das erste Halbjahr decken. Man beschloß, diese dringliche Angelegenheit demjenigen Ausschusse zu überlassen, welchem die Sorge für das Bundeseigenthum oblag.

Im Namen dieses Ausschusses berichtete dann der sächsische Gesandte am 21. Juni in der Bundestagssitzung über die Nothwendigkeit, vom 1. Juli ab die Mittel zur Flottenunterhaltung bereit zu stellen. Denn wie auch immer über das künftige Schicksal der Flotte entschieden werden würde, so sei es doch nöthig, die Schiffe nicht entwerthen zu lassen, sondern sie wirthschaftlich zu erhalten. Der Ausschuß beantragte eine Matrikularumlage von 532000 Gulden, deren Zahlung jedoch ohne Einfluß auf den über die Zukunft der Flotte zu fassenden Beschluß sein solle und nur als ein Vorschuß zu betrachten sei. Gegen ihn aber gab sofort der preußische Gesandte eine der Auffassung seiner Regierung entsprechende Erklärung ab. Er wies auf die von Preußen gezahlten Matrikularbeiträge hin, auf die von seiner Regierung gemäß Übereinkommens mit der Zentralgewalt beschafften Fahrzeuge und drang auf Auflösung des bisherigen Verhältnisses, nach welchem die sogenannte Nordseeflotte allein als gemeinschaftliches Bundeseigenthum auf gemeinschaftliche Kosten unterhalten werde. In Ansehung der bisherigen weitaus größten Leistungen Preußens bestand daher der Gesandte mit Recht auf der klaren Forderung, daß, bevor

man Vorschußumlagen ausschreibe, zunächst sämmtliche Rück=
stände auf die 1848 bereits ausgeschriebenen Matrikular=
umlagen eingezahlt werden und hieraus die obigen Erforder=
nisse bestritten werden müßten.

Die Erklärung des preußischen Gesandten machte einen,
wie Schele nach Hannover berichtete, ungünstigen Eindruck.
Der Präsidialgesandte wies auf das Unzutreffende der preußi=
schen Auffassung hin und bemerkte, daß diese Einwendungen in
das später zu eröffnende Abrechnungsverfahren gehörten, daß
es jetzt lediglich darauf ankomme, die Flotte nicht dem Unter=
gange preiszugeben. Dieser Standpunkt war aber im Grunde
doch nichts anderes, als eine Beschönigung des eigenthümlichen
Vorgehens, zu Nutzen der bisherigen Nichtzahler mit einer
Vorschußumlage in fremde Geldbeutel fahren zu wollen. Bei
diesen Nichtzahlern und bei den Nordseestaaten, die zur Erhal=
tung der Marine an ihren Küsten gern auch über ihre Bei=
träge hinaus einige Vorschüsse leisteten, mag denn freilich die
preußische Erklärung einen ungünstigen Eindruck hervorgerufen
haben. Dazu kam, daß der Mehrzahl der Mitglieder der
Bundesversammlung der Gedanke peinlich war, daß deren
Thätigkeit mit einem Beschluß über die Auflösung der Flotte
beginnen sollte. Selbst die, welche durch die preußische Er=
klärung die Auflösung als entschieden betrachteten, wünschten
ihr wenigstens ein anständiges Leichenbegängnis zu sichern
und glaubten die Mittel dazu in der Bewilligung jener
532000 Gulden für das zweite Halbjahr zu erblicken.

Die Abstimmung, welche am 8. Juli stattfand, hatte das
erwartete Ergebnis. Sämmtliche Staaten sprachen sich für die
beantragte Umlage aus; Sachsen, das bisher Beiträge über=
haupt nicht gezahlt, fand den Muth, längere gegen Preußen

gerichtete Bemerkungen zu machen, einige, wie Bayern und Baden, stellten als Bedingung allseitige Zahlung, Kurhessen behauptete kein Geld zu haben, und Preußen — der Vertreter bezog sich auf seine Erklärung vom 21. Juni — und Württemberg waren ohne Instruktionen. Übrigens zeigte sich bald, daß in der Bundesversammlung die Ansicht vorherrschend war, daß dieser Beschluß wegen Bewilligung von Vorschüssen für die Nordseeflotte durch Mehrheit gefaßt werden könne. Diese Auffassung, nach welcher Preußen infolge eines solchen Mehrheitsbeschlusses zur Zahlung verpflichtet sein würde, fand sich bereits in dem Berichte des Grafen Thun an die österreichische Regierung vom 23. Juni. Preußen hat dann später in der Schlußabstimmung vom 30. Juli ausdrücklich Verwahrung gegen diese Auffassung eingelegt. Aber die Verwicklungen, welche aus so gegensätzlichem Standpunkte hervorgehen konnten, erschienen selbst dem Grafen Thun so bedenklich, daß er in dem oben angezogenen Berichte dem Fürsten Schwarzenberg anheimstellte, sich in Berlin für die Leistung des Vorschusses zu verwenden. Das ist denn auch Anfang Juli geschehen.

Schon vorher aber war man innerhalb der preußischen Regierung nicht ohne eigenes Bedenken gewesen. Auch Rochow hatte den peinlichen Eindruck geschildert, den seine Erklärung in Frankfurt hervorgerufen und hatte vorgeschlagen, ihn zu der Mittheilung zu ermächtigen, daß Preußen für dies Mal, aber zum letzten Mal, noch zahlen wolle. Der Minister des Auswärtigen schwankte. Auch er wünschte nicht, die Gefahr einer mit öffentlichem Ärgerniß verknüpften raschen Auflösung herbeizuführen. Dazu kam, daß ihm gerade in jenen Tagen die Willensmeinung des Königs durch eine Kabinetsordre vom

24. Juni eröffnet wurde dahin, daß das Material der Flotte zu erhalten und die Seevertheidigung Deutschlands weiter auszubilden sei. Der Minister fürchtete, gegen diese Willensmeinung zu handeln, wenn er den Bundestagsgesandten anweisen wollte, auch bei der endgültigen Abstimmung sich gegen jede Zahlung Preußens zu verwahren und lediglich auf die Rückstände der 1848 ausgeschriebenen Umlage hinzuweisen. Dazu kam, daß deren bundesrechtliche Gültigkeit von einigen Staaten, wie von Sachsen, bereits in Zweifel gezogen wurde.

Gegen solche Bedenken erklärte sich aber in erfreulich eindruckvoller Weise der Finanzminister. Ihm erschien es unbillig, daß Preußen mit abermaligen Beiträgen hinzutreten solle, wo doch schon ein Theil der Rückstände anderer Staaten zur Befriedigung des Bedürfnisses genügt haben würde. Er vermochte nicht einzusehen, wie es einen peinlichen Eindruck hervorbringen könne, daß Preußen auch von anderer Seite die schuldigen Leistungen verlange. Die Möglichkeit einer Inzweifelziehung der bundesrechtlichen Gültigkeit der 1848 ausschriebenen Umlage ließ ihn vollends kühl. Denn sollte diese Ansicht Eingang und Geltung erhalten, daß nämlich die früheren Leistungen nicht von bundeswegen ausgeschrieben und von Bundesgliedern als solchen bezahlt seien, so würde, äußerte er gegenüber dem auswärtigen Ministerium, offenbar die deutsche Flotte Eigenthum derjenigen sein, welche dazu beigesteuert hätten, zum größten Theile also Eigenthum Preußens. Dann könne sich Preußen mit einer kleinen Zahl von Miteigenthümern abseits vom Bunde auseinandersetzen und die Angelegenheit rascher zur Erledigung bringen.

Diese eindruckvolle Bestimmtheit des Finanzministers hatte sich soeben Geltung verschafft, als die Annäherung des Fürsten

Schwarzenberg an das berliner Kabinet in die Erscheinung
trat und — sehr erfreulicher Weise eine grundsätzliche Überein=
stimmung beider Regierungen offenbarte. Der Standpunkt der
österreichischen Regierung geht am zuverlässigsten hervor aus
deren Depesche an den Grafen Thun vom 30. Juni 1851,
in der es über die Matrikularumlage heißt: „Für die kaiser=
liche Regierung kann es sich in dieser Frage nur um ganz
freiwillige Vorschüsse handeln." Wie Preußen jetzt Ver=
wahrung dagegen einlege, daß die Nordseeflotte allein als
gemeinschaftliches Bundeseigenthum auf gemeinschaftliche Kosten
unterhalten werde, so habe die kaiserliche Regierung schon bei
der allerersten Matrikularumlage gegen jedes Ansinnen von
Geldbeiträgen Widerspruch erhoben, da sie in der eigenen
Marine eine ihren Beitrag übersteigende Leistung für den
Bundeszweck anzubieten habe. Preußen befinde sich mit Öster=
reich in rechtlicher Hinsicht auf einem gleichartigen Standpunkte
und letzteres könne daher den preußischen Antrag, daß bis zur
grundsätzlichen Entscheidung über das Schicksal der Flotte
der augenblickliche Geldbedarf zunächst durch die Rückstände
derjenigen Staaten herbeigeschafft werde, welche keine eigene
Leistung in Anrechnung zu bringen hätten, „an und für sich
nur als ganz billig und folgerichtig anerkennen". Wenn nun
trotzdem die österreichische Regierung für die Matrikularumlage
stimmte, so geschah es in einer dreifachen Rücksichtnahme.
Zunächst nämlich hielt sie bei der Zahlungsunlust gewisser
Regierungen den preußischen Antrag für aussichtslos, sie
wünschte ferner die dann nöthige Verwendung von zu anderen
Zwecken bestimmten Bundesgeldern zu vermeiden, sowie end=
lich, daß durch eine plötzliche Einstellung der Unterhaltung,
also gewissermaßen durch eine Preisgebung, die Frage über

das künftige Schicksal der Flotte zur Entscheidung gedrängt werde.

Diese Stellung der österreichischen Regierung theilte der Gesandte von Prokesch-Osten in Berlin dem dortigen Minister von Manteuffel am 5. Juli mit. Er fügte hinzu, daß auch die kaiserliche Regierung nicht geneigt sei, einer abermaligen Verlängerung des gegenwärtigen unhaltbaren Marinezustandes auf weitere sechs Monate Vorschub zu leisten, daß sie vielmehr auf baldiges Aufhören der Unterhaltung der Nordseeflotte bringen werde und daher von ihrem Standpunkte aus auch gegen die Begründung der preußischen Erklärung vom 21. Juni keinen Einwand erheben könne.

So erfreulich nun dieser grundsätzlich übereinstimmende Standpunkt beider Regierungen war, so bedauerlich war es, daß trotzdem der österreichische Gesandte Graf Thun gegen die von Rochow in der Schlußabstimmung vom 30. Juli aufrecht erhaltene Erklärung Einwendungen erhoben und sich damit in Widerspruch mit den Grundsätzen seiner eigenen Regierung gesetzt hat.[1])

War nun die eine der beiden in der Marineangelegenheit nebeneinander hergehenden Verhandlungen, die Beschaffung der Mittel für die einstweilige Forterhaltung, durch den Beschluß vom 8. Juli erledigt worden, so stand die Hauptfrage noch aus, die Entschließung über das künftige Schicksal. Die Berathung über die Anträge Hannovers und Preußens hatte, wie oben gezeigt, zur Niedersetzung eines Ausschusses geführt,

---

1) Thun hatte gegen die ihm unterm 30. Juni ertheilte Weisung bei seiner Regierung, aber vergeblich, Einwendung erhoben. So berichtete Rochow am 23. Juli und 3. August nach Berlin.

in welchem der hannoversche Gesandte von Schele zum Berichterstatter bestimmt worden war.

Die Verhandlungen des Ausschusses über die sich immer mehr verwickelnde Angelegenheit nahmen die Arbeitskraft besonders Scheles und Rochows in hohem Maße in Anspruch. Dem Gange dieser Verhandlungen bis in die Einzelheiten zu folgen, würde viel zu weit führen. Sie waren so langwierig und so verwickelt, daß schon der hier folgende Versuch ermüden wird, sie wenigstens in ihren Hauptergebnissen zu begleiten.

Der hannoversche Gesandte von Schele hatte eine lange Ausarbeitung angefertigt als Entwurf seines Berichtes. Nach einer Entwickelung der Beschlüsse, die zur Flottengründung geführt hatten, prüfte er die Frage des Rechtsverhältnisses und suchte nachzuweisen, daß die Flotte nicht nur Bundeseigenthum, sondern auch eine organische Bundeseinrichtung sei. Er suchte ferner nachzuweisen, daß die Marine ein Bedürfnis und daher die bereits vorhandene nicht aufgelöst werden dürfe, zu welchem Zwecke er ihre Beibehaltung zu beschließen, vorher aber als Unterlage für einen solchen Beschluß ein Gutachten von Sachverständigen einzufordern beantragte. Hiergegen verfaßte das preußische Mitglied von Rochow ein Sondergutachten, welches unter Berichtigung einiger Ausführungen Scheles — besonders in Betreff der preußischen Beitragleistungen und des österreichischen Ausgleichs durch Bereitstellung von Kriegsschiffen — im wesentlichen auf folgendes hinauslief: Beschlußfassung, ob eine allgemeine Marine als Bundeseigenthum beibehalten werden solle; im Verneinungfalle die Nordseeflotte den Nordseestaaten und den etwa bereiten Binnenstaaten zur Übernahme anzubieten; dann zu beschließen, ob der Bund den Gedanken einer im Kontingentwege zu bildenden Marine weiter verfolgen wolle; endlich, wenn die letzteren beiden Punkte sich nicht verwirklichen, Auflösung der Nordseeflotte in kürzester Frist.

Beide Arbeiten wurden in der Ausschußsitzung vom 7. Juli einer näheren Erörterung unterzogen, die zu scharfen Auslassungen führte. Rochow hatte einen um so schwierigeren Stand, als er allein seinen Vorschlag zu vertheidigen hatte gegen Alle. Der Präsidialgesandte, ohne Anweisung von seiner, wie sich später herausstellte, ganz anders denkenden Regierung, handelte lediglich nach seiner persönlichen Auffassung und tadelte, wie Schele berichtete, scharf den Rochowschen Vorschlag, gegen welchen er sogar ebenfalls ein Sondergutachten verfaßte. Die Mehrheit des Ausschusses entschied sich dafür, bei der Erstattung des Berichtes folgenden Gang anzunehmen:

1. Historische Entwickelung;
2. Darlegung des Satzes, daß die jetzt noch vorhandene Flotte Bundeseigenthum sei;
3. Bemerkung, daß der Ausschuß eine Entscheidung darüber, ob die Flotte als organische Bundeseinrichtung zu betrachten, noch auszusetzen;
4. dagegen die Beschlußnahme darüber für unerläßlich hält, ob überhaupt eine Bundesflotte beibehalten werden solle oder nicht;
5. um diese Frage genügend lösen zu können, hält man die Einholung eines technischen Gutachtens für unerläßlich und will deshalb Heranziehung von drei Sachverständigen bei der Bundesversammlung beantragen.

Zwischen den Vertretern der beiden Großmächte war seit langer Zeit in der Marine-Abtheilung auch in geringwerthigen Fragen eine zwiespältige Stimmung gewesen. Da keiner von Beiden von der Sache selbst etwas verstand, stützte sich jeder auf die Rathschläge Bourguignons bezw. Wangenheims. Etwas gedeihliches war so weder in kleinen und noch weniger in großen Fragen zu erreichen. Rochow schlug daher seiner Regierung vor, den preußischen Standpunkt in der Flottenfrage in Wien, wo man stets milder und rücksichtvoller sei als in Frankfurt, offen darzulegen, um vielleicht durch gemeinschaftliches Vorgehen ein gedeihliches Ende herbeiführen zu können.

Dieser Anregung gab die preußische Regierung Folge und beauftragte den Grafen Arnim in Wien, an der Hand der obigen fünf Punkte dem Fürsten Schwarzenberg die Stellung der preußischen Regierung darzulegen und eine Verständigung anzubahnen. Eine Vergleichung dieser Stellung mit der Anweisung, welche Schwarzenberg unterm 16. Juli dem Grafen Thun ertheilt hatte, ergab denn nun, daß allerdings beide Höfe dazu gelangen konnten, ihre Vertreter mit vollkommen übereinstimmenden Anleitungen für ihr ferneres Verhalten zu versehen. Eine Verfügung Schwarzenbergs an den österreichischen Gesandten in Berlin von Prokesch-Osten vom 27. Juli erschloß die österreichische Anschauung und führte zu einem vollen Übereinkommen.

Bei der Entwickelung dieses Übereinkommens folge ich den obigen fünf Punkten. Der erste sei natürlich dem Ausschuß zu überlassen. Beim zweiten Punkt verneinte Schwarzenberg die Eigenschaft der Flotte als Bundeseigenthum. Preußen hatte sie zwar bejahen wollen, war aber auch in dem Falle dagegen, daß etwa die Ausschreibung von 1848 nicht als eine die bundesgesetzliche Zahlungspflicht auferlegende angesehen würde. Nun wurde das aber thatsächlich im ersten Theile des Scheleschen Berichtes angenommen und die Rechtsverbindlichkeit des Beschlusses der Zentralgewalt nur aus der nachträglichen thatsächlichen Genehmigung durch viele Bundesstaaten hergeleitet. Schwarzenberg schlug daher als zweckmäßig vor, vorerst von einer Entscheidung der Eigenthumsfrage überhaupt abzusehen, wie dies auch bezüglich des dritten Punktes — die organische Einrichtung — die Ansicht beider Regierungen war. Beim vierten Punkte konnten beide Mächte dahin übereinkommen, daß es nicht ihre Absicht sei, den Gedanken einer die Nordseeflotte mit umfassenden Bundesflotte ohne weiteres aufzugeben, daß es aber ebensowenig ihre Absicht sei, bis zu einer späteren Regelung der Marineleistungen der einzelnen Staaten das Schicksal der Nordseeflotte unentschieden zu lassen und sie als Bundeseigenthum auf eigene Kosten weiter zu unterhalten. Folgerichtig schlug Schwarzenberg vor, zur Vermeidung jeder Unklarheit geradezu die Nichtbeibehaltung der Nordseeflotte als Eigenthum des Bundes zu beantragen. Für den fünften Punkt, die Begutachtung durch Sachverständige, hatte sich Preußen in bedingter Weise erklärt. Da Thun sich lebhaft dafür verwendet hatte, so zeigte sich Schwarzenberg, der anfangs dagegen war, ebenfalls dazu geneigt, wobei er es wesentlich als darauf gerichtet ansah, daß den Staaten, welche sich an der Gründung einer Marine zu betheiligen gedächten, eine Grundlage geschaffen werde für die Berechnung ihrer Leistungen.

Demnach vereinigten sich beide Regierungen zur Einbringung folgenden Antrages im Ausschusse:

1. Die Bundesversammlung wolle von einer grundsätzlichen Entscheidung der Fragen, ob die Flotte Eigenthum des gesammten Bundes und ob sie als eine organische Anstalt zur Erfüllung eines ausgesprochenen Bundeszweckes zu betrachten sei, vorerst absehen;
2. sie wolle beschließen, daß die Nordseeflotte nicht als Eigenthum des Bundes beizubehalten sei;
3. sie wolle ferner beschließen, dem Ausschuß für die Flottenangelegenheit drei Sachverständige beizugeben mit dem Auftrage, genaue Überschläge der Kosten einer von den Bundesstaaten, außer Österreich und Preußen, zu unterhaltenden Marine in der Nordsee und der zu ihrer Erhaltung unentbehrlichen Anstalten zu fertigen, und zwar in der Unterstellung, daß
    a) überhaupt nicht die Gründung einer selbständigen deutschen Seemacht, sondern nur ein wirksamer und ausreichender Schutz der Küsten und der Handelsschiffe beabsichtigt wird, und daß
    b) die Marine Österreichs und Preußens in ihren Bereichen zu denselben Zwecken verwendet werden;
4. die Bundesversammlung wolle endlich sich vorbehalten, nach Einlangung der Kostenüberschläge binnen kürzester Frist von den Regierungen, welche sich an der Unterhaltung einer Nordseeflotte zu betheiligen wünschen würden, geeignete Vorschläge wegen Deckung des Aufwandes, sowie der auf der Flotte haftenden Ersatzansprüche zu erwarten, falls aber kein entsprechendes Ergebnis erzielt würde, in der alsdann zu beschließenden Weise zur Auflösung der Nordseeflotte unter Wahrung aller Rechte der daran betheiligten Regierungen zu schreiten.

Am 23. August trat nach längerer Unterbrechung der Flottenausschuß wieder zusammen. Graf Thun, der übrigens inzwischen wieder einmal, aber wieder vergeblich, gegen die ihm ertheilte Anweisung Einwendungen erhoben hatte, entwickelte, und zwar zugleich im Namen des preußischen Mitgliedes von Rochow, die österreichisch-preußischen Anträge. Dem entgegnete von Schele, daß er in dieser Erklärung den Todesstoß für die deutsche Flotte erblicken müsse, da jede Hoffnung schwinde, sie in der Bundesversammlung erhalten zu sehen, wenn Österreich und Preußen sie aufgäben. Es bliebe daher nichts weiter übrig, als möglichst ungesäumt zur Auflösung zu schreiten. Allerdings dürfe man sich den üblen Eindruck nicht verbergen, den das Auflösen einer mit so vielem Pompe angekündigten und ins Leben getretenen deutschen Flotte auf die öffentliche Meinung machen werde. — Der Bevollmächtigte für Lübeck, Dr. Brehmer, schloß sich Schele an. Rochow entgegnete, daß beide die österreichisch-preußische Erklärung viel zu scharf aufzufassen schienen. Mit dem Aufgeben der Nordseeflotte als Eigenthum des Bundes sei nicht zugleich der Gedanke einer deutschen Flotte von der Hand gewiesen. Denn es sei durchaus denkbar, daß eine in der Nordsee von den betheiligten Staaten zu unterhaltende Marine mit der österreichischen und preußischen Flotte in ein gemeinsames Verhältnis zur Zentralgewalt träte. General von Xylander war von seiner Regierung nicht mit Anweisung versehen, schloß sich aber persönlich dem Gedankengange Scheles und Brehmers an. Der Erstere hatte in geschickter Weise, um eine Mehrheit für einen Beschluß zu gewinnen und die Sache an die Bundesversammlung bringen zu können, vorgeschlagen, die Erörterung der beiden ersten Sätze der österreichisch-preußischen

Anträge einstweilen auszusetzen und zunächst nur eine Untersuchung durch drei Sachverständige zu beschließen. Da Brehmer und Xylander sich dafür erklärten, konnte der Ausschußbericht in diesem Sinne erstattet werden. Eine Einigung im preußisch-österreichischen Sinne war also im Ausschusse nicht erreicht worden.

Trotz dieser Niederlage im Ausschuß glaubte Rochow doch, zumal mit Rücksicht auf die ausweichende Erklärung Xylanders und den vermuthlichen Anschluß Bayerns an Preußen-Österreich, annehmen zu dürfen, daß die Auflösung der Flotte als entschieden zu betrachten sei. Auch Schele berichtete: „Ich sehe die Flotte als Bundesflotte für aufgegeben an." In Wirklichkeit ist diese Voraussage ja auch eingetreten, aber doch bei weitem nicht so schnell, als es damals gemeint war. Denn als am 6. September die beiderseitigen Anträge der Mehrheit und der Minderheit des Marineausschusses in der Bundesversammlung zur Abstimmung gelangten, wurde der Antrag der Mehrheit wider Erwarten mit 11 Stimmen gegen 6 Stimmen angenommen. Dagegen hatten sich Österreich, Preußen, Dänemark, Luxemburg, Meklenburg und die sächsischen Fürstenthümer erklärt. Selbst Schele hatte diesen Ausgang nicht erwartet. Aber Graf Thun hatte den Antrag „nicht lebhaft" bekämpft, wie Schele berichtete und dieser selbst hatte nicht verfehlt, einer Weisung seines Ministeriums entsprechend auf die Absicht Hannovers hinzuweisen, die Erhaltung der Flotte auch für den Fall nach Kräften zu erstreben, daß sie nicht als Bundesflotte beibehalten werden könnte. In diesem Falle würde sie auf Kosten der übrigen Bundesstaaten ohne Österreich und Preußen zu unterhalten sein. Die bei den meisten Staaten immer noch bestehende Scheu vor einem endgültigen

Beschlusse hat dann dem Antrage Scheles zur Annahme verholfen. Über die Hauptfrage selbst war demnach noch nichts entschieden, sondern nur beschlossen, dem Marineausschusse die Hinzuziehung von drei Sachverständigen zu überlassen, welche ein Gutachten über die nachstehenden Fragen erstatten sollten:
1. Welche Größe und Ausdehnung muß die Nordseeflotte erhalten, wenn sie ihrem Zwecke entsprechen soll?
2. Wie ist ihre innere Einrichtung beschaffen und welche Rücksicht ist bei ihrer Bildung auf die im adriatischen Meere und in der Ostsee vorhandenen österreichischen und preußischen Geschwader zu nehmen?
3. Welche Mittel sind
    a) auf die erste Einrichtung der Flotte und der zu ihrer Erhaltung nöthigen Anstalten
    b) auf ihre dauernde Unterhaltung zu verwenden?

Daneben sollte den Sachverständigen eröffnet werden, daß die deutsche Flotte nur zum Schutze des deutschen Handels und der deutschen Küsten dienen solle, nicht aber die Begründung einer selbständigen Kriegsmarine in Frage stehe.

Durch die Ablehnung der preußisch-österreichischen Anträge war zunächst für die Gegner Zeit gewonnen und eine Verlängerung des Endes der Flotte erreicht. Die Ablehnung selbst aber war zum größten Theile dadurch herbeigeführt worden, daß der Präsidialgesandte nicht mit Entschiedenheit den Antrag seiner Regierung nach allen Seiten hin vertreten hat. Schon Schele hatte darüber an seine Regierung berichtet. So offensichtlich war die Lauheit Thuns gewesen, daß der neue preußische Bundestagsgesandte Otto von Bismarck — er war am 27. August in die Bundesversammlung eingetreten —

seiner Regierung zur Erwägung stellte, ob man nicht in Wien darauf hinwirken wolle, daß Thun von der sichtbaren Verfolgung seiner den Anweisungen der eigenen Regierung zuwiderlaufenden persönlichen Ansichten in der Flottenfrage ablasse. Die Stellung Preußens blieb auch nach dem Beschlusse vom 6. September unverändert dieselbe und ist es auch folgerichtig geblieben bis zur endlichen Auflösung der Flotte. Nicht wenig trug dazu bei, daß Bismarck bei der Übernahme der Vertretung Preußens in Frankfurt auch persönlich mit der damaligen Stellung seiner Regierung in der Flottenfrage übereinstimmte. Er rieth dringend, durchaus keine Geldmittel weiter für die Nordseeflotte herzugeben, weil er das für das wirksamste Mittel Preußens erachtete, die Flottenangelegenheit ihrer endgültigen Erledigung früher entgegenzuführen. Er rieth aber auch weiter, jeder etwaigen Absicht anderer Regierungen, die Entscheidung über Jahresschluß hinaus durch Aufbringung anderweitiger Fonds noch zu fristen, auf das entschiedenste entgegenzutreten.[1] Um aber auch darüber hinaus eine Beschleunigung der Angelegenheit herbeizuführen, stellte Bismarck in der Sitzung des Bundestages vom 21. Oktober unter nochmaliger Erklärung der Nichtverpflichtung Preußens zur Theilnahme an der Umlage vom 8. Juli doch die Entrichtung des Beitrages unter zwei Bedingungen in Aussicht:

1. daß die Bundesversammlung beschließe, daß die Flotte ferner nicht als Eigenthum des Bundes beizubehalten

---

[1] Vgl. den Bericht Bismarcks vom 12. September 1851 in den Beilagen Nr. 2. Ich werde auf die übrigen dort mitgetheilten Berichte Bismarcks in der weiteren Erzählung nicht noch besonders verweisen, ebensowenig auf die bei Poschinger, Preußen im Bundestag I, abgedruckten Berichte.

sei, mithin entweder von den Staaten, welche eine Nord=
seeflotte bilden wollten, gegen Erstattung des Schätzung=
werthes übernommen oder aufgelöst werde, und

2. daß dieser Beschluß vor Ablauf dieses Jahres zur Aus=
führung gebracht werde.

Gegen diese Erklärung gab dann aber Graf Thun wieder einmal eine Gegenerklärung ab, welche die Zulässigkeit jener Bedingungen bestritt, trotzdem die österreichische Regierung den Standpunkt der Freiwilligkeit jener Beiträge mit der preußischen vollkommen theilte.

Inzwischen hatte sich aber innerhalb der österreichischen Regierung bald nach dem Beschlusse vom 6. September durch Thunsche Berichte und durch hannoversche Bemühungen eine Änderung der Anschauung vollzogen, die gleichfalls geeignet war, die Angelegenheit in die Länge zu ziehen. Schon am 18. September berichtete Schele nach Hannover, daß Öster= reich jetzt milder auftrete und daß dessen Ansicht nunmehr im wesentlichen dahin gehe, eine Bundesflotte nach dem Vorbilde des Bundesheeres durch drei Kontingente zu bilden, eine öster= reichische, eine preußische und eine Abtheilung für die übrigen Bundesstaaten, die Nordseeflotte. Die österreichische Regierung leitete, wie wir aus einer Depesche[1]) des Fürsten Schwarzen= berg wissen, den ungünstigen Eindruck der gerade auf das Endziel hinsteuernden österreichisch=preußischen Anträge daher, daß beide Regierungen den verneinenden Theil des Satzes — also die Nichtbeibehaltung einer Flotte im Eigenthum — mit Bestimmtheit aussprachen, ohne sich zugleich über die Frage zu äußern, durch welche anderen Einrichtungen die Gründung

---

1) Schwarzenberg an von Prokesch=Osten vom 19. September 1851.

einer Bundesmarine mit dem Grundcharakter des Bundes in Einklang gebracht und das bereits Geschaffene erhalten werden könne. In dieser Hinsicht stellte die österreichische Regierung gewisse Grundzüge [1]) für eine dreitheilige Kontingentflotte auf, die später bei den Berathungen der Sachverständigen theilweise als Unterlage dienten. Über jene Grundzüge eröffnete dann Fürst Schwarzenberg einen Meinungaustausch mit der preußischen Regierung.[2]) Diese war wie früher so auch jetzt bereit, auf die Errichtung einer Kontingent-Flotte einzugehen. Sie blieb aber auf ihrem Standpunkte bestehen, daß, wenn man die Berathungen am Bundestag schon jetzt auf Erörterung der Kontingentverhältnisse hinlenken wollte, dadurch die Entscheidung über die gegenwärtige Flotte wieder in unabsehbare Zeit hinausgeschoben werden würde. Lediglich aus dieser Rücksicht nahm man bei sonst grundsätzlicher Übereinstimmung beider Höfe auf preußischer Seite Anstand, sich dem österreichischen Antrage anzuschließen.

In Frankfurt begannen bald darauf die Verhandlungen des Ausschusses der Sachverständigen. Er war durch Brommy, Wangenheim und Bourguignon gebildet worden, nicht ohne daß gegen die Wahl Wangenheims als eines Nichtseemannes von Thun und Schele Einwendungen erhoben worden waren.[3]) Mit der Erklärung, daß die Sachkunde, welche die preußische Regierung Wangenheim zutraue, von anderer Seite nicht in Zweifel gezogen werden dürfe, setzte Bismarck dessen Wahl

---

1) Abgedruckt als Beilage 5 des Sachverständigenberichtes in den Bundestagsprotokollen.
2) Schwarzenberg an Prokesch, 19. September, 9. Oktober; Manteuffel an Arnim in Wien, 1. und 20. Oktober.
3) Über die Wahl Wangenheims findet sich ein (ungedruckter) Bericht Bismarcks (ebenfalls) vom 12. September 1851 im Geh. St.-A.

durch. Die ebenso fleißigen als schließlich zwecklosen Berathungen der Sachverständigen fanden in der Zeit vom 16. Oktober bis 10. November statt. Trotz der Enge der Zeit mit großer Gründlichkeit behandelt ging ihr Gutachten dahin, daß die Nordseeflotte, wenn sie dem von der Bundesversammlung angegebenen Zwecke entsprechen solle, eine Ausdehnung haben müsse von 4 Fregatten, 4 Korvetten, 9 Dampfern und, weil einmal vorhanden, den 27 Kanonenboten. Bei diesem Ansatz war die Bildung einer aus drei Abtheilungen bestehenden Bundesflotte als Voraussetzung angesehen worden. Für die dauernde Erhaltung war bei einer Gründungzeit von 6 Jahren mit jährlich rund 1162000 Thalern der gleiche Betrag als genügend erachtet worden.

Dieses Gutachten nahm der Flottenausschuß der Bundesversammlung in seinen zu erstattenden Bericht auf, welcher auf folgende Anträge hinauslief: Bildung einer aus drei Abtheilungen bestehenden Bundesflotte, für deren dritte Abtheilung, die Nordseeflotte, jährlich 1 Million Thaler von den Staaten außer Österreich und Preußen aufzubringen sein würden. Die Staaten der Nordseeflotte haben sich über Errichtung der erforderlichen Behörden zu vereinigen und übernehmen von einem zu bestimmenden Tage an die gesammte Nordseeflotte, befriedigen die Vorschüsse, welche zur Erhaltung geleistet sind oder noch werden, und entschädigen Preußen wegen der geleisteten Beiträge in einer noch näher festzustellenden Weise. Behufs eines raschen Abschlusses der vorbehaltenen Vereinbarungen ertheilen die Regierungen ihren Bundestagsgesandten die nöthigen Vollmachten und ferner zur Verhinderung einer thatsächlichen Auflösung der Nordseeflotte mit dem Ablauf des Jahres die Ermächtigung, die bis zur Beendigung der Ver-

handlungen nöthigen Geldmittel durch zu allererst rückzahl=
bare Vorschüsse oder durch Aufnahme verzinslicher Anleihen
unter Verpfändung der Schiffe herbeizuschaffen.

Diese Anträge des Ausschusses waren aber noch nicht
vollkommen nach dem Wunsche der hannoverschen Regierung,
deren auswärtige Leitung in diesen Tagen der bisherige
Bundestagsgesandte von Schele übernommen hatte. Er ver=
anlaßte in der Zeit vom 8. bis 10. Dezember eine Zusammen=
kunft von Vertretern Oldenburgs, Braunschweigs und der drei
Hansestädte in Hannover und wünschte zugleich das Anerbieten
eines Vorschusses zur Forterhaltung der Flotte ausgesprochen.
Letzteres erreichte er nicht, immerhin aber eine auf Abände=
rung obiger Anträge hinzielende Vereinbarung namentlich über
eine geringer anzusetzende Aktivstärke der Flottenabtheilungen
zur Verringerung der Kosten, eine Beitragsleistung nach der
Bundesmatrikel statt nach Vereinbarung,[1] eine nur theilweise
Übernahme der Nordseeflotte und die Ablehnung der aller=
dings ganz ungerechtfertigten Erstattung der bisherigen Unter=
haltungskosten.[2] Von dem Ergebnisse der hannoverschen
Verhandlungen wurden die übrigen Regierungen verständigt.
Viele antworteten zustimmend, andere ausweichend, wieder
andere lehnten überhaupt eine Betheiligung ab. Fürst

---

[1] Eine Mehrleistung der Nordseestaaten, wie sie Neubourg in der
Sitzung vorschlug, um den Süddeutschen die Betheiligung genehm zu
machen, begegnete dem Widerspruch der Hamburger und Oldenburger,
so daß eine Beitragsleistung nach der Bundesmatrikel statt nach Verein=
barung empfohlen wurde. — Neubourg an Duckwitz, 21. Januar 1852.

[2] Wie unsinnig diese Forderung im Grunde war, geht aus der
einfachen Rechnung hervor, daß, wenn das ganze Verfahren dreimal so
lange gedauert hätte, kein Mensch auf den Gedanken gekommen wäre,
weil dann die Unterhaltung den Werth der ganzen Flotte über=
stiegen hätte.

Schwarzenberg in Wien sprach unverhohlen seine Mißbilligung aus, da er es als der Förderung des gemeinsamen Zweckes hinderlich ansah, an den mit Mühe zu Stande gebrachten Anträgen des Ausschusses etwas zu ändern und dadurch die Beschlußfassung zu erschweren. Er nahm aber vor allem Anstoß an der Forderung, daß die Aufwandkosten bis zum Tage der Übernahme Sache des Bundes sein sollten, da das eine Beitragspflicht Österreichs vorausgesetzt haben würde. Die Depesche Schwarzenbergs an den Freiherrn von Langenau in Hannover trug das Datum des 16. Dezember. Es war also für Hannover keine Zeit mehr, gemeinsam mit den anderen Staaten den österreichischen Wünschen Rechnung zu tragen, wozu man sonst natürlich, wie stets, geneigt war. Immerhin wurde der hannoversche Gesandte beauftragt, bei den Kostenbeiträgen nach Maßgabe der Bundesmatrikel eine ausgleichende Verständigung als hannoversche Auffassung hinzustellen, nach der man selbst eine Mehrleistung der Küstenstaaten in Erwägung ziehen wolle.

Am 27. Dezember fand in der Bundesversammlung die Abstimmung über die Ausschußanträge statt. Das Ergebnis war von der allertraurigsten Art. Allein Österreich trat den Anträgen bedingungslos bei. Preußen war grundsätzlich bereit zur Gründung einer durch Kontingente zu bildenden Bundesflotte, aber nur unter der Voraussetzung vorheriger Auseinandersetzung über das Nordseegeschwader. Bayern und Sachsen vertraten den Standpunkt der Binnenstaaten und verquickten ihre Theilnahme mit einer Regelung der Zoll- und Handelsverhältnisse. Den oben angedeuteten hannoverschen Bestrebungen schlossen sich Braunschweig, Nassau, Oldenburg und die freien Städte an. Württemberg erklärte sich ganz abfällig, ebenso Holstein-Lauenburg und Luxemburg-Limburg. Beide Hessen näherten sich der Stellung von Sachsen. Die Mehrzahl der sächsischen Herzogthümer und Meklenburg waren für Veräußerung der Flotte. So verschieden waren die Ansichten, daß eine Schlußziehung überhaupt nicht möglich war, eine solche vielmehr dem Ausschusse überlassen werden mußte. Aber auch der Ausschuß vermochte nicht unmögliches zu leisten. Denn die Abstimmungen gingen so weit auseinander, daß fast jede eine andere Richtung verfolgte und einige schon im voraus gegen noch offen stehende Auswege Verwahrung einlegten. So wandte sich der Ausschuß zunächst dem zu, was am meisten drängte, der drückenden Geldnoth: 13000 Gulden waren in der Kasse und 96000 Gulden sofort zu zahlen. Die Hauptschwierigkeit bot die Weigerung der preußischen Regierung, ihren Antheil an der Umlage vom 8. Juli zu zahlen. Wie oben gezeigt, knüpfte sie die Zahlung an zwei Bedingungen: Nichtbeibehaltung der Nordseeflotte als Bundeseigenthum und Ausführung dieses Beschlusses vor Ablauf des Jahres.

Der Ausschuß beschloß diese Bedingungen zu erfüllen. Der Erfüllung der ersten Bedingung stand thatsächlich nichts im Wege, denn nicht eine der Abstimmungen ging dahin, das Nordseegeschwader als Bundeseigenthum beizubehalten. Dies vorausgesetzt, fiel aber auch jede rechtliche Begründung zu ferneren Einzahlungen hinweg. Zahlte Preußen und gingen die übrigen Rückstände ein, die meist deshalb nicht gezahlt waren, weil Preußen die Zahlung verweigerte, so waren die Bedürfnisse der Flotte bis Ende Januar gedeckt. Es war der einzige Ausweg, den der Ausschuß fand und finden konnte, der aber auch verschlossen war, wenn ein Beschluß nicht vor

Ablauf dieses Jahres gefaßt wurde. Der Ausschuß stellte daher folgenden Antrag:

1. Infolge der Abstimmungen in der letzten Sitzung ist die Nordseeflotte ferner nicht als Bundeseigenthum beizubehalten, mithin entweder von den Staaten, welche eine Nordseeflotte bilden wollen, zu übernehmen oder aufzulösen.
2. Vom 1. Januar 1852 an wird keine fernere bisher nicht beschlossene Einzahlung für die Flotte ausgeschrieben.
3. Diejenigen Regierungen, welche sich an der Bildung einer Nordseeflotte betheiligen wollen, werden ersucht, ungesäumt zu einer Vereinbarung sich zu vereinigen, damit dem Bunde bis spätestens zum 31. Januar 1852 alle Verpflichtungen für die Flotte abgenommen werden können.
4. Der Ausschuß wird beauftragt, mit Ablauf Januar die zur Erledigung der Angelegenheit erforderlichen Anträge vorzulegen.

Es war kein Zweifel, daß die Zustimmung zu den Anträgen nur in der Voraussetzung einer zustimmenden Erklärung Preußens ertheilt werden konnte. Als sie am Sylvestertage 1851 zur Abstimmung gebracht wurden, war nur Hannover und sein Anhang dagegen, mit Stimmenmehrheit wurden sie angenommen. Preußen selbst hielt sich das Protokoll offen. Die Lage der Sache wurde richtig wiedergegeben durch den Bericht des hannoverschen Bevollmächtigten von Bothmer an seine Regierung: „Sollte die binnen wenigen Tagen versprochene preußische Erklärung die stattgefundene Abstimmung erfolglos machen, so wäre allerdings die Möglichkeit neuer Aussichten gegeben. Ich fürchte aber, daß auch dann bei der

Zersplitterung der Ansichten auf günstigen Ausgang nicht zu rechnen. Sollte dagegen der heutige Beschluß in Wirksamkeit treten, so wird die Auflösung der Flotte die Folge sein, denn eine Vereinbarung binnen Monatsfrist wird sich nicht erreichen lassen."

Durch diesen Beschluß hatte die Bundesversammlung die Zahlungsbedingungen Preußens zu erfüllen den Willen gezeigt. Thatsächlich waren die Bedingungen nicht erfüllt, denn es war wohl ein Beschluß gefaßt, seine Ausführung aber nicht gewährleistet und die Möglichkeit lag vor, daß zu Ende Januar die Lage der Sache unverändert dieselbe war.

Das Wort hatte nunmehr die preußische Regierung. Alsbald nach der ergebnislosen Abstimmung vom 27. Dezember hatte Bismarck, da die Geldverlegenheit auf den höchsten Punkt gediehen war, seiner Regierung vorgeschlagen, die Zahlung des preußischen Antheils an der Umlage vom 8. Juli gegen Verpfändung des vierten Theils der Flotte anzubieten.[1]) In einem weiteren Berichte führte er dann aus, daß es für die Bestrebung Preußens das Beste sei, wenn schon jetzt eine vorläufige Theilung unbeschadet späterer genauerer Abrechnung dadurch stattfände, daß für Preußen der vierte Theil der Flotte, als dem muthmaßlichen Guthaben entsprechend, ausgesondert würde. Von dem Augenblicke an würde Preußens Verbindlichkeit, in irgend einer Weise noch zur Unterhaltung des Überrestes der Flotte beizutragen, selbstredend und ohne

---

1) Nach Abgang dieses telegraphischen Vorschlags entwickelte ihn Bismarck in einem Berichte vom selben Tage genauer. Gedr. bei Poschinger I, S. 60, aber mit einer Lücke, welche die nähere Ausführung der Bedingungen enthält, unter denen sich Preußen zur Zahlung verstehen sollte.

Streit beseitigt sein. Auf diesen letzteren Vorschlag ging die preußische Regierung ein. Sie forderte, daß die schleunigste Aufhebung des jetzigen Provisoriums vor Leistung der Zahlung nicht etwa blos grundsätzlich beschlossen werde, sondern daß ihre Ausführung wirklich gesichert sein müsse: also Überweisung eines dem preußischen Guthaben ungefähr entsprechenden und für Preußen brauchbaren Theiles der Schiffe. Als dann gleichzeitig der Ausschuß die Erfüllung der preußischen Zahlungsbedingungen vom 31. Oktober durch seine Anträge vorbereitete, sprach sich Bismarck, den diese unerwartete Nachgiebigkeit überraschte, für unbedingte Zahlung aus. Einer telegraphischen Weisung gemäß erklärte er aber in der Abstimmung vom 31. Dezember, daß der preußischen Regierung die Ausführung der Ausschußanträge dann erst gesichert erscheine, wenn die Bundesversammlung sie selbstthätig in Angriff nähme, indem gleichzeitig die Überweisung von Schiffen an diejenigen Staaten beschlossen würde, welche bereit seien, solche für ihr Guthaben an der Flotte zu übernehmen. Bei Annahme des Antrages ohne eine derartige Bürgschaft der Ausführung würde die Sachlage Ende Januar dieselbe sein und die unvermeidliche Auflösung nicht gefördert werden. Mit diesem bereits vorher im Ausschusse entwickelten Vorschlage wünschte Bismarck den Befürchtungen entgegenzutreten, daß keiner der Staaten Schiffe werde übernehmen wollen und daß Preußen diese Verlegenheit benutzen werde, um die ganze Flotte wohlfeil in seine Gewalt zu bekommen, eine Verdächtigung, die namentlich der Senator Brehmer durchblicken ließ. — In der Bundestagssitzung selbst hatte Bismarck nach Entwickelung der preußischen Ansicht für den Fall einer etwa doch möglichen und ihm selbst erwünschten Änderung sich das

Protokoll offen gehalten. Die preußische Regierung aber hatte die feste Absicht, alles zu unterlassen, was auch nur die Möglichkeit einer weiteren Verschleppung unterstützen konnte. Sie hielt die von ihr am 31. Oktober gestellten Zahlungsbedingungen nicht für erfüllt und verblieb bei ihrer Erklärung: Zahlung lediglich gegen Verpfändung von Schiffen leisten zu wollen.

Als Bismarck von dem Standpunkte seiner Regierung dem Grafen Thun Mittheilung machte, erklärte dieser in der sofort berufenen Ausschußsitzung, daß man sich unmöglich von Preußen weitere Bedingungen vorschreiben lassen könne. Der sächsische Gesandte Nostitz schlug eine Anleihe beim Bankhause Rothschild vor. Bismarck entgegnete, daß das rechtlich unzulässig sei. Thun wünschte vor diesem Schritte noch einen Versuch bei Hannover zu machen. Er schrieb noch am 2. Januar persönlich an den Minister von Schele, Hannover möge 200000 Gulden leihen und das Pfandrecht auf ein Schiff verlangen.[1] Dieses mit Liebenswürdigkeiten gegen Preußen ausgestattete Schreiben nahm der oldenburgische Gesandte von Eisendecher mit nach Hannover. Auch Freiherr von Dalwigk schrieb von Darmstadt aus an Schele. Die hannoversche Regierung aber lehnte ab. Die Flottensache sei, so schrieb Schele an Thun, in eine solche Lage gerathen, daß gewiß Niemand Vorwürfe verdiene, der sein Geld nicht wegzuwerfen Neigung habe. Hannover habe überall Mißstimmung mit seinen Vorschlägen gefunden, weil man die Sache nicht wolle. Sachsen wolle gar nichts oder doch so wenig wie möglich für die Flotte thun, dem Könige von Württemberg dürfe man

---

[1] H. 40, Nr. 1g.

gar nicht davon reden und der badische Ministerpräsident sei der Ansicht, die Nordseestaaten müßten die Hälfte der Unkosten als Vorausleistung übernehmen und zu der anderen einen Matrikularbeitrag zahlen.

In anderer Weise versuchte Bismarck auf Hannover einzuwirken. Am Abend vor der Abreise Eisendechers, am 2. Januar, beredete er mit ihm einen Schele zu unterbreitenden Plan, daß nämlich Preußen und Hannover die Flotte gemeinsam in Pfandbesitz nehmen könnten, um eine nach Eisendechers Vorschlage von Hannover, Oldenburg und Preußen zu unterhaltende Nordseeflotte anzubahnen.[1] Einen solchen Plan hatte Bismarck bereits vorher auf der Durchreise durch Hannover Schele entwickelt, gleichzeitig aber angedeutet, daß der erste Antrag nicht wohl von Preußen ausgehen könne, daß dieses aber bereitwillig auf hannoversche Anträge eingehen werde. Von Eisendecher begab sich Bismarck zum hannoverschen Gesandten von Bothmer und entwickelte ihm die Möglichkeit eines Zusammengehens von Preußen und Hannover. Im Falle einer solchen Vereinbarung würde Preußen bedeutende Zugeständnisse machen, auch würde davon abgesehen eine Erfüllung der Forderungen Preußens möglich sein, ohne die hannoverschen Pläne zu hindern.[2] Ein Er-

---

[1] Unterm 3. Januar 1852 berichtete Bismarck darüber nach Berlin. Im Abdruck dieses Berichtes bei von Poschinger S. 69 ist aber diese Unterredung ausgelassen, aber, wie öfter, ohne Kenntlichmachung einer Auslassung. Bismarck schlug dann seiner Regierung vor, sich mit Hannover in Verbindung zu setzen. Die bei Poschinger fehlenden Ausführungen sind gerade der Schlüssel für die spätere Sendung des Geheimen Legationsrathes Neubourg von Hannover nach Berlin. Vgl. Beilagen Nr. 8.

[2] Bothmer berichtete über diese Unterredung am 2. Januar. Den Bericht habe ich in den Beilagen abgedruckt. Vgl. Nr. 6.

gebniß konnte diese Besprechung schon deshalb nicht haben, weil Bothmer über die Sachlage wenig unterrichtet war, worüber übrigens auch Thun Schele gegenüber geklagt hatte.

Diese Annäherung Bismarcks hatte zur Folge, daß der Generalsekretär im hannoverschen auswärtigen Ministerium, der Geheime Legationsrath Neubourg, nach Berlin gesandt wurde, um die Absichten Preußens zu erkunden und eine etwa mögliche Verständigung zwischen beiden Staaten zu suchen. Am Abend des 9. Januar unterhandelte Neubourg mit dem Minister von Manteuffel und Bismarck, welcher zwei Tage zuvor in Berlin angekommen war. Aber die Unterredung war ohne Ergebniß und eine Vereinigung ließ sich nicht erreichen.[1]

In Frankfurt fanden inzwischen erregte Verhandlungen statt. In der Bundestagssitzung vom 7. Januar wurde zunächst festgestellt, daß durch die in Abwesenheit Bismarcks von Thun verlesene preußische Erklärung die Beschlüsse vom 31. Dezember hinfällig geworden waren. Der Präsidialgesandte beantragte darauf, den Flottenausschuß zu beauftragen, ungesäumt Anträge wegen schleuniger Auflösung der jetzt bestehenden Nordseeflotte zu stellen. Aber die Mehrzahl scheute sich immer noch, die Auflösung ausdrücklich zu erklären und vereinigte sich schließlich zu einer Aufforderung an den Flottenausschuß, den ihm am 27. Dezember ertheilten Auftrag unter Berücksichtigung der gegenwärtigen Sachlage ungesäumt zu erfüllen. Bei der

---

1) Neubourgs Wunsche gemäß wurden die preußischen Vorschläge in einer Denkschrift zusammengefaßt und durch den preußischen Gesandten in Hannover überreicht, denen gegenüber Hannover seine gegentheilige Stellung in einem in Berlin überreichten Promemoria vom 13. Januar niederlegte.

gleich darauf stattfindenden Berathung über die Beschaffung der nun nothwendigen Geldmittel wurde nach lebhafter Erörterung eine Anleihe, erforderlichen Falls beim Bankhause Rothschild, beschlossen, und zwar unter Vorbehalt der Haftung der an den Umlagen vom 28. April und 8. Juli rückständigen Regierungen und unter Verpfändung der bei Rothschild niedergelegten Bundesgelder bis zur Höhe jener Rückstände.

Preußen legte Verwahrung dagegen ein. Aber nicht nur das. Der in Frankfurt zurückgebliebene Legationsrath Wentzel erhielt von Bismarck den Auftrag, mündlich und schriftlich Einspruch bei Rothschild zu erheben unter Vorbehalt des Ersatzanspruchs für alle Preußen oder dem Bunde aus der Zahlung erwachsenden Nachtheile.[1] Die Aufregung darüber war groß, so sehr man auch im allgemeinen darauf gefaßt gewesen war. Thun hielt den Einspruch für eine Verhöhnung des Bundes und seine leicht reizbare Natur wurde zu größter Erregung getrieben, als Rothschild am 10. Januar wirklich die Zahlung unter Vorschützen des Feiertages verweigerte.[2] Am 13. Januar aber zahlte er die 60000 Gulden, da er, wie er sagte, lieber sein Geld opfern wollte, als es mit der österreichischen Regierung verderben.

Aber die Geldnoth war damit kaum vermindert, nur die dringlichste auf kurze Zeit verschoben. Dem Ausschuß erwuchs

---

1) Kurz vorher, am 8. Januar, hatte Wentzel an Bismarck in Berlin geschrieben: „Was meinen Ew. Hochwohlgeboren zu einem Proteste bei Rothschild?" Hierauf erging Bismarcks telegraphische Weisung vom 10. Januar.

2) Vgl. den interessanten Depeschenwechsel zwischen Bismarck und Wentzel bei Poschinger S. 70 und 71. — Ein noch ausführlicheres Bild von der Aufregung jener Tage geben die in den Beilagen Nr. 9—12 abgedruckten Briefe Wentzels an Bismarck.

daher die Aufgabe, mit möglichster Beschleunigung den ihm gewordenen schwierigen Auftrag zu erledigen. Für seine Anträge war das Vorgehen der hannoverschen Regierung von Einfluß. Diese nämlich erachtete die Wiederaufnahme der in der Sitzung vom 6. September einstweilen unerörtert gebliebenen Frage, ob die Flotte Bundeseigenthum und ob sie organische Einrichtung sei, nunmehr als dringend geboten. Sie sah die vorherige Anerkennung der Flotte als Eigenthum des Bundes als die unentbehrliche Grundlage jeder von der Bundesversammlung zu beschließenden Maßregel an. Von diesem Standpunkte aus war Hannover gewillt, gegen jede veräußernde oder auflösende Verfügung eines Nichteigenthümers Verwahrung einzulegen. Für die Bestrebungen der hannoverschen Regierung war eine solche Fragestellung nach dieser und nach einer anderen Seite günstig. Denn wenn die Anerkennung als Eigenthum oder gar als organische Einrichtung erfolgte, mußte der Bund für die Erhaltung bis zur Auflösung sorgen und diese selbst konnte nur unter schwierigeren Abstimmungsverhältnissen, eventuell nur unter Stimmeneinhelligkeit, beschlossen werden. In beiden Fällen aber war Zeit gewonnen für die gerade jetzt von Hannover bei den süddeutschen Höfen betriebene Werbung für die Bildung eines Nordseeflottenvereins.

Für die Art dieses Vorgehens erwuchs Hannover ein Bundesgenosse in dem Staate, der gerade die schnelle Auflösung des gegenwärtigen unhaltbaren Verhältnisses zu betreiben wünschte: Preußen. Dort erklärte sich die Regierung durchaus damit einverstanden, daß über die Frage, ob die Flotte Bundeseigenthum sei oder nicht, nunmehr entschieden werde, nachdem sie früher lediglich dem österreichischen Kabinet in der Aussetzung dieser Frage nachgegeben hatte. Die Entscheidung dieses Rechtsverhältnisses der Flotte zum Bunde war auch für Preußen nach zwei Seiten hin wichtig. Denn aus der Eigenschaft der Flotte als Bundeseigenthum würde nothwendig die Feststellung zu folgern sein, daß sämmtliche Bundesglieder, wie ein gleiches Recht, so auch die völlig gleichen matrikular= mäßigen Verpflichtungen in Beziehung auf die Kosten über= kommen haben. Im anderen Falle fiel von selbst jedes Ver= fügungsrecht des Bundes und diejenigen Staaten geriethen in unlösbaren Widerspruch, die zwar nicht zahlen, wohl aber über die Flotte Bestimmungen treffen wollten. Zu diesen Staaten gehörte in erster Linie Österreich.[1]) Es war daher nur natürlich, daß Bothmer bei Thun mit dieser neuesten hannoverschen Anweisung eine höchst ungnädige Aufnahme fand. Die Sache werde dadurch nicht vorwärts, sondern rückwärts gebracht, äußerte er; es werde dazu führen, daß Preußen seinen Willen erreiche, daß es nämlich zu einer tumultuarischen Auflösung der Flotte komme und Preußen dann dieselbe an sich bringe.

Am 24. Januar 1852 wurde über die Ausschußanträge wieder einmal in der Bundesversammlung Beschluß gefaßt. Über die Frage nach dem Eigenthumsverhältnis sollten die Regierungen ihre Gesandten bis zum 10. Februar mit Weisung versehen. Ferner sollten die Regierungen, welche zur voll= ständigen oder theilweisen Übernahme der Nordseeflotte als

---

1) In der zweiten Hälfte des Januar fand zwischen Berlin und Wien ein Depeschenwechsel statt darüber, daß Österreich das Bundes= eigenthum bestritt, trotzdem aber den Bund über die Flotte bestimmen ließ und über das Bestreben Österreichs, Preußen durch Mehrheit= beschluß zur Betheiligung an der Umlage vom 8. Juli 1851 zu ver= pflichten. — 15., 23., 31. Januar. Letzteres s. Beilagen Nr. 13.

einer dritten Kontingentflotte bereit, der Bundesversammlung bis zum 10. Februar eine Erklärung darüber zugehen lassen, ob eine Vereinbarung zu Stande gekommen oder doch so weit angebahnt sei, daß ein Zustandekommen mit Sicherheit zu erwarten stehe. Für den Fall einer dennoch nöthigen Veräußerung sollten sich die Regierungen erklären, welche Schiffe sie etwa zu übernehmen bereit wären. Auch über die Anträge Bismarcks, welcher das sofortige Anerkenntnis des Bundeseigenthums, andernfalls aber die sofortige Auflösung in einer näher vorgeschlagenen Weise beschlossen wissen wollte, wurde die Instruktionseinholung bis zum 10. Februar beschlossen.

Die Abstimmung über die Anträge erfolgte am 16. Februar. Österreich lehnte über die heikle Frage des Eigenthums die Beantwortung ab.[1]) Nach einer umfassenden Erörterung dieses Gegenstandes beschloß die Bundesversammlung mit Stimmenmehrheit, die in der Nordsee befindliche Flotte als Bundeseigenthum anzuerkennen sowie die Berechtigung des Bundes, durch Mehrheitbeschluß über sie zu verfügen. Der Flottenverein war bisher als zu Stande gekommen oder als in sicherer Aussicht stehend nicht angemeldet worden und allein die preußische Regierung hatte sich bereit erklärt, Schiffe der Nordseeflotte, und zwar die Fregatten „Eckernförde" und „Barbarossa", käuflich zu übernehmen. In dieser Hinsicht hatte die preußische Regierung, um die Bildung eines Flottenvereins auch weiterhin noch zu ermöglichen, vorgeschlagen, daß ihr die genannten Schiffe zu dem von der technischen

---

1) Die österreichische Regierung hatte Anfang Februar eine Denkschrift versandt, um für die Umgehung eines Ausspruchs über die Eigenthumsfrage Stimmung zu machen. Sie findet sich als Beilage zum Protokoll der Bundestag-Sitzung vom 16. Februar 1852.

Marinekommission angenommenen Werthe überlassen würden gegen sofortige Zahlung von 160000 Gulden; komme dann bis zum 31. März der Verein zur Bildung einer Nordseeflotte zu Stande, so solle der Verkauf nichtig sein, andernfalls aber die Schiffe in den Besitz Preußens übergehen. Der Rest des Kaufpreises solle dann auf das Guthaben Preußens an der Flotte in Anrechnung gebracht werden. Endlich aber wurde in der Sitzung vom 16. Februar der Beschluß gefaßt, daß im Falle des Nichtzustandekommens des Vereins bis zum 31. März zum Verkaufe der von Preußen nicht zu übernehmenden Schiffe geschritten werden solle, also zur Auflösung der Flotte. Das bedingte Kaufgeschäft mit Preußen wurde dann am 6. März bundesseitig unter Widerspruch Hannovers beschlossen und die Zahlung des Preises erfolgte.

Auch Österreich hatte mit der Mehrzahl dafür gestimmt, denn es war geradezu eine Erschöpfung eingetreten in dem Kampfe um das Flottenende nach der angreifenden Spannung der letzten Wochen. Selbst Thun war nachgiebig und erklärte, er wolle gern pater peccavi sagen, wenn dadurch aus der Noth zu kommen sei, und er wie der in jenen Tagen, wie man mehrseitig annahm, als Vermittler in Frankfurt anwesende Fürst Gortschakoff äußerten zu Bismarck, es könne kein größeres Glück für Deutschland eintreten, als wenn ein so unbedeutender Zankapfel, wie die Flotte, spurlos verschwände.

Die Möglichkeit einer weiteren Hinausschiebung war so gut wie abgeschnitten. Der Weiterfristung des Flottendaseins durch Umlagen widerstrebten fast alle bis auf die Nordseestaaten, der Verpfändung von Schiffen an Preußen hatte Hannover bisher widersprochen, der Aufnahme von Anleihen Preußen. Eine Fortsetzung dieses Verfahrens hatte Bismarck durch die Drohung unmöglich gemacht, in solchem Falle als Sicherheit gegen jeden Nachtheil sämmtliche preußischen Beiträge zu Bundeskassen einbehalten zu wollen. Aber noch ein anderer Schritt Bismarcks beförderte die Abwickelung. In einer Unterhaltung mit Thun hatte dieser behauptet, daß Preußen Österreich aus Deutschland habe hinausdrängen und eine Unionflotte schaffen wollen. Bismarck erwiderte, daß solche Bestrebungen durch die neueste Sachlage allerdings sehr erleichtert würden, indem er in der nächsten Sitzung nur zu erklären brauche, daß Preußen bereit sei, sich selbst mit einer namhaften Summe an der zu bildenden Nordseeflotte zu betheiligen. Die Möglichkeit dieses Erbietens erschreckte Thun, wie Bismarck berichtet, sichtlich und in der That würde das ja nur eine andere und nicht unmittelbar, sondern durch den Bund angestrebte Gestaltung einer preußisch-hannoverschen Flottenunion enthalten haben. Bismarck nahm daraus Veranlassung, sich zu einer solchen Schwenkung von seiner Regierung ausdrücklich ermächtigen zu lassen, wie er dann auch wenig später, als andere Stimmen dafür laut wurden, unter Anknüpfung an die theils durch ihn selbst, theils durch Neubourg geflogenen Verhandlungen mit Hannover die Bereitwilligkeit Preußens zur Betheiligung an der Nordseeflotte thatsächlich ausgesprochen hat.

Welche Aufnahme diese Erklärung namentlich bei Hannover fand, werden wir unten sehen. Aber auch Österreich verhielt sich ganz ablehnend und ließ durch Thun in der Sitzung vom 6. März erklären, daß der kaiserliche Hof sein Anerbieten, einen Theil der österreichischen Marine in ein Kontingentverhältnis zum Bunde zu stellen, nur für den Fall noch aufrecht erhalten könne, daß der beantragte Verein für die Nordseeflotte ohne Österreich und Preußen zu Stande komme.

Unter dem Druck aller dieser zwingenden Verhältnisse kamen dann die Beschlüsse zu Stande über den bedingten Verkauf zweier Schiffe an Preußen und über die Auflösung im Falle des Nichtzustandekommens eines Nordseeflotten= vereins. Die Aussichten für ein solches Zustandekommen waren nun freilich sehr geringe.

Betrachten wir im folgenden die eifrigen Bemühungen, welche zu diesem Zwecke namentlich von Hannover aufgewendet worden sind.

8.
Die Versuche zur Gründung eines Nordsee-flottenvereins und der Kongreß zu Hannover.

Die Politik der hannoverschen Regierung ist von Beginn der Flottengründung an durch alle Abschnitte ihrer Entwickelung gleichmäßig und in ihrer Art folgerichtig gewesen. Begeistert für die Schaffung einer Marine gründete sie diese ihre Stellungnahme auf die Rechte und Bedürfnisse der Küstenstaaten auf Gewährung eines Bundesschutzes gegen feindliche Angriffe von der Seeseite her. Ein zweiter nicht so oft ausgesprochener, aber deshalb nicht minder bestimmender Grund war der bedeutende Einfluß, der dem Staate Hannover bei seiner Lage und Stellung innerhalb der übrigen kleineren Nordseestaaten auf die Verwaltung der Marine von selbst erwachsen mußte. Je aussichtsloser im Laufe der Zeit deren weitere Beibehaltung als Bundesanstalt wurde, desto mehr verschaffte sich dieser zweite Grund Geltung in dem Streben, durch Gründung eines Nordseeflottenvereins die Beibehaltung als Kontingent einer dreitheiligen Flotte zu erreichen.

Eine Rücksicht politischer Natur trat diesem Streben so sehr zur Seite, daß sie bei den nun folgenden Bemühungen Hannovers in die erste Reihe rückte: die Rücksicht auf Preußen. Es war nicht zu läugnen, daß mit der sogenannten Nordseeflotte so viele nationale Erinnerungen und Wünsche verknüpft waren, daß jede deutsche Regierung, welche hinreichende Mittel besaß und verwandte, um sich und der Nation die vom Bunde preisgegebene Einrichtung zu erhalten, Einfluß und Ansehn erlangen mußte. Nach Lage der Verhältnisse war nun freilich nur Preußen im Stande, die Flotte erwerben zu können. Preußen verfolgte — das Ende der Flotte hat es deutlich dargethan — diese Absicht nicht. Aber in Hannover war dieser Wahn so lange gepflegt worden, daß er als unzweifelhafte Wahrheit galt. Von diesem Standpunkte aus fürchtete Hannover, daß eine solche Erwerbung durch Preußen neben der politischen Stellung auch der materiellen Macht dieses Staates ein Übergewicht verleihen müßte, das unter Schmälerung des österreichischen Ansehns insonderheit für die übrigen Königreiche, ganz besonders aber für die hannoverschen Interessen wahrhaft lähmend sich entwickeln würde.

Es war nur natürlich, daß die hannoversche Regierung sich besonders unter Voranstellung dieser Gefahr bei den übrigen Mittelstaaten verwandte, um die Auflösung der Flotte durch Betheiligung an einem Vereine zu verhindern. Sie wies jene Staaten darauf hin, wie Preußen in der Kriegsflotte die Mittel erlangen würde, dem deutschen Seehandel auf seinen Wegen, in seinen Verbindungen, seinen Anknüpfungspunkten zu folgen, dessen Interessen mehr und mehr zu erforschen und mit dessen Schutze eine Aufgabe der Regierungen Deutschlands zu übernehmen, deren erfolgreiche Lösung den Beifall der Nation für sich haben müsse. Das bedrohe aber die minder mächtigen deutschen Staaten mit einer Schutzherrschaft und Österreich mit einer Schmälerung seines Ansehns, deren Folgen näher als auf der Hand lägen. Nun war seit lange bekannt, daß einige dieser Regierungen, namentlich Bayern, Württemberg und Sachsen, eine Betheiligung an der Marine je länger, je offener abhängig machten von dem Wunsche einer Zoll- und Handelseinigung. Selbst darauf ging Hannover ein und führte diesen Regierungen gegenüber ganz richtig aus, wie solche Wünsche ohne den Gewinn der Nordseeküste als Vereinsgrenze ebensowenig zur Erfüllung kommen würden, wie bisher der Zollverein ohne die Nordseeküste. Die Erfüllung könne nur allmählich vorbereitet werden und durch nichts sicherer, als wenn in einer gemeinschaftlichen Flotte dem Süden und Norden ein gemeinschaftlicher Besitz gewährt werde. Er würde neue gemeinschaftliche Interessen hervorrufen, die Berührungspunkte unter den Bevölkerungen vermehren und eine Übereinstimmung der Anschauung öffentlicher Dinge vorbereiten, ohne welche das Zusammenbringen der Länder in einen Verband nur gewaltsam würde geschehen können und eine der wichtigsten Grundlagen seiner Dauer würde entbehren müssen. — Um ferner keinen Zweifel an der Opferwilligkeit der Nordseestaaten aufkommen zu lassen, erbot sich Hannover ebenfalls zu einem von dem größeren Staate Bayern bereits in Aussicht gestellten Beitrage von jährlich 200 000 Gulden, einem Vorgehen, dem sich einige andere Staaten, wie Oldenburg und Bremen, in gleichem Verhältnisse anschlossen.

Die Stellung der süddeutschen Höfe, namentlich Bayerns, war im höchsten Maße ungewiß, das Anerbieten ungenügend. Denn jenes Angebot von jährlich 200 000 Gulden setzte bei den Nordseestaaten eine ganz übermäßige Mehrleistung voraus. Nahm man das Jahreserfordernis auch nur auf 800 000 Thaler, also 1 400 000 Gulden, an und setzte man auch eine Theilnahme aller Bundesstaaten mit Ausnahme von Österreich und Preußen voraus, so würde sich die Sache wie folgt gestellt haben: Während die Binnenstaaten auf je 10000 Seelen matrikularmäßiger Bevölkerung 5633 Gulden beisteuerten, würden die Nordseestaaten, Braunschweig eingerechnet, auf eine gleiche Bevölkerung 39 863 Gulden, also etwa das Siebenfache, haben beitragen müssen. Da Bayern aber außerdem die Flottenfrage mit den Zoll- und Handelsverhältnissen verquickte, so bezeichneten Bismarck und Bothmer das bayrische Anerbieten sehr richtig als einen Versuch, sich mit guter Manier aus der Sache zu ziehen. Die Berichte des hannoverschen Gesandten von dem Knesebeck in München über seine Unterredungen mit dem Minister von der Pfordten stimmten damit vollkommen überein: Bayern würde sich zum Beitritt entschließen, wenn Hannover die Verpflichtung zur Aufnahme Österreichs in den Zollverein eingehe.

Der bayrischen Auffassung entsprach die württembergische; sie war aber noch aussichtsloser, da der König geradezu eine grundsätzliche Abneigung gegen die Erhaltung der Flotte hegte. Als Knesebeck in einer Audienz dem Könige jene Erhaltung dringend ans Herz legte und mit der Abwendung einer preußischen Vorherrschaft begründete, erhielt er nach Knesebecks eigenem Bericht folgende bezeichnende Antwort: Le roi me répondit, que la flotte dérive son existence de l'église de St. Paul, donc de la révolution; qu'elle avait été destinée à servir dans une guerre d'insurgés contre leur souverain légitime et qu'elle ne serait d'aucun prix pour ses états, si désormais le Wurtemberg serait s'éparé du Nord par une ligne de douanes; que la flotte serait toujours trop petite, pour pouvoir avoir la moindre importance et qu'elle n'était désirée que par les marchands, qui étaient partout de mauvais sujets.

Auch die sächsische Regierung war ihrem bisherigen ablehnenden Standpunkte treu geblieben. Der Minister von Beust ließ in einer Denkschrift „Über den gegenwärtigen Stand der Flottenfrage" die Ansicht entwickeln, daß eine deutsche Bundesflotte erst dann möglich sei, wenn die Verhältnisse in Deutschland eine allgemeine Verschmelzung der Handels- und Gewerbe-Interessen herbeigeführt haben würden. Schon früher hatte Beust sich aber auch grundsätzlich gegen den Gedanken einer Kontingentflotte in Ansehung der Binnenstaaten erklärt. Er ging davon aus, daß der Begriff Kontingent in einem Staatenbunde sich nur auf Gegenstände gleichartiger Natur anwenden lasse, wie bei Militär oder Geld. Es sei aber eine große Verschiedenheit der Lasten und Vortheile, wenn der eine Staat Schiffe oder Mannschaften, der andere blos Geld liefere, ein Übelstand, der noch größere Bedeutung erhalte, so lange Deutschland in mehrere handelspolitische Gruppen zerfalle. Von diesem letzteren Standpunkte aus verlangte Sachsen Zugeständnisse von Hannover, welche dieses zur Zeit und zumal seit Abschluß des Septembervertrages mit Preußen nicht bieten konnte.

So waren die Aussichten für das Zustandekommen eines Nordsee-Flottenvereins die denkbar schlechtesten. Da erklärte Preußen sich bereit, mit der Hälfte seiner Matrikel, also gewissermaßen mit seinen zum Nordseegebiet gehörenden Provinzen Rheinland, Westfalen und Sachsen dem Nordseeverein beizutreten. Dieser — und damit die Erhaltung der Nordseeflotte — wäre hierdurch gesichert gewesen, wenn nicht die preußische Erklärung bei einigen Regierungen mit sehr gemischten Gefühlen, bei Hannover mit offener Abneigung aufgenommen worden wäre. Der hannoversche Gesandte in Frankfurt, von Bothmer, war wirklich wenig eingeweiht in die innersten Gedanken seiner Regierung. Als ihm der Legationsrath Wentzel in Bismarcks Auftrage davon die erste Mittheilung machte, erklärte Bothmer in seiner sachlichen Weise, daß ihm die Meinung seiner Regierung zwar nicht bekannt sei, daß diese aber seiner persönlichen Überzeugung nach eine solche Betheiligung gern sehen werde, „nach dem von ihr stets verfolgten Gesichtspunkte der möglichst allgemeinen Betheiligung bei allen deutschen Interessen und der Entfernung eines jeglichen Separatismus."[1]) Dieser Gesichtspunkt war nun freilich in vielen hannoverschen Instruktionen zu lesen, aber für den vorliegenden Fall und Preußen gegenüber war er doch nicht verwendbar. Als Bothmers Bericht darüber beim auswärtigen Ministerium einlief — Schele war abwesend — war seine Wirkung ein lähmender Schreck. Scheles Vertreter Neubourg schrieb an Knesebeck in München: „Lesen Sie und fühlen Sie Ihr hannoversches Herz vor Schreck erstarren, wie es mir gegangen ist." Bothmer aber erhielt sofort von ihm die gemessene Weisung, solche Äußerungen zu unterlassen. Hannover würde eine Betheiligung Preußens an der Nordseeflotte nicht nur nicht gern sehen, sondern es würde vorgezogen werden, die Flotte zu Grunde gehen zu lassen, ehe man die Hand dazu böte, daß der mächtige Nachbar in der Theilnahme an einer Anstalt, die von dem entschiedensten Einflusse auf die Entwickelung unserer ganzen Zukunft bleiben dürfte, die Mittel vermehrte, um das endliche Ziel

---

1) Bothmers Bericht vom 11. Februar 1852 in H. 40, 1 g.

aller preußischen Politik, die allmähliche Einverleibung Hannovers, zu erreichen.¹)

Der zweite Gedanke nach dem ersten Schreck war in Hannover der, daß nunmehr auch Österreich beitreten müsse Schon Thun hatte das als seine persönliche Überzeugung Bothmer gegenüber geäußert. Von Wien aber war ihm mit den Worten abgewinkt worden: „an einen Beitritt Österreichs ist nicht zu denken; Sie werden dem Eintritte Preußens entgegen zu wirken haben." Trotzdem nahm man in Hannover die Umwerbung Österreichs auf. Zunächst möge, so wurde Graf Platen in Wien angewiesen, die kaiserliche Regierung ihren Einfluß bei den Binnenstaaten für die Bildung eines

---

1) Beide Schreiben Neubourgs vom 13. Februar, ebenda. Bothmer entwickelte darauf in einer Antwort vom 15. Februar einige Bemerkungen über die preußische Beitrittserklärung, wie er schreibt, „selbst auf die Gefahr hin, verkannt zu werden." Er faßte diese Bemerkungen in vier Sätze: 1. Fiele die Flotte jetzt und namentlich unter Mitwirkung Hannovers, so würde Preußen einen großen moralischen Sieg erfechten und Hannover geriethe in eine unvortheilhafte Lage. 2. Die Begründung einer Flotte in Gemeinschaft mit Preußen und nur einigen anderen Staaten käme allerdings im wesentlichen auf eine preußische Flotte hinaus. Aber die Sache ist doch anders, wenn, auch abgesehen von Österreich, die überwiegende Mehrzahl der übrigen Staaten, namentlich die Königreiche, sich betheiligen. 3. Die Nordseeflotte ist ein anerkanntes Bedürfnis. Die jetzige Flotte kann untergehen. Die Idee wird es nicht. Preußen wird sie zu gelegener Zeit durchführen. Jetzt hat Hannover die Ehre und Vortheile der Initiative. Muß es später Forderungen Preußens nachgeben oder einer von Preußen ausgehenden Einrichtung beitreten, ist die Stellung eine ganz andere. 4. Gewiß erheischen alle Beziehungen zu Preußen die größte Vorsicht; aber ich gebe anheim, zu erwägen, ob es besser sei, da, wo die materiellen Interessen beider Staaten zusammentreffen, denselben die Anerkennung zu versagen, um preußische Übergriffe zu vermeiden, oder in diesen Fällen die gemeinschaftlichen Interessen zu berücksichtigen.

Vereines geltend machen und darauf hinwirken, daß dieser ohne einseitige Betheiligung nur einer Großmacht zu Stande käme. Sollte aber die österreichische Regierung wider Verhoffen zu Schritten in dieser Richtung nicht geneigt sein, so würde die hannoversche Regierung wünschen, daß sich Österreich ebenso wie Preußen an der Flotte betheiligte und dieser dadurch die Eigenschaft der Bundesgemeinsamkeit wieder beilegte. So war man im Begriff, sich im Kreise zu drehen, das Bundeseigenthum aufzulösen, um es gleich wieder als solches zu gründen. Der bayrische Minister von der Pfordten unterstützte die hannoverschen Bemühungen in Wien und ließ Schwarzenberg vorstellen, wie wichtig die Durchkreuzung der preußischen Pläne durch Österreichs Beitritt sei und wie wesentlich es Österreichs Einfluß in Deutschland fördern würde, wenn der kaiserliche Hof sich einmal geneigt zeigte, auch rein deutschen Interessen Opfer zu bringen. Die Betheiligung Österreichs wünschte auch der hessische Minister von Dalwigk und äußerte zu Bothmer: Österreich müsse überhaupt etwas mehr deutsch werden. Der Minister von Schele schrieb hierzu an den Rand von Bothmers Bericht: „Sehr wahr!"

Der Fürst Schwarzenberg zeigte sich gar nicht geneigt, auf solche Vorstellungen einzugehen. Er war ungehalten über diese verschiedenseitigen Bestürmungen — auch Sachsen betheiligte sich daran — und lehnte dem hannoverschen Gesandten gegenüber jede Theilnahme ab. Denn die Theilnahme etwa mit nur einer Provinz — wie man ihm vorgeschlagen — widerspreche dem Grundsatze der Staatseinheit und im übrigen habe Österreich für die Adriaflotte so große Aufwendungen zu machen, daß eine Theilnahme auch aus finanziellen Gründen nicht möglich sei. Das einzige, was Schwarzenberg that, waren seine Warnungen an verschiedene Regierungen vor einer Theilnahme Preußens.

In Berlin waren inzwischen in den letzten Tagen des Februars die Ministerialsitzungen beendet worden, welche — Bismarck war dazu in Berlin anwesend — nach großen Kämpfen mit dem Finanzminister von Bodelschwingh zu dem Beschlusse geführt hatten, daß Preußen nach Maßgabe der halben Bundesmatrikel zu den Kosten der Nordseeflotte beitragen wolle, wenn ein Verein für die Unterhaltung dieser Flotte zu Stande komme. Ja Preußen war bereit noch weiter zu gehen und im Falle der Nichtbetheiligung Bayerns allein mit Hannover, Oldenburg und den Hansestädten einen Verein zu bilden und 5—600000 Thaler, also etwa zwei Drittel der veranschlagten jährlichen Kosten, zu übernehmen.

Welchen Erfolg die Erklärung Bismarcks in der Bundestagssitzung vom 6. März über Preußens Beitrittsabsicht gehabt hat, ist oben schon gezeigt worden: Österreich zog seine Betheiligung an einer Kontingentflotte für diesen Fall zurück. Bayern war gleichfalls gegen eine preußische Theilnahme. Es seien genug Keime zu Zerwürfnissen in Deutschland vorhanden, hatte von der Pfordten zum preußischen Gesandten von Bockelberg geäußert, und nach den Erfahrungen, welche während der letzten Jahre alle Unternehmungen geliefert hätten, bei welchen nur eine der beiden Großmächte sich betheiligt, wolle er nicht dazu beitragen, jene Keime noch zu vermehren.

Zur selben Zeit, als in Berlin jene endgültigen Entschließungen gefaßt worden waren, hatte Hannover seine Einladung[1]

---

1) Die Einladung vom 29. Februar 1852 ist gedruckt als Beilage zum Protokoll der Bundestagssitzung vom 2. April. Ebenda die Protokolle des Nordsee-Flottenkongresses.

zu einem Nordsee=Flottenkongreß versandt. Die Regierung hielt dabei an der Voraussetzung der drei Kontingentflotten fest und an der Bildung eines Vereines ohne die beiden Großmächte. So wurden jene Einladungen zum 20. März an sämmtliche Regierungen, aber mit Ausnahme von Österreich, Preußen, Holstein und Luxemburg, versandt, von welchen letzteren beiden eine Theilnahme an dem zu gründenden Vereine von vornherein nicht zu erwarten stand. Die Einladungen und die Feststellungen der nothwendigen Vorlagen und Unterlagen für die Zusammenkunft waren in den letzten Februartagen unter Beistand des Senators Duckwitz in Bremen und des oldenburgischen Regierungsrathes Erdmann in Hannover ausgearbeitet worden. Denn um bei den übrigen Theilnehmern Vertrauen zur Sache zu erwecken, schien es gerathen, daß die Nordseestaaten sich selbst darüber klar würden, wie die Flotte, ihr Kommando und ihre Verwaltung eingerichtet, ihre Beziehungen zu den übrigen Kontingenten geregelt und das Bundesverhältnis ausgeprägt werden sollten.

Besonders war es der Senator Duckwitz, welcher in jener Zeit und schon seit Anfang des Jahres mit Hannover und besonders mit Neubourg in regem Briefwechsel und mündlichem Verkehr stand. Er war unermüdlich und immer erfinderisch in neuen Gedanken und Plänen, sein Schmerzenskind vor der Auflösung zu bewahren. Schon auf die ersten Andeutungen Bismarcks von Preußens Geneigtheit sich an der Nordseeflotte zu betheiligen, suchte er selbst diese Theilnahme seinen Freunden in Hannover in weniger gefährlichem Lichte erscheinen zu lassen, als diese sie zu sehen glaubten.[1] Das

---

[1] Vgl. das Schreiben des Senators Duckwitz an Minister von Schele vom 2. Januar 1852 in den Beilagen Nr. 5.

konnte freilich auch seiner Beredtsamkeit nicht gelingen. Gleichwohl betheiligte er sich dann an der Vorbereitung der Konferenz in Hannover. Aber auch hierbei hatte er eine veränderte Betheiligung Preußens vorgesehen, von der ihn dann aber Neubourg bei einer Anwesenheit in Bremen abgebracht hat. Die Vorlage wegen Einrichtung einer Flottenverwaltung war von ihm entworfen. Die Wahl des Versammlungsortes — er hatte sogar Bremerhaven vorgeschlagen — war gleichfalls von Duckwitz betrieben worden, um die Vertreter sozusagen mit der Nase auf die Schiffe zu stoßen. Der bremer Senat gab ihm volle Gewalt, in seinem Namen zu handeln.

Im Laufe des Monats März liefen dann in Hannover die Antworten der eingeladenen Staaten ein. Sie lauteten verschieden genug. Einige sagten den Beitritt zu den Beschlüssen zu oder baten doch um deren Mittheilung, wollten aber an der Versammlung nicht theilnehmen. Andere schlugen Frankfurt als Ort der Versammlung vor. Wieder andere setzten die preußische Theilnahme als nicht zuwider voraus und wollten nur unter dieser Voraussetzung einen Vertreter schicken oder lehnten die Beschickung wegen der Nichteinladung Preußens ab. Württemberg behielt sich seine Erklärung bis nach der Zusammenkunft vor, die es nicht beschicken wollte. Am längsten zögerte Bayern mit einer Antwort. Erst auf ein hannoversches Telegramm erfolgte in letzter Stunde die Annahme der Einladung. Die dortige Ministerkrisis verzögerte einen Entscheid, den sich der König vorbehalten hatte. Dieser aber war den Dönniges'schen Vorstellungen gemäß besorgt, Preußen nicht zu verletzen. An den Voraussetzungen für die Betheiligung am Verein selbst hatte sich im übrigen weder bei Bayern noch bei Württemberg etwas geändert.

Diese durch die Forderung vorheriger Regelung der Zoll- und Handelsverhältnisse schlecht verdeckte allgemeine Unlust der Binnenstaaten konnte aber ganz gewiß nicht Wunder nehmen gegenüber der Thatsache, daß im Norden an der Küste selbst die Ansichten sich geändert hatten in einer Stadt, in der früher das Feuer der Flottenbegeisterung am hellsten gebrannt hatte, in Hamburg. Schon vor Jahresfrist hatte dort der Senat die Erhaltung der Schiffe nur im Falle ihrer gleichzeitigen Verwendung zu den überseeischen Handelsverbindungen gewünscht. Es entsprach das ganz den früheren Ansichten des Syndikus Merck. Und dieser selbst erzählte im März 1852 dem preußischen Gesandten von Kampt ganz offen, daß sich die erbgesessene Bürgerschaft Hamburgs nur schwer herbeilassen werde, Beiträge zu einer Anstalt zu bewilligen, welche der Stadt gar keinen Nutzen, wohl aber Schaden bringen könne, insofern dadurch die bisher bei Kriegsereignissen beobachtete Neutralität gefährdet würde und eine Benachtheiligung des hamburgischen Handels möglich sei. Die hamburger Kaufmannschaft, berichtete Kampt an seine Regierung, wolle von der Erhaltung des angefangenen Werkes so wenig wissen, daß sie die Bemühungen der hannoverschen Regierung zur Gründung eines Nordsee-Flottenvereins verwerfe und sich über die hannoversche Eitelkeit, als Vorstand eines Vereines auftreten zu wollen, sogar lustig mache. Damit stimmten die Mittheilungen des hannoverschen Ministerresidenten Hanbury in Hamburg überein. Auch er schrieb seiner Regierung, daß bei der hamburger Kaufmannschaft im allgemeinen die Ansicht nicht vorwalte, als ob das Vorhandensein einer Kriegsflotte einen irgend günstigen Einfluß auf die mit den überseeischen Staaten bestehenden Handelsverbindungen üben würde. Und der Senat selbst sprach diese seine Ansicht offen aus, als er gleichwohl aus Höflichkeit die hannoversche Einladung annahm und sich zu einem entsprechenden Beitrage bereit erklärte.

In Berlin und Wien ließ Hannover von den ergangenen Einladungen durch seine Gesandten Mittheilung machen und den für die Nichteinladung der beiden Großmächte maßgebenden Grund erläutern, daß nämlich die seit dem Bundesbeschluß vom 6. September allen Verhandlungen zu Grunde liegende Voraussetzung einer Nordseeflotte ohne Österreich und Preußen als eines dritten Flottenkontingents die Mitbetheiligung der beiden Großmächte ausschlösse. Thatsächlich war das nun freilich nicht der Fall. Denn es konnte doch dem Ganzen nur förderlich sein, wenn eine oder auch beide Großmächte außer ihren Kontingenten noch dazu beitrugen, das dritte Kontingent ins Leben zu rufen, wenn die Mittel- und Kleinstaaten das allein nicht vermochten. — In Berlin nahm man die hannoversche Ablehnung, denn eine solche war es, höflich und kühl auf. Schon Bismarck hatte darauf aufmerksam gemacht, daß, wenn das Unternehmen trotz Preußens Bereitwilligkeit, es zu fördern, mißlinge, durch das Anerbieten ein wirksames Beweismittel gegen viele Vorwürfe gewonnen werden würde, die man Preußen zu machen bestrebt gewesen sei. „Wir werden nun den Erfolg des von Hannover ausgeschriebenen Kongresses in Ruhe erwarten können", schrieb Manteuffel an Bismarck. Auch dieser nahm die Nachricht sehr gelassen auf. Man habe sich nie aufdringen wollen, sagte Bismarck zu Bothmer; die Freundschaft Hannovers gelte Preußen mehr wie die ganze Flotte.

Anders war die Aufnahme der hannoverschen Einladung oder richtiger Nichteinladung in Wien. Fürst Schwarzenberg war aufs angenehmste überrascht und sandte auf die Bemühungen des hannoverschen Gesandten, Grafen Platen, ein Rundschreiben an die eingeladenen Regierungen mit einer warmen Empfehlung der Annahme. Die hannoversche Regierung habe, so äußerte sich Schwarzenberg zu Platen, den allein richtigen Weg eingeschlagen, daß sie den Verein ohne die beiden Großstaaten zu Stande zu bringen wünsche. „Die Mittelstaaten würden bei dieser Gelegenheit beweisen können, daß sie auf eigenen Füßen ständen und nicht immer der Beihülfe der beiden Großmächte bedürften."

Das war ein wahres, aber freilich auch ein gefährliches Wort: denn wir werden gleich sehen, wie es um die „eigenen Füße" der Mittelstaaten bestellt war.

Am 20., 22. und 23. März 1852 fanden im königlichen Residenzschlosse zu Hannover die Verhandlungen der Vertreter der eingeladenen Regierungen statt. Württemberg, Baden, Kurhessen, Schwarzburg-Rudolstadt, Liechtenstein, Waldeck, beide Reuß, Hessen-Homburg und Frankfurt waren nicht vertreten. Von den meisten dieser Staaten war der Beitritt zu einem Flottenverein nicht unbedingt abgelehnt, vielmehr eine Mittheilung über das Ergebnis der Berathung erbeten. Aber in der letzten Stunde, die über die Flotte hereingebrochen war, galt es nicht mehr, gute Wünsche für die Marine zu hegen, nicht mehr, für eine mehr oder minder entfernte Zukunft unbestimmte Erbietungen zu machen. Darauf wies auch der Minister von Schele in seiner Eröffnungsrede hin, daß die bevorstehenden Verhandlungen über das Schicksal der Nordseeflotte entscheiden würden. Am ersten eigentlichen Verhandlungstage stellte er fest, daß die Erhaltung gesichert sei, wenn jeder der Binnenstaaten sich zu einem Beitrage von 2 Silbergroschen auf den Kopf der matrikularmäßigen Bevölkerung bereit erkläre, die Nordseestaaten zu dem doppelten Betrage. Die Letzteren waren dazu bereit und wohl auch noch zu einem höheren Satze. Die Beitragsanerbietungen der Binnenstaaten aber erreichten, mit Ausnahme von Braunschweig und Schaumburg-Lippe, jenen obigen Satz bei weitem nicht. Noch schlimmer aber war es, daß selbst die zu geringen Leistungen an weit ausschauende Bedingungen geknüpft wurden, die in der kurz bemessenen Frist nicht zu verwirklichen waren, die untereinander im schärfsten Widerspruche standen. Denn während die einen, wie Bayern und Sachsen, die Vereinheitlichung der Zoll- und Handelsverhältnisse zur Bedingung machten, forderten andere, wie Weimar, Altenburg, Sondershausen, Bernburg und Lippe den Beitritt Preußens, dem wieder andere, wie Bayern[1]) und Hannover, auch dann widersprachen, als die Ergebnislosigkeit der Verhandlungen schon vor Augen lag.

Aber selbst wenn alle diese Anerbietungen gewiß gewesen wären statt ungewiß, unbedingt statt bedingt: die Gesammtsumme aller angebotenen Beiträge erhob sich kaum über die Hälfte desjenigen Betrages, der als das Mindestmaß des Gelderfordernisses für eine lebensfähige Flotte bezeichnet worden war und auch jetzt wieder bezeichnet wurde von dem Admiral Brommy, der zu diesen Verhandlungen, also zu dem Begräbnisse seiner eigenen Schöpfung, hinzugezogen worden

---

1) Sehr im Gegensatz zu dieser von der Pfordtenschen Politik erklärte der König auf einer Gesellschaft in München Anfang April, daß er die Flotte noch nicht verloren gebe, daß man sich aber mit Preußen ins Einvernehmen setzen müsse, um eine Vereinigung zu Stande zu bringen. Bericht Knesebecks vom 4. April 1852.

war. Und das Ende war nun thatsächlich eingetreten. Brommy selbst nahm keinen Anstand, zu erklären, daß die gänzliche Erschöpfung aller für die Erhaltung der Flotte erforderlichen Mittel bei dieser einen Zustand der Auflösung zu Wege gebracht habe, dessen Verlängerung durch Geldmittel geradezu als ein Wegwerfen der letzteren angesehen werden müsse und der eine sofortige Auflösung der Flotte bei weitem vorzuziehen sei.

Die Konferenz war gescheitert und damit die letzte Hoffnung auf Bildung eines Flottenvereins vernichtet. Die Mittelstaaten hatten, um mit Schwarzenberg zu reden, doch nicht beweisen können, daß sie auf eigenen Füßen zu stehen vermochten und es war nur ein schwacher und nicht einmal begründeter Trost, wenn die Regierung Hannovers an die norddeutschen Staaten schrieb: daß aus den, wenn auch leider erfolglosen vereinten Bemühungen doch eine Stärkung des förderativen Bandes unter den durch Solidarität der Interessen eng verknüpften Staaten Norddeutschlands erwachsen sei, angesichts deren man mit Befriedigung auf die gemeinschaftlich bis zum Ende verfolgten Bahn zurückblicken könne.

Die Summe der vergeblichen Mühen und Kämpfe wurde dann in der Bundesversammlung vom 2. April 1852 gezogen durch den Beschluß, nunmehr zur sofortigen Auflösung der Nordseeflotte zu schreiten und den Marineausschuß mit Vorschlägen darüber zu beauftragen.

9.
Die Auflösung.

Die Vollführung des Auflösungsbeschlusses der Bundesversammlung wurde von deren Ausschuß sofort in Angriff genommen. Die nächste Maßregel war die Kündigung aller kündbaren Verträge. Ein gleichzeitiges Erfordernis wäre die Veröffentlichung des bevorstehenden Verkaufs der Schiffe gewesen. Die Mehrzahl aber wünschte wegen des üblen Eindrucks eine solche öffentliche Bekanntmachung von bundeswegen vermieden und sie vielmehr den zur Auflösung der Flotte zu bevollmächtigenden Kommissarien überlassen zu sehen. Man hatte nämlich die Absicht, drei Bundesstaaten zur Stellung je eines Kommissars aufzufordern. Als aber schon Anfang März Bothmer wegen Stellung eines solchen eine Vorfrage nach Hannover richtete, erhielt er die telegraphische Antwort: Nein. Dem Beispiele Hannovers folgend weigerten sich alle nach und nach aufgeforderten Staaten aus Rücksicht auf die öffentliche Meinung. So einigte man sich, nur einen Kommissar zu ernennen. Das an Meklenburg gerichtete Ersuchen, ihn zu stellen, wurde aber gleichfalls abgelehnt. Es blieb daher kein anderer Ausweg, als geeignete Privatleute zu ermitteln und einen solchen von bundeswegen zu beauftragen. Nachdem unter anderen General Jochmus,

Heinrich von Gagern und verschiedene Schiffmakler und Advokaten der Hansestädte genannt worden waren, brachte der hamburgische Gesandte den Wasserbaurath Hübbe, der oldenburgische den ehemaligen Geheimen Staatsrath Dr. Fischer in Vorschlag. Diesem Letzteren wurde das Geschäft übertragen.

Gleichzeitig ergingen an Brommy — er erhielt die Verfügung am Jahrestage des Treffens von Eckernförde — die nöthigen Anweisungen: Kündigung der Verträge, Entlassung der entbehrlichen Mannschaften und Übergabe der beiden Schiffe „Barbarossa" und „Gefion=Eckernförde" an Preußen gemäß den Bundesbeschlüssen vom 16. Februar und 2. April. Schon am 10. April fand die Übergabe dieser beiden Schiffe an die preußischen Vertreter Kommodore Schröder und Major Gärtner in Bremerhaven statt. An Bord der Dampffregatte „Hansa" wurde das Geschäft vollzogen: welch schwere Stunde für den Admiral Brommy, als auf seinem Flaggschiff „Barbarossa" die deutsche Flagge gestrichen und die preußische gehißt wurde, und doch auch wieder welch' verheißungvolles Zeichen für die deutsche Zukunft!

Dringender noch als die Veräußerung der Flottenbestandtheile war die Lösung der sonstigen Verbindlichkeiten und besonders die Entlassung der Mannschaften, der Beamten und Offiziere. Am 1. Mai 1852 wurden 565 Personen des Flottenpersonals verabschiedet. Die entlassenen Mannschaften traten ohne jede Störung ab und gaben damit noch zuletzt einen Beweis vorzüglicher Mannszucht. Im Dienst verblieben noch 367 Köpfe, denn die weiteren Entlassungen konnten nur schrittweise stattfinden mit dem Verkauf der Schiffe, da zu deren Bewachung und Erhaltung in brauchbarem Zustande Mannschaften erforderlich waren. — Die Entschädigung und

Sicherstellung der Offiziere war eine rechtliche und sittliche Pflicht. Trotzdem waren sie, und leider nicht ohne Grund, um ihre Zukunft besorgt. Brommy wandte sich deswegen einige Male an den Minister von Schele. Denn es bedurfte der unausgesetzten Bemühungen des Admirals, um den traurigen Folgen solcher Entmuthigung vorzubeugen und das Vertrauen zu stärken, damit das eintretende Verhängnis mit Ehren bestanden werden konnte. Schele beruhigte Brommy, es werde keine der übernommenen Verbindlichkeiten unerfüllt bleiben und Hannover werde gern dahin wirken, daß den Offizieren gewährt werde, was recht und billig sei. Die hannoversche Regierung hat sich auch wirklich mit Eifer darum bemüht, aber sie hat nicht erreichen können, daß der Bundestag seiner sittlichen, ja nicht einmal seiner rechtlichen Verpflichtung gegen die Offiziere sich in vollem Umfange bewußt geworden wäre.

Der Bundestag ging vielmehr von dem Grundsatze aus: Die Auflösung der Flotte beendige das Dienstverhältnis der Flottenoffiziere, ohne daß ein Anspruch auf Ruhegehalt erhoben werden könne. Lediglich aus Gründen der Billigkeit solle jedem ein einjähriges Nonaktiv-Gehalt gewährt werden unter der Aufforderung, innerhalb dieser Frist anderweitig einen Dienst zu suchen. Für diejenigen, denen das nachweisbar nicht gelinge, sei weitere Beschlußnahme vorzubehalten. So beschloß der Bundestag am 29. Juli 1852. Die Offiziere waren empört, alle, ohne Vorbehalt angestellt, glaubten durch ihre Berufung die Unwiderruflichkeit ihrer Anstellung und Anspruch auf lebenslängliche Versorgung erworben zu haben.[1]

---

[1] Vgl. den Brief Brommys an Schele infolge jenes Beschlusses (26. August 1852), Beilagen Nr. 22.

Die fünf aus belgischen Diensten übernommenen Offiziere erhoben Einspruch und baten, ihre Zukunft auch über das eine Jahr hinaus sicher zu stellen. Sie stützten ihre Bitte auf die im Jahre 1849 zwischen dem Reichsgesandten und ihnen gepflogenen Verhandlungen und die im Verlaufe derselben von dem Reichsministerium ertheilten Zusicherungen. Sie erreichten dadurch, daß in der Sitzung vom 7. April 1853 ihr Dienstverhältnis durch dauernde Zahlung von monatlich 40 Thalern endgültig gelöst wurde.

Am 30. Juni 1853 war auch der Kontreadmiral Brommy seines Dienstes enthoben worden. Da bei seiner Anstellung, wie man in der Bundesversammlung nach oberflächlicher Prüfung annahm, bestimmte Bedingungen nicht vereinbart waren, so war diese geneigt, für Brommy überhaupt nur Billigkeitrücksichten als maßgebend anzusehen für die Gewährung eines fortdauernden Bezuges. Erst durch eine eingehendere Untersuchung des Militärausschusses wurden die näheren Umstände festgestellt, unter denen Brommy durch das Reichsministerium veranlaßt worden war, seine gesicherte, eine dauernde Versorgung gewährende Stellung als griechischer Fregattenkapitän nach fünfundzwanzigjähriger Dienstzeit aufzugeben und aus Liebe zum Vaterlande in dessen Dienste zu treten. Am 2. März 1854 wurde ihm ein Ruhegehalt von monatlich 125 Thalern zugesprochen. Gelegentlich dieser Untersuchung über die Anstellungsverhältnisse hatte übrigens der Ausschuß in Militärangelegenheiten die Überzeugung gewonnen, daß nicht nur Brommy, sondern auch alle übrigen Flottenoffiziere thatsächlich ein ebenso begründetes Anrecht auf dauernde Versorgung besaßen, wie es den belgischen Offizieren zugestanden worden war. Um aber nicht weitere

Anforderungen auch von Seiten der übrigen Offiziere hervor=
zurufen, stellte man in dem Bericht an die Bundesversamm=
lung den Rechtsanspruch nicht so bringend voran, wenngleich
der hannoversche Militärbevollmächtigte sich dahin aussprach,
daß es des Bundes würdiger sein würde, jeden Anspruch,
von dessen Richtigkeit man sich überzeugt hätte, auch offen
anzuerkennen.

Zur Wahrnehmung der mit dem Verkauf der Schiffe
und des Materials verbundenen Geschäfte hatte man, wie
erwähnt, in Frankfurt die Einsetzung eines Kommissars be=
schlossen, nachdem Bismarck von mehreren Seiten vergeblich
aufgefordert worden war, für den Ankauf des gesammten
Materials durch Preußen zu wirken und so die Schmach
einer Vergantung der Flotte von Deutschland abzuwenden.
Die preußische Regierung war aber nicht geneigt, sich an
dem Ankauf von Schiffen über die bisherige Erwerbung
hinaus zu betheiligen. Es war vollkommen zutreffend, was
der Minister von Manteuffel an Bismarck schrieb, daß diese
Ablehnung auf das bündigste die Grundlosigkeit der gehässigen
Beschuldigung beweisen werde, als hätte Preußen die Geldver=
legenheit der Flotte gefördert, um sie wohlfeil an sich zu bringen.

So war der öffentliche Verkauf nicht zu umgehen. Als
Kommissar für dieses Geschäft wurde dem oben erwähnten,
allerdings nur beiläufigen Vorschlage des oldenburgischen
Gesandten entsprechend der frühere Präsident der oldenburgi=
schen Provinzialregierung zu Birkenfeld, Geheime Staatsrath
Dr. Hannibal Fischer,[1] bestimmt. Er verzehrte sein Warte=

---

[1] Vgl. über die Persönlichkeit Fischers den sehr interessanten Brief
des Bürgermeisters Dr. Smidt in Bremen an den Minister von Schele
vom 4. Mai 1853, Beilagen Nr. 24.

geld in Frankfurt und ergriff die **Gelegenheit** zu einer Thätigkeit, ganz gleich welcher, mit **großer** Freude. Mit diesem Drange nach Beschäftigung entschuldigte Fischer auch die Eigenmächtigkeit, mit der er ohne Einholung der Genehmigung seiner Regierung das Amt übernommen hatte. Denn die oldenburgische Regierung war durchaus nicht gewillt, weder unmittelbar noch auch mittelbar mit der Auflösung irgend etwas zu thun zu haben. Sie eröffnete Fischer, daß eine Ausführung des übernommenen Auftrages als Entlassunggesuch von ihr werde betrachtet werden und verlangte wenig später, als Fischer das Kommissorium thatsächlich bereits angetreten hatte, dessen Niederlegung. Das Vorgehen der oldenburgischen Regierung, so unanfechtbar es in rechtlicher Beziehung war, fand doch bei der für die Geschäfte damit verbundenen Störung in Frankfurt vielfache Mißbilligung und wurde als ein Mangel an Rücksicht gegen die Bundesversammlung empfunden. Ihre Erledigung fand die Angelegenheit dann aber sehr bald dadurch, daß die oldenburgische Regierung Fischer in Ruhestand versetzte, so daß diesem der Weiterführung des übernommenen Auftrages nichts mehr im Wege stand.

Die Aufgabe des Flottenverkaufs war keine leichte. Wer sollte die Schiffe kaufen? Zu Handelsfahrzeugen waren sie nicht geeignet. Die Kanonen und das Wurfgeschoß konnte überhaupt Niemand gebrauchen, der nicht auch gleichzeitig die Schiffe selbst, und zwar zu Kriegszwecken, kaufen wollte. Eine sofortige öffentliche Versteigerung der gesammten Flottenbestandtheile aber würde lediglich den Werth von altem Eisen und Brennholz ergeben und kaum die Verkaufskosten gedeckt haben. Am 2. Mai 1852 trat Hannibal Fischer sein Amt in Bremerhaven an. Er überzeugte sich bald von den vorhandenen Schwierigkeiten, die dadurch nicht geringer wurden, daß er seinen Auftrag wohl überhaupt nicht richtig aufgefaßt hat. Statt kaufmännisch auf eine möglichst rasche und daher billige Erledigung des Geschäftes bedacht zu sein, spielte er sich in Bremerhaven „als einen freundlichen Vermittler schwer verletzter Interessen" auf. Das hatte zur Folge, daß sich zunächst die Offiziere ihm näherten, um seine Theilnahme für ihr künftiges Loos in Anspruch zu nehmen. Er hielt ferner Besprechungen mit den Marinebehörden, wobei sich ihm, wie er berichtete, das Bedürfnis einer weiteren Ausdehnung seines Kommissoriums herausgestellt habe, welches doch seine Befugnisse lediglich auf die Verwerthung des Materials beschränkte. Trotzdem hatte er auch Bedenken gegen die öffentliche Bekanntmachung des Verkaufs, weit länger, als es den Absichten des Bundes entsprach. Er hielt es für erforderlich, mit den Bekanntmachungen genaue Beschreibungen zu verbinden, deren Beschaffung einen längeren Aufenthalt verursachte. Die Veröffentlichungen erfolgten daher erst auf besondere Anweisung des Bundesausschusses in Frankfurt, wo allgemein große Unzufriedenheit über Fischer herrschte, der nach allen Seiten bemüht war, seiner Wirksamkeit eine möglichst große Ausdehnung und Wichtigkeit zu geben.

Fischers zum Theil recht selbständiges Auftreten führte zu mannigfachen Unzuträglichkeiten, so auch im April 1853, als es sich um Beseitigung der letzten Marinetrümmer handelte. Damals nämlich hatte der Apotheker Büttner in Bremerhaven, wie in Frankfurt bekannt wurde, wegen einer Nachforderung für Abnutzung aus einem Miethverhältnis einen Theil des zu verkaufenden Bundeseigenthums mit Beschlag belegen lassen. Da das bremer Gericht zur Beschlagnahme sich herbeiließ, so fand das Beispiel Nachahmer. In Frankfurt erhob sich große Entrüstung, denn es war klar, so lange es nach dem geltenden Bundesrechte kein Gericht gab, vor dem der Bund als solcher Recht zu nehmen hatte, so lange war auch kein Gericht zuständig, sein Eigenthum mit Beschlag zu bestricken. Der Präsidialgesandte von Prokesch richtete eine Note an den bremer Senat. Bismarck schrieb an den Minister von Schele und sprach dessen Vermittelung an.[1]) Schele schrieb an den Bürgermeister Smidt in Bremen. Dort klärte sich die Sache rasch auf. Weder wollten, wie man in Frankfurt nach Fischerschen Berichten annahm, die Leute ihr Müthchen am Bunde kühlen, noch hatte das bremer Gerichtsamt eigenmächtig und unüberlegt gehandelt. Der Bundeskommissar Fischer selbst hatte nicht nur dazu aufgefordert und auf eingehende Forderungen mehrfach erklärt, man möge klagen, sondern er schrieb auch an den Gerichtsamtmann wörtlich: „Sie haben nicht die mindeste Ursache zu bezweifeln, daß der deutsche Bund in seiner Eigenschaft als Kondominalfiskus so gut wie der der Stadt Bremen in den Landesgerichten Recht nehmen werde. Ich habe dieses mehrfach den Reklamanten strittiger Forderungen erklärt und halte mich selbst ermächtigt, diese Erklärung offiziell zu bestätigen." Die Sache selbst verhielt sich so, daß der Apotheker Büttner Beschlag auf zurückgelassene Gegenstände gelegt und Fischer selbst gerathen hatte, deshalb eine Klage anzustellen. Inzwischen aber hatte er Leute hingeschickt, um die Sachen fortschaffen zu lassen, wogegen eine Verfügung de non turbando erfolgte. Natürlich erregte nunmehr die bundesseitige Ver-

---

1) Vgl. den Brief vom 27. April 1853, Beilagen Nr. 23.

läugnung Fischers gerechte Aufregung bei den Gläubigern, welche ihre Forderungen in das Meer der allgemeinen Abrechnung versenkt glaubten. Durch Vermittelung des Senates in Bremen fand dann zwischen den Gläubigern und dem Bundeskommissar ein Vergleich statt, durch den jene wenigstens zu einem Theile ihrer Forderungen gelangten und die hochgehende Erregung beschwichtigt wurde. Der bremer Senat und sein Gericht und die dortigen Bundesgläubiger waren in Frankfurt sehr zu Unrecht verdächtigt worden, während es der Bundeskommissar selbst gewesen war, der das Ärgernis und ganz und gar nicht zur Würde seines Auftraggebers veranlaßt hatte.

Die Stimmung der in Bremen und Bremerhaven wohnhaften Zuschauer der Fischerschen Flottenthätigkeit wurde nicht besser dadurch, daß den ohnehin benachtheiligten Kaufleuten obenein vom Bundeskommissar, von den Rechnungsbeamten und vom Bundesausschusse geradezu der Vorwurf der Prellerei gemacht wurde deshalb, weil sie für jahrelange Forderungen auch noch Zinsen beanspruchten, ein Begehren, das gewiß selbstverständlich war und dem kaufmännischen Gebrauche durchaus entsprach. So verkehrt jenes Urtheil war, so war es hohe Zeit, daß die Trümmer der Flotte endlich ganz aus der Welt geschafft wurden.[1]

Diese Veräußerung ging nun freilich einen langsamen Gang. Den ganzen Sommer und Herbst 1852 war nicht nur in Europa, sondern selbst in überseeischen Staaten die Ausbietung des deutschen Flottenmaterials auf das sorg-

---

[1] Vgl. über Fischer und seine Thätigkeit, sowie über die obigen Vorgänge den Brief Smidts an Schele vom 4. Mai 1853, Beilagen Nr. 24.

fältigste verbreitet worden. Die Kundmachungen hatten nur geringen Erfolg. Von den Regierungen machte keine einzige von dieser Gelegenheit, Kriegsschiffe zu erwerben, Gebrauch, während doch nach der Natur der Sache nur Staaten für den Ankauf bewaffneter Fahrzeuge in Betracht kommen konnten. Die preußische Regierung hatte aus dem oben angeführten Grunde längst jeden weiteren Ankauf abgelehnt. Eine Unterhandlung mit Österreich, welches den „Ernst August" und den „Großherzog von Oldenburg" kaufen wollte, zerschlug sich gleichfalls, und zwar der geforderten Baarzahlung wegen. Aber auch zum Zwecke der Benutzung als Kauffahrteischiffe bestand nur eine schwache Nachfrage, die zu so geringen Angeboten führte, daß sofortige Zurückweisungen erfolgen mußten. Ein Versuch, auf dem Wege öffentlicher Versteigerung zu einer angemessenen Verwerthung zu gelangen, brachte gleichfalls so ungünstige Ergebnisse, daß die Fregatte „Deutschland" für 15 vom Hundert des Schätzungwerthes dem Handlunghause Rössing und Mummy in Bremen zugeschlagen wurde und die 26 Kanonenbote gar nur ein Gebot von 7 vom Hundert erzielten. Sie wurden später an das Haus Bödecker in Bremen für 10 600 Thaler veräußert.

Die Gründe für diese bedeutenden Abstände vom Schätzungwerthe und gar erst vom ursprünglichen Kostenpreise und für diese mangelnden Angebote lagen darin, daß es den Schiffen zur Verwendung als Frachtschiffe an Raum gebrach und daß sie zur Hälfte dem zerstörenden Einflusse der Trockenfäule unterlagen, alle aber sehr bedeutende Ausbesserungen oder Umbauten erforderten.

Es war daher eigentlich noch als ein Glück zu bezeichnen, daß sich schließlich am Ende des Jahres ein Käufer fand in der General-Steam-Navigation-Company in London, welche für die 6 Dampfkorvetten „Ernst August", „Großherzog von Oldenburg", „Lübeck", „Hamburg", „Bremen" und „Frankfurt" 238000 Thaler, also 40 vom Hundert der veröffentlichten Abschätzung, bot. So gering das Angebot war, so gering war die Aussicht, mehr zu erreichen, zumal die Überwinterung weiteren Kostenaufwand verursacht haben würde. Im Dezember wurde der Verkauf an die Gesellschaft abgeschlossen. Die beiden übrig bleibenden Schiffe „Hansa" und „Erzherzog Johann" wurden abgetakelt, die Flaggen gestrichen und am 20. Januar 1853 dem Flottenkommissar übergeben. Auf diese Weise konnten auch die letzten Offiziere und Matrosen entlassen werden. Die beiden Schiffe wurden im Frühjahr an das Haus Fritze und Genossen in Bremen für 175000 Thaler verkauft. Ein Theil der vorhandenen Geschütze wurde im einzelnen an Hannover, Oldenburg und Preußen gegen angemessene Preise abgegeben, der Rest des Materials aber in öffentlichen Versteigerungen veräußert oder, wie namentlich Waffen und einige Geschütze, auf die Bundesfestung Mainz abgeführt. Die Auflösung der Marinebehörden und die Entlassung der sämmtlichen unteren Beamten erfolgte am 1. April 1853 und Ende Juni konnte auch der Flottenkommissar Fischer seines Auftrages enthoben werden. Die noch übrigen geringen Geschäfte der Veräußerung wurden dem Hauptmann Weber übertragen, welcher sie bis zum Oktober 1853 erledigte.

Es darf schließlich erwähnt werden, daß der silberne Becher, den der König von Hannover bei der Taufe der Dampfkorvette „Ernst August" zur Ausstattung des Schiffes gestiftet hatte, im November 1852, um ihn nicht zur öffentlichen Versteigerung kommen zu lassen, zurückgekauft und in der Silberkammer aufbewahrt wurde. Auch ein anderer Gegenstand wurde der Schande einer Vergantung entzogen. Im Marinearsenal zu Bremerhaven war das geschnitzte Bildnis König Christians VIII. von Dänemark aufgestellt, von dem gleichnamigen bei Eckernförde in die Luft gesprengten Linienschiffe herrührend. Es wurde zunächst in das hannoversche Fort Wilhelm gebracht, dann aber im Dezember 1853 vom Herzog von Sachsen-Koburg-Gotha erworben. Noch jetzt steht dieses Gallionbild in der Erinnerunghalle auf der Veste Koburg als eines der letzten Andenken an die einstige deutsche Flotte.

10.
Rückblick und Ausblick.

Von selbst drängt sich bei einer Betrachtung der Geschichte der ersten deutschen Kriegsflotte die Frage auf: mußte sie untergehen oder war nicht doch ihre Erhaltung erwünscht und möglich?

Von dem Standpunkte aus, auf dem das jetzt lebende Geschlecht steht, das die glorreiche Entwickelung und Einigung des deutschen Vaterlandes durch die Siegeslaufbahn Wilhelms I. und die Meisterschaft der Bismarckschen Politik erlebt hat, ist die Frage unbedingt zu bejahen: es mußte so kommen und die Erhaltung jener Flotte war weder erwünscht, noch war sie bei der Verfassung des deutschen Bundes und dem Widerstreit der Staaten überhaupt möglich. Sie war ein Werk des kurzen Aufschwungs der deutschen Nation zu einem verfrühten Einheitgedanken und mußte, als die Einheit nicht erreicht wurde, von selbst zerfallen, weil diese Vorbedingung ihres Daseins und ihrer Entwickelung fehlte.

So einig das heutige Geschlecht bei einem Rückblick auf die Geschichte der Flotte in seinem Urtheile ist, so getheilt waren die Ansichten vor einem halben Jahrhundert. Als die Freunde der Forterhaltung der Flotte schließlich doch unterlegen waren, fanden sie den Grund nicht so sehr in den jammervollen Verhältnissen des eigenen Vaterlandes, sondern maßen vielmehr den Gegnern und vielfach Preußen die Schuld an der Auflösung bei. Dieser Vorwurf der Schuld, den man noch lange nach der Auflösung von einigen Mittelstaaten gerade auf Preußen wälzte,[1]) hatte nur deshalb für die Zeitgenossen einen äußeren Schein von Berechtigung, weil gerade Preußen, den Schluß der Nothwendigkeit ziehend, in dem letzten Jahre des Flottendaseins auf ein „entweder — oder" gedrungen hatte, weil gerade der preußische Gesandte von Bismarck scharf und oft schroff diese Stellung seiner Regierung vertrat. Denn damals konnte Niemand ahnen, daß gerade diesem Gegner dereinst das Vaterland die deutsche Zukunft verdanken würde und daß gerade seine Politik dem geeinten Deutschland die Wege ebnen würde zur See und zum Bau der neuen Flotte des künftigen Reichs.

Die wahren Ursachen, weshalb die Nordseeflotte, abgesehen von dem in der Bundesverfassung beruhenden inneren Grunde, untergehen mußte, lassen sich in wenige Sätze fassen:

1. Die Ablehnung Österreichs, sich durch Zahlung an der Bundesflotte zu betheiligen;
2. die Eifersucht Hannovers, welches die angebotene Theilnahme Preußens auch in letzter Stunde noch zurückwies, weil es besorgte, daß es durch Zutritt Preußens aufhören werde, die erste Stelle im Nordsee-Flottenverein einzunehmen;
3. die Theilnahmlosigkeit der Binnenstaaten;
4. die Gleichgültigkeit eines großen Theils der deutschen Nation, von den bayrischen Bergen bis herab zu den lau gewordenen Bürgern Hamburgs.

---

[1]) So auch im Oktober 1853 in der hannoverschen Zeitung, im Journal de Francfort und in den hamburger Nachrichten.

Aber schon damals öffnete sich dem Blicke weiter schauender Vaterlandsfreunde eine verheißungvolle Zukunft. Preußen übernahm zwei Schiffe der Nordseeflotte und sprach damit die Absicht aus, nun auch fernerhin auf den Schutz seiner und damit auch der deutschen Küsten Bedacht zu nehmen. Und noch mehr! An der Nordseeküste selbst schaffte es sich in jenen Tagen, da man die Flottentrümmer verkaufte, den Raum zu seiner Gründung: Wilhelmshaven. Noch hatte Hannibal Fischer sein trauriges Amt nicht einmal begonnen, da fand eine bedeutsame Besprechung statt zwischen dem Prinzen Adalbert von Preußen und dem preußischen Kriegsminister. Es handelte sich um die Tauglichkeit der Jahdemündung zur Anlage eines Standortes für die preußische Marine, desselben Platzes, den auch Napoleon einst für einen Kriegshafen in feste Aussicht genommen hatte. Man wußte, daß der Großherzog von Oldenburg die Erwerbsthätigkeit der an der Jahde liegenden Landstrecken seit lange gehoben wünschte und schon im Juni 1852 erhielt der preußische Gesandte für Oldenburg, Graf von Nostiz, den Auftrag zu unauffälliger Erkundigung bei der oldenburgischen Regierung. Und unauffällig — schon wegen der Eigenthümer der anliegenden Ländereien — wurden auch die erfolgreichen weiteren Verhandlungen geführt.

Am 7. Januar 1854 theilte das oldenburgische Staatsministerium der hannoverschen Regierung mit: das einmal erkannte Bedürfnis maritimen Schutzes habe nach Auflösung der Flotte zu Verhandlungen mit Preußen geführt und zum Abschluß eines Staatsvertrages vom 1. Dezember 1853, nach welchem der preußischen Regierung das zu einem Kriegshafen erforderliche Gebiet an der Jahde, der Hafen von Heppens, eingeräumt worden sei.¹) — Wie ein Blitz aus wolkenlosem Himmel schlug diese Nachricht in Hannover ein. Zwar waren im Oktober bereits Zeitungsmittheilungen erschienen, daß Preußen mit dem Plane umgehe, Kriegshäfen an Elbe und Weser anzulegen und daß es mit Hamburg und Oldenburg in Unterhandlung getreten sei. Schon diese Nachricht erregte in Hannover die größte Bestürzung. Die Möglichkeit einer Verhinderung wurde eifrig erwogen durch Hineinziehung Österreichs und dadurch, daß nach altem Rezept nun auch Österreich ein Flottenstandort verschafft werden müsse. Aber man erkannte bald, daß mit den Bestimmungen des Bundesrechtes nicht dagegen anzukämpfen sei und in Wien war man schon garnicht zu einem vergeblichen Versuche geneigt, der Ausführung des angeblichen Planes entgegenzutreten. Da übrigens die Bemühungen der hannoverschen Vertreter in Hamburg und Oldenburg, etwas über die Angelegenheit zu erfahren, gar kein Ergebnis hatten, so glätteten sich die Wogen der Erregung. Die Nachricht der wirklich vollendeten Thatsache kam daher nach allen Richtungen hin vollständig überraschend, so überraschend, daß der König von Hannover unter dem ersten Eindrucke dieser Botschaft den Gedanken faßte, — nunmehr wieder auf die Errichtung einer dritten deutschen Flotte zurückzukommen.²) Das Gutachten, das er einforderte, fiel aber gänzlich ablehnend aus: Hannover, Bremen und allenfalls Braunschweig seien viel zu schwach zu solchen Leistungen, Oldenburg stelle sich unter Preußens Schutz, Hamburg sei schon im März 1852 lau gewesen und die Betheiligung der Binnenstaaten sei ausgeschlossen.

---
1) H. 37, Nr. 45.
2) H. 40, Spec. Nr. 43a.

Der Staatsvertrag zwischen Preußen und Oldenburg war bereits am 20. Juli 1853 abgeschlossen worden, am 1. Dezember wurde dann eine Nachtragsbestimmung vereinbart. Von diesen beiden Verträgen schreibt sich die Entstehung von Wilhelmshaven her. Sie sind der Ausgang der Gründung einer preußischen Marine in größerem Umfange. Die Gründung des Reiches erfüllte dann vollends das Sehnen des Jahres 1848 nach einer deutschen Seewehr. Möge dieser nie, wie es ihre Vorgängerin schließlich erfahren mußte, die einmüthige und opferbereite Begeisterung der deutschen Nation fehlen, dann wird zur Wahrheit werden, was man vor 50 Jahren träumte: eine starke deutsche Flotte auf allen Meeren!

Anhang.

1.
Die deutsche Kriegsflagge.

Als der Gedanke der Gründung einer deutschen Flotte vor der Verwirklichung stand, sprach der Fünfziger=Ausschuß der deutschen Nationalversammlung in seinem Schreiben an die Regierungen vom 11. Mai 1848 den Wunsch aus, daß alle deutschen bewaffneten Fahrzeuge das schwarz=roth=goldene Banner als Kriegsflagge führen möchten. Die National=versammlung selbst aber nahm in ihrer Sitzung am letzten Juli auf Grund eines vom Marineausschusse erstatteten Be=richtes ein Gesetz an über die deutsche Kriegs= und Handels=flagge. Dieser Bericht begann mit den Worten: „Der Marine=ausschuß hat es für nöthig erachtet, schon jetzt Vorschläge über die deutsche Kriegsflagge der hohen Versammlung vorzulegen, weil eingezogenen Nachrichten zufolge bereits Kriegsfahrzeuge vollendet oder der Vollendung nahe sind. Wenn er damit zugleich Anordnungen für die deutsche Handelsflagge in Vor=schlag bringt, so geschieht dies nicht blos wegen der genannten Beziehungen dieser beiden Flaggen unter sich, sondern auch, damit gleichzeitig die gesetzlichen Bestimmungen darüber er=lassen und den andern Mächten zur Kenntnis gebracht werden können."

Der Ausführung dieses Gesetzes stellten sich aber einige Schwierigkeiten entgegen, die das Reichsministerium zunächst davon abzusehen veranlaßten. Denn noch war nicht einmal die Art der Veröffentlichung der Reichsgesetze festgestellt und die nothwendige Herbeiführung der Anerkennung völkerrechtlicher Geltung wurde erschwert durch den Umstand, daß die Vertretung im Auslande noch ganz ungeordnet und schwierig war. Dazu kam aber ausschlaggebend auch ein sachlicher Grund: man befürchtete nämlich für die Einzelstaaten, namentlich für die Hansestädte, Nachtheile von einer genauen Ausführung der angenommenen Bestimmungen. Erst eine Einwirkung von anderer Seite veranlaßte das Reichsministerium, der Ausführung des Gesetzes wenigstens theilweise näher zu treten.

In Preußen waren nämlich eine Anzahl Kanonenschaluppen fertiggestellt worden, mit denen zur Erprobung ihrer Seetüchtigkeit und zur Ausbildung der Mannschaft Übungen angestellt werden sollten. Ohne Flaggen und Wimpel war aber die Einübung der Mannschaft nicht möglich. Nun würde man zunächst und ohne Weiteres den Schaluppen die preußischen Farben gegeben haben, wenn man nicht hätte vermeiden wollen, beim Reichsministerium zu Mißdeutungen Anlaß zu geben. Deshalb wurde der preußische Bevollmächtigte Camphausen in Frankfurt beauftragt, sich nach dem Stande der Angelegenheit zu erkundigen.

Mit dieser Anfrage wurde die Ausführung des Gesetzes für das Reichsministerium dringend. Der Verwendung der Kriegsflagge bei den vorhandenen deutschen Fahrzeugen stand thatsächlich nichts im Wege. Dagegen unterlag die Einführung der Handelsflagge, wenn sie als Nationalfahne und nicht etwa als Nebenflagge für alle deutschen Handelsschiffe geführt werden sollte, einigen Schwierigkeiten und Verzögerungen, besonders bei Österreich und Schleswig-Holstein. Denn jenes hatte dieselben Farben für alle Theile des Kaiserstaates, also auch für die außerdeutschen Angehörigen. Schleswig-Holstein aber mochte die ihm Berechtigung gebende dänische Flagge nicht führen und konnte doch andererseits für die schwarz-roth-goldene weder als deutsche noch als schleswig-holsteinsche die mangelnde Anerkennung sofort erlangen. Die Regelung dieser Frage hätte einer längeren Zeit bedurft durch die dabei nöthigen Verhandlungen mit den deutschen Regierungen, ganz abzusehen von denjenigen mit dem Auslande. Denn schon jene waren, wie eben im Falle Österreich und Schleswig-Holstein gezeigt, schwierig und sie waren auch vielgestaltig, da auch das Handelspanier der Herrschaft Kniphausen sein Sonderdasein hätte aufgeben müssen.

So konnte von einer Einführung der Handelsflagge zunächst nur als Nebenbanner die Rede sein und das Reichsministerium mußte sich darauf beschränken, zunächst nur die Einführung der Kriegsflagge gesetzmäßig auszugestalten. Das geschah durch die Veröffentlichung vom 12. November 1848 durch das Reichsgesetzblatt.[1] Abschnitt 1 dieses Gesetzes lautete: „Die deutsche Kriegsflagge besteht aus drei gleich breiten, horizontal laufenden Streifen, oben schwarz, in der Mitte roth, unten gelb. In der linken oberen Ecke trägt sie das Reichswappen in einem viereckigen Felde, welches zwei Fünftel der Breite der Flagge zur Seite hat. Das Reichswappen zeigt im goldenen (gelben) Felde den doppelten

---

[1] Reichsgesetzblatt Nr. 5 vom 13. November 1848.

schwarzen Adler mit abgewendeten Köpfen, ausgeschlagenen rothen Zungen und goldenen (gelben) Schnäbeln und desgleichen offenen Fängen."

Von dem Erlaß dieses Gesetzes hätte nun allen Seestaaten Mittheilung gemacht werden müssen. Eine solche Mittheilung erfolgte aber lediglich an die Regierung der Vereinigten Staaten von Nordamerika, weil dort ein Kriegsschiff ausgerüstet wurde, wozu die Hülfe jener Regierung erbeten worden war.[1]) Den europäischen Staaten dagegen wurde keine Anzeige gemacht. Für diese Unterlassung sprach, abgesehen von der unzureichenden Vertretung im Auslande und dem je länger je mehr über das Reichsministerium hereinbrechenden Gefühl der Unsicherheit, auch der Umstand, daß ein diplomatisches Vorgehen, wie der Minister Duckwitz selbst meinte, lächerlich erschienen wäre, so lange man thatsächlich kein einziges Kriegsschiff besaß, das man in See gehen lassen konnte. Denn die Schiffe auf der Elbe wurden damals geändert und konnten vor Mitte März nicht fertig sein und die in England gekauften Schiffe konnten ebenfalls vor jenem Zeitpunkte nicht eintreffen. Den Ausschlag für die Unter=

---

1) Der Reichsgesandte von Rönne berichtete unterm 15. Februar 1849, daß die erforderlichen Eröffnungen an die Regierung in Washington erfolgt seien. Ob er eine Antwort oder Empfangsbescheinigung erhalten, ist aus den Akten zwar nicht ersichtlich. Gleichwohl konnte die Flagge als von den Vereinigten Staaten anerkannt gelten. Denn als der Kapitän der nordamerikanischen Fregatte St. Lawrence bei seiner Ankunft in Bremerhaven am 18. Juni 1849 die übliche Begrüßung der deutschen Kriegsschiffe unterließ, wurde er von dem damals in Frankfurt residirenden Gesandten seiner Regierung, Oberst Donelson, veranlaßt, den Gruß nachzuholen. Der Schriftwechsel des Gesandten mit dem Reichsministerium beruhte durchaus auf der Voraussetzung der vollständigen Anerkennung.

lassung der Anzeige mußte aber der Umstand geben, daß die großen Seestaaten die Zentralgewalt des deutschen Reiches überhaupt nicht anerkannten, daß auf dem Meere nur von einer Kriegsflagge der Einzelstaaten, nicht einmal von einer solchen des doch völkerrechtlich noch bestehenden deutschen Bundes die Rede sein konnte. Das Reichsministerium lief also Gefahr, sich einer kläglichen Zurückweisung auszusetzen und schob daher die Anzeige der Kriegsflagge auf bis zu einer endgültigen Bildung des deutschen Bundesstaates. Da diese aber nicht zu Stande kam und der Traum der Reichs= herrlichkeit zerrann, mußte auch die Anzeige zunächst unter= bleiben und die Angelegenheit gerieth sogar in Vergessenheit. Das Letztere war um so eher möglich, als das Ministerium Gagern bekanntlich Anfang Mai zurückgetreten war und das neue Ministerium bald mit wichtigen Lebensfragen zu thun hatte.

So konnte es geschehen, daß dieses neue Ministerium, unbekannt mit den Vorgängen, sogar, wie sich später heraus= stellte, des Glaubens gewesen ist, die Mittheilung der Farben sei erfolgt und die ganze Angelegenheit geregelt. Die Irr= thümlichkeit dieser Annahme erfuhr das Ministerium erst durch die Folgen des kleinen Seegefechtes, welches zwischen drei deutschen Schiffen und der dänischen Korvette „Valkyren" am 4. Juni 1849 auf der Höhe von Helgoland stattfand.[1]

---

[1] Ich habe genaueres über dieses gewiß sehr unbedeutende Ge= fecht aktenmäßig nicht feststellen können. Duckwitz, der den Hergang kennen mußte, schreibt darüber in seinen „Denkwürdigkeiten aus meinem öffentlichen Leben, Bremen 1877" S. 125: Im Mai 1849 waren drei Dampfer von der deutschen Flotte aus der Weser ausgelaufen, um auf das dänische Dampfschiff „Valkyren", welches vor der Weser kreuzte, Jagd zu machen. Der Däne flüchtete unter die Küste von Helgoland unter

Die großbritannische Regierung nämlich, selbst in kleinen Fragen dem stammverwandten Deutschland mißgünstig, erblickte in der angeblichen Berührung der Gebietsgrenzen von Helgoland eine Verletzung ihres Hoheitbezirkes und wandte sich nicht an die Zentralgewalt, die sie nicht anerkannte, sondern richtete ihre Beschwerde darüber an die Hansestädte. Sie bezeichnete die Schiffe als drei Kriegsdampfer mit schwarz-roth-goldener Flagge, von denen sie annehme, daß es deutsche Dampfer gewesen. Da die Antworten übereinstimmend auf die deutsche Zentralgewalt als diejenige Behörde hinwiesen, der allein der Befehl über jene Schiffe zustehe, so war ja freilich Lord Palmerston förmlich durchaus im Recht, wenn er durch den britischen Geschäftsträger bei den Hansestädten, Oberst Lloyd Hodges, erklären ließ, daß wenn keine bestehende Regierung diese Dampfer als unter ihrer Staatshoheit handelnd anerkenne, sie wie Seeräuber behandelt werden würden.[1]

Sofort nach Bekanntwerden der englischen Beschwerde wandte sich das Reichsministerium der Marine unterm 21. Juni 1849 an das der auswärtigen Angelegenheiten mit dem Verlangen um Auskunft, ob bei der großbritannischen und den übrigen europäischen Regierungen die Kriegsflagge des Reiches in geeigneter Weise und mit welchem Erfolge bekannt gemacht worden sei und beantragte, falls dies unerwarteter Weise noch nicht geschehen sein sollte, diese Schritte so schleunig als möglich zu veranlassen. Hierauf erfolgte dann die entsprechende

---

britischen Schutz. Im Eifer der Verfolgung kam eines der deutschen Schiffe der helgolander Küste so nahe, daß der englische Gouvernör glaubte, dasselbe befände sich im britischen Hoheitbereiche und ließ daher auf das Schiff feuern, worauf Admiral Brommy dem Schiffe das Signal gab, sich zurückzuziehen.

1) H. 40, Nr. 22.

Mittheilung an die Regierungen von Belgien, der Niederlande, beider Sizilien und Sardinien. Im übrigen erhielt von denjenigen Staaten, Seitens welcher eine Anerkennung der Zentralgewalt selbst nicht erfolgt war, nur England eine Mittheilung des Flaggengesetzes. Doch konnten darüber nur vertrauliche Unterhandlungen mit dem in halbamtlicher Stellung bei der Zentralgewalt anwesenden Gesandten Lord Cowley stattfinden, deren Ergebnislosigkeit freilich hätte vorausgesehen werden können. Ein Schreiben Cowleys schloß mit den Worten: I am instructed by Viscount Palmerston, that whenever a German Empire shall have been definitively organized and permanently established, the British Government will no doubt according to its generale rule in regard to such matters acknowledge the new political body, and of course its maritime flag, but that the time for such a step does not seem as yet to have arrived.

Bald darauf fand das frankfurter Reichsministerium sein Ende und die Bundes-Zentral-Kommission sah sich demnach immer noch der ungenügenden Sachlage gegenüber, daß gerade die Regierungen, deren Anerkennung der Flagge besonders wünschenswerth, ja unerläßlich war, eine solche — mit Ausnahme von Nordamerika — theils ausdrücklich, theils stillschweigend, abgelehnt hatten und unverkennbar aus demselben Grunde, den Lord Palmerston angegeben hatte. Dieser Grund durfte nun infolge der mit Zustimmung aller deutschen Regierungen für die Zeit bis zum Mai 1850 erfolgten Einsetzung der Bundes-Zentral-Kommission als beseitigt gelten. Diese selbst sah kein Hindernis, die Flagge in kürzester Frist zur allgemeinen Kenntnis zu bringen und ersuchte die beiden Regierungen von Österreich und Preußen Mitte Februar 1850.

bei den Seemächten auf schleunige Anerkennung der auf den deutschen Kriegsschiffen gehißten deutschen Flagge hinzuwirken. Die preußische Regierung erließ die Anweisungen dazu an ihre Gesandten und gab ihnen auf, gemeinsam mit dem österreichischen Vertreter die entsprechende Eröffnung zu machen. Da aber die Mehrzahl der preußischen Gesandten berichtete, daß der österreichische Vertreter eine solche Anweisung nicht erhalten habe, so mußte erst auf diplomatischem Wege das gleichmäßige Vorgehen des österreichischen Hofes herbeigeführt werden. Das erfolgte dann endlich im Mai. Die gemeinschaftlichen Anzeigen wurden darauf erstattet und die Flagge anerkannt von Frankreich, Niederlande, Sardinien, Türkei, Portugal, Neapel, Spanien und Griechenland. Der russische Reichskanzler erklärte noch vor einer Anzeige dem österreichischen Gesandten mündlich, daß von der Anerkennung einer deutschen Kriegsflagge vor dem endgültigen Bestande einer Zentralgewalt in Deutschland wohl nicht die Rede sein könne.

In London überreichten die Gesandten Preußens und Österreichs, von Bunsen und von Koller, am 2. Juli 1850 die Flaggenanzeige. Lord Palmerston aber erklärte dem Baron von Koller gegenüber zunächst mündlich, daß es zwar dem deutschen Bunde freistehe, ein gemeinschaftliches Banner für die Marine anzunehmen, daß es aber für die englische Regierung, der eine Verlängerung der Befugnisse der nur bis zum Mai eingesetzten Bundes-Zentral-Kommission nicht amtlich bekannt geworden, schwierig sei, die Anerkennung des Beschlusses einer Kommission auszusprechen, deren Zuständigkeit ihm unter den angegebenen Verhältnissen nicht unzweifelhaft erscheinen könne. Schriftlich theilte Lord Palmerston am 29. Juli beiden Gesandten mit, daß die königliche Regierung eine Antwort in dieser nicht sehr bringlichen Angelegenheit verschieben möchte, until they receive a communication from an acknowledged and constitued authority representing the Germanic Confederation.[1]

So blieb schließlich doch die Anerkennung der deutschen Kriegsflagge eine mangelhafte. Zu Unzuträglichkeiten hatte dieser Umstand aber nicht geführt, da auch andernfalls die mehrfach beantragte Übungfahrt der deutschen Kriegsschiffe schon allein des Kostenaufwandes wegen unterblieben sein würde. Das Banner wehte nur am heimischen Strande, auf der Weser und Elbe, unthätig und ruhmlos wie die Flotte selbst. Nur eine der Flaggen hat schließlich ein ehrenvolles Ende gefunden: das „Barbarossa"=Banner deckte später den Körper seines todten Admirals und ward dem wackeren Manne mit ins Grab gegeben.

[1] Geh. St.=A. Ausw. A. I. B. R. VII, Nr. 21.

aufgestellt vom Kontreadmiral Brommy.

Laufende Nr.	Stellung	Name	Geburts-jahr	Geburtsort	Frühere Dienstverhältnisse	Bemerkungen
1	Korvettenkapitän	Ring, Thomas	1797	Sandgate, England	Schiffskapitän in englischen Diensten	Kommandirte im Seegefecht b. Helgoland am 4. Juni 1849 die Dampffregatte „Barbarossa".
2	Leutnant 1. Kl.	Jachson, Georg William	1813	Winchester, England	Leutnant in englischen Diensten und Führer eines eigenen Kauffahrteischiffs.	
3	„	Reichert, Theodor Julius	1810	Altona	Kauffahrteikapitän	Seegefecht b. Helgol.
4	„	Thatcher, Thomas William	1819	Kent, England	Offizier in engl. Dienst	Desgl.
5	„	Bougin, Edmund Francois Bephitim	1819	Mons, Belgien	Enseigne de vaisseau in der belg. Marine	
6	„	du Colombier, Themistocles	1818	Tournay, Belgien	Desgl.	Inhaber des Ordens der Ehrenlegion
7	„	Krakaert, Peter	1813	Ostende, Belgien	Leutnant in belg. Diensten	
8	„	Gérard, Charles	1819	Namur, Belgien	Enseigne de vaisseau in der belg. Marine	
9	„	Lak, August Hyppolite Ludw.	1821	Benloo, Holland	Leutnant in der belg. Marine	
10	„	du Colombier, Oscar Edmond Victor	1820	Tournay, Belgien	Desgl.	
1	Leutnant 2. Kl.	Biering, Joh. Bernhard	1801	Begesack	Kauffahrteikapitän	
2	„	Volk, Johann	1814	Zwielenfleth, Hannover	Trat als Oberfeuermann in die Marine	

— 234 —

Laufende Nr.	Stellung	Name	Geburts-jahr	Geburtsort	Frühere Dienstverhältnisse	Bemerkungen
3	Leutnant 2. Kl.	Poppe, Heinrich Andreas Friedrich	1816	Lübeck	Trat als Steuermann in die Marine	
4	"	Dallas, Francois Gregory	1824	Massachusets, Nordamerika	Leutnant in der Marine der Ver. Staaten	
1	Hülfs-Offizier	Paulsen, Leonhard Friedrich	1822	Gr. Brebel, Schleswig	Obersteuermann auf Han=delsschiffen	Hat das Seegefecht bei Helgol. mitgemacht
2	"	Wisser, Hermann Lütjens	1819	Norden, Ostfries=land	Trat als Steuermann 1. Kl. in die Marine	
3	"	Sadewasser, Peter Ludwig	1822	Eckernförde	War Steuermann in der Handelsmarine	
4	"	Dreyer, Karl Wilh. Theodor	1814	Hamburg	Trat als Steuermann 1. Kl. in die Marine	Desgl.
5	"	Griese, Karl Wilh. Heinrich	1824	Hamburg	Handelsmarine; hat das Steuermann=Examen ge=macht	Desgl.
6	"	Jacobsen, Albert	1816	Hamburg	Trat als Schiffskapitän in die Marine	Desgl.
7	"	Sommer, Vincent	1822	Frankfurt a. M.	Steuermann auf Handels=schiffen	Desgl.
8	"	Behrens, Alfred	1822	Warendorf, West=falen	Trat als Obersteuermann in die Marine Kauffahrteikapitän	Desgl.
9	"	Müller, Friedrich	1814	?	Desgl.	
10	"	Nathjen, Joh. Diedrich	1821	Begesack		
11	"	Werner, Reinhold Sig=mund Heinrich	1825	Weserlingen, Prov. Sachsen	Obersteuermann auf Han=delsschiffen	Desgl.
12	"	von Breymann, C. W. F.	1827	Gudenburg, Hannover	Lehrer an der Navigations=schule in Hamburg	

Nr.		Name		Ort		
13	Hülfs-Offizier	Förste, Heinrich Wilhelm	1810	Bremen	Kapitän auf Kauffahrteischiffen, zuletzt als Masters Mate auf der amerik. Fregatte St. Lawrence	
14	„	Lauen, Eugen	1809	Bremen	Trat als Schiffskapitän in die Marine	
1	Schiffs-Lehrling	Räding, Friedrich Wilhelm Adolf	1824	Lübeck	Hat b. Steuermanns-Examen in Hamburg bestanden	Hat das Seegefecht bei Helgol. mitgemacht
2	„	Bostelmann, Fr. Julius Rudolf	1830	Hannover	Militär in schleswig=holsteinschen Diensten	Desgl.
3	„	Mathieu, Charles Henri	1824	Berlin	Trat als Steuermann 1. Kl. in die Marine	Desgl.
4	„	Thaulow, Georg Philipp	1821	Apenrade, Schleswig	Obersteuermann auf der Handelsmarine	Desgl.
5	„	Anderting, Friedr. Wilh. Franz	1820	Zossen, Prov. Brandenburg	Trat als Obersteuermann in die Marine	Desgl.
6	„	Büttner, Georg Friedrich	1825	Neust.=Gödens, Ostfriesland	Machte als Steuermann Reisen	
7	„	Schädler, Adolf	1825	Hamburg	Trat als Untersteuermann in die Marine	Desgl.
8	„	Abelohe, Joh. Aug. Wilh.	1824	Hannover	Steuermann auf Kauffahrteischiffen	Desgl.
9	„	Lübbers, Johann	1826	Bremen	Trat als Untersteuermann zur Marine	War in dänischer Gefangenschaft
10	„	Kropp, Wilhelm	1828	Bremervörde	Reisen; Steuermann=Examen 1. Kl.	
11	„	Fix, Louis Ferdinand	1829	Luxemburg	Kadett in der belg. Marine	
12	„	Aschenfeld, Andreas Karl Heinrich	1830	Segeberg in Holstein	Kadett in der dän., dann in d. schlesw.=holstein. Marine	Hat das Seegefecht bei Helgol. mitgemacht
13	„	Lühr, Paul	1827	Berlin	Steuermann=Examen 1. Kl.	
14	„	Schuirmann, Gerh. Franz	1818	Emden, Ostfriesland	Steuermann auf Holländ. und deutschen Kauffahrern	

— 236 —

Laufende Nr.	Stellung	Name	Geburts-jahr	Geburtsort	Frühere Dienstverhältnisse	Bemerkungen
15	Schiffs=Fähnrich	Lattermole, Wilhelm	1819	Blumenthal, Hannover	Machte Reisen als Ober=steuermann	Hat das Seegefecht bei Helgol. mitgemacht
16	"	Scheibel, Joachim Christoph Hermann	1828	Harburg	Trat als Steuermann 1. Kl. in die Marine	Desgl.
17	"	Reinader, Hermann August Friedrich	1822	Berfinghausen (? Barfinghausen) Hannover	Trat als Steuermann in die Marine	
18	"	Möller, Johann Peter Christian Karl	1827	St. Pauli bei Hamburg	Trat als Seeschiffer 1. Kl. in die Marine	
19	"	Rodewald, Friedr. Gottlieb	1825	Salzuffeln, Lippe=Detmold	Machte Reisen auf Handels=schiffen	
20	"	Müller, Georg Wilhelm	1826	Heiligenhafen, Holstein	Schiffsjähnrich in der schles-wig=holsteinischen Marine	
21	"	Ungewitter, Aug. Rudolf	1828	Osnabrück	Steuermann=Examen	
22	"	Lahmeyer, Lüder Heinrich	1824	Alteneich, Olden-burg	Machte Reisen als Leicht-matrose; später Unter-offizier in der oldenburg. Artillerie	
23	"	Jung, Hermann Ludwig	1827	Neustadt an der Dosse, Branden-burg	Trat als Steuermann 1. Kl. in die Marine	
1	Wirkl. Seejunker	Nicolassen, G. A.	1830	Hamburg	Wasserbau=Eleve	Hat das Seegefecht bei Helgol. mitgemacht
2	"	Boennberg, Karl Franz Heinrich	1832	Cuxhaven	Gymnasiast	Desgl.
3	"	Schraber, Georg Friedrich Ernst	1830	Bruchhausen, Hannover	Polytechniker in Hannover	Desgl.

		Name			Herkunft	Vorbildung / Beruf	Hat das Seegefecht bei Helgol. mitgemacht
4	Wirkl. Seejunker	Ring, Mathew Robert		1835	London	Schüler in Hamburg; Sohn des Korvettenkapitäns	
5	"	Zänicke, Gustav		1832	Dessau	Gymnasiast	Desgl.
6	"	Ennen, Theodor Anton		1829	Aurich	Steuermann-Examen	Desgl.
7	"	Barth, Eduard		1831	Frankfurt a. M.	Steuermannsschüler in Emden	
8	"	Weyer, Gustav Heinrich		1830	Hitzacker	Polytechniker in Hannover	
9	"	Hohnholz, Karl Gerhard		1828	Gehrde, Osnabr.	Apotheker	
10	"	Rosenstock, Georg Heinrich		1830	Bacha, Eisenach	Gymnasiast	
11	"	Koch, Hugo Karl Dietrich		1830	Lobsens, Prov. Posen	Gymnasiast	
12	"	v. Roßrücheidt, Arno		1832	Bautzen	Lernte b. Maschinenbaufach	
13	"	Müller, Karl Maximilian		1828	Hildesheim	Trat als Leichtmatrose in die Marine	
14	"	Koleth, Theodor Joseph		1832	Weseritz	Trat als Student in die Marine	
15	"	Becker, Johann Gustav		1832	Lilienthal, Hannover	Hat Reisen auf einem Handelsschiffe gemacht	
16	"	Hellmuth, Karl August		1832	Kassel	Matrose	
1	Freiw. Seejunker	v. Nickhofen, Emil Ludwig Friedrich		1834	Breslau	Realschüler in Berlin	
2	"	Chüden, Georg August Achaz		1834	Bruchhausen, Hannover	Gymnasiast	
3	"	Beens, Georg Fr. Otto		1832	Rothenburg, Hannover	Handlungslehrling	
4	"	Grove, Gustav Wilh. Aug.		1830	Harburg, Braunschweig	Gymnasiast	
5	"	Bietsch, Gustav Ernst		1832	Gunkeln, Ostpr.	Gymnasiast	
6	"	Breller, Ernst		1835	Weimar	Gymnasiast	
7	"	Drewes, Friedrich		1833	Arolsen	Gymnasiast	
8	"	Mecklburg, Arnold Friedrich		1833	Oldenburg	Navigationsschüler	

— 238 —

Laufende Nr.	Stellung	Name	Geburts-jahr	Geburtsort	Frühere Dienstverhältnisse	Bemerkungen
9	Freiw. Seejunker	Feldmann, Dietrich Friedrich Ferdinand	1829	Colenfeld, Hannover	Privatgeometer	
10	"	Benefeld, Friedrich Karl Alexander	1831	Loewe, Ostpr.	Gymnasiast	
11	"	Scheuermann, Karl	1832	Langenschwalbach, Nassau	Gymnasiast	
12	"	Groß, Dietrich Adolf Karl	1833	Brake	Gymnasiast	
13	"	Abelius, Konrad Justus Friedrich August	1830	Ovelgönne in Oldenburg	Leichtmatrose	
14	"	Glogstein, Johann Ludwig	1829	Bremen	Untersteuermann-Examen	
15	"	v. Grävenitz, Edm. Friedrich	1831	Berlin	Leichtmatrose	
16	"	Arnold, Georg	1831	Bremen	Handelsbeflissener	
17	"	Butterlin, Gustav Adolf	1833	Brätz, Provinz Posen	Matrose	
18	"	Ullers, Franz Xaver	1829	Arnsberg	Matrose 2. Kl.	Hat das Seegefecht bei Helgol. mitgemacht
19	"	Müller, Friedrich	1834	Kreuß-Wertheim in Unterfrank.	Gymnasiast	
20	"	Kramer, William	1830	Melle, Hannover	Leichtmatrose	
21	"	Jacobi, Karl Justus Ernst Wilhelm	1830	Jburg, Hannover	Matrose	
22	"	v. Bothmar, Heinrich Karl Gebhard	1834	Verden	Reisen auf Handelsschiffen	

— 239 —

1	Hauptmann im Marinier=Korps	Weber, Ludwig	1813	Mannheim	Ingeniörshauptmann in griechischen Diensten	
2	Sekonde=Leutnant im Marinier=Korps	Freudenthal, Ernst Rudolf	1820	Posen	Premier-Leutnant in schleswig-holsteinschen Diensten	
3	„	Schöning, Eduard Karl Leo	1825	Meppen	Preußischer Einjährig-Freiwilliger	
4	Oberfeuerwerker	Blättermann, Johann Karl	1816	Mülhausen in Thüringen	Oberfeuerwerker in preuß. Diensten	
1	Marinestabsarzt	Deins, Rudolf	1818	Harburg	Dr. med., Privatdozent zu Göttingen	
2	Arzt 2. Kl.	Dirks, Christ. Jakob Martin	1823	Hamburg	Praktischer Arzt	Hat das Seegefecht bei Helgol. mitgemacht.
3	„	Hermand, Franz Joseph Theodor	1816	Birkenfeld	Praktischer Arzt	Desgl.
4	„	Buchheister, Karl	1823	Wolfenbüttel	Dr. med., Praktischer Arzt	
5	„	Wagner, Heinrich Wilhelm Ottomar	1831	Braunfels	Praktischer Arzt	
6	„	Biel, Karl Friedr. Aug.	1820	Fritzlar	Dr. med., Praktischer Arzt	
7	„	Deusler, Franz Joseph	1820	Aschaffenburg	Dr. med., Militärarzt	
8	„	Aschenfeld, Georg Friedrich Heinrich	1819	Kopenhagen	Militärarzt	
9	Unterarzt	Stod, Friedrich August Karl	1820	Koethen	Bundarzt	
10	Apotheker	Cassius, Martin Friedrich	1811	Münden, Hannover	Geprüfter Apotheker, zuletzt in Altona	Hat als Feldapotheker den schleswig=holsteinschen Krieg mitgemacht.

3.
Das schleswig-holsteinsche Geschwader.

Als wenigstens zu einem kleinen Theile zur deutschen Flotte gehörig ist das schleswig-holsteinsche Geschwader zu betrachten, wenn eine wirkliche Vereinigung auch thatsächlich nicht stattgefunden hat.

Mit geringen Mitteln wurde das kleine Geschwader in verhältnismäßig kurzer Frist durch die schleswig-holsteinsche Regierung so gefördert, daß es schon im März 1849 seefertig war. Um einiges vermehrt bestand es später, also etwa im März 1851, aus 17 Schiffen: 4 Dampfern, 1 Kriegsschooner, 11 Kanonenboten und 1 Kutter. Zu jener Zeit lagen die Dampfer „Bonin" und „Löwe", der Schooner „Elbe", der Kutter „Tumler" und 8 Kanonenbote im Hafen von Kiel, der Dampfer „Kiel" und 3 Kanonenbote in Glückstadt und das Schraubendampfkanonenbot im Hafen von Neustadt. Die Verhältnisse der einzelnen Schiffe waren diese:

Dampfer „Bonin" 180 Pferdekraft, 1 84pfündige und 1 60pfündige Bombenkanone und 2 30pfündige Granatenkanonen;
Dampfer „Löwe" 80 Pferdekraft, 1 18pfündige Kugelkanone;
Dampfer „Kiel" 40 Pferdekraft, 4 18pfündige Kugelkanonen;
das Dampfschraubenkanonenbot 36 Pferdekraft, 2 60pfündige Bombenkanonen;
der Schooner „Elbe" 8 12pfündige Kugelkanonen;
11 Kanonenbote je 2 60pfündige Bombenkanonen.

Die kleine Flotte entstand unter folgenden Verhältnissen: Als sich die Herzogthümer Schleswig-Holstein im März 1848 erhoben, lagen der Kriegsschooner „Elbe" und der Dampfer „Kiel" theilweise noch auf Bestellung der früheren Landesregierung im Hafen zu Altona unter Reparatur.[1]) Die Statthalterschaft ließ diese Ausbesserungen gegen namhafte Summen beenden. Der Schooner wurde 1849 als Übungschiff für die Seekadetten nach Kiel gebracht und der Dampfer „Kiel" wurde gleichfalls bewaffnet, um als Bugsirschiff für die an der Westküste befindlichen Kanonenbote zu dienen. Der Dampfer „Löwe" wurde i. J. 1849 durch die Statthalterschaft zunächst ebenfalls als Fracht- und Bugsirschiff gemiethet, im folgenden Jahre aber für die Marine angekauft. Den kleinen Kutter „Tumler" ließ die Statthalterschaft für die Seekadettenschule neu erbauen. Der Dampfer „Bonin" wurde ebenfalls 1848 als bisheriges Passagierschiff angekauft. Sein Umbau zum Kriegsdienst jedoch und seine Bewaffnung erfolgte auf Veranlassung und in besonderem Auftrage des Reichsministeriums der Marine, welches darüber unterm 21. Januar 1849 mit dem Bevollmächtigten der Herzogthümer bei der Reichsregierung in eine Unterhandlung getreten war. Infolge dessen kann der „Bonin" als in die deutsche Flotte eingereiht angesehen werden. Dieselbe Bewandnis hat es mit dem Schraubendampfkanonenbot, welches durch ein Schreiben des Reichsministeriums an den schleswig-holsteinschen Bevollmächtigten Francke vom 6. Februar 1849 für das Reich übernommen wurde. Was endlich die Kanonenbote anlangt, so wurde 1848 bei Gründung der deutschen Flotte Seitens der Marinebehörde beschlossen, für Schleswig-Holstein 6 Kanonenbote auf Reichskosten erbauen zu lassen. Aber auch die weiteren 5 Kanonenbote, von welchen eins durch den Frauenverein zu Rendsburg und 4 durch den Kieler Flottenverein aus freiwilligen Beiträgen erbaut worden sind, wurden dadurch der deutschen

---

1) Beide wurden übrigens 1851 von der dänischen Regierung zurückgefordert und dann auch an sie übergeben.

Flotte einverleibt, daß das Reichsministerium sie unterm 6. Februar 1849 für Rechnung des Reiches übernommen hatte.

Über die Thätigkeit der Schleswig-Holsteiner mit diesem kleinen Geschwader schreibt der Verfasser der Schrift „Die deutsche Marineverwaltung unter Herrn Duckwitz" S. 32: „Schon im März war diese kleine Flotille ganz seefertig, ging täglich in die See hinaus und übte seine Mannschaft so ein, daß Leutenant Kjär schon Ende April mit 4 Kanonenboten von Kiel durch den Eiderkanal 14 Meilen weit in die Nordsee gehen, die Inseln Sylt und Föhr angreifen und 500 Dänen mit 6 Kanonen von dort und allen andern Inseln verjagen, einen großen Islandfahrer und einige andere Schiffe erobern konnte, so daß die Dänen es nicht wieder wagten, den armen Schiffern die Bote zu stehlen, oder sich überhaupt an der Westküste Schleswigs nur wieder zu zeigen. — Mehrmals griffen diese Schiffe und Bote die dänischen Dampfschiffe, Korvetten und Fregatten vor Kiel an, die sich jedesmal zurückzogen; noch am 17. Juli benutzten 4 Kanonenbote und ein Dampfbot die Windstille und griffen das Linienschiff „Skjold" von 84 Kanonen an und brachten es, trotz seiner glatten Lagen, dahin, daß es sich von seinem zur Seite liegenden Dampfbote wegschleppen lassen mußte. Auf solche Weise haben die Schleswig-Holsteiner schon mehrmals die dänischen Blokadeschiffe verjagt, sind keck meilenweit in die See und nach Eckernförde gefahren und haben es dahin gebracht, daß die besten Schiffe der Dänen nicht zu anderen Unternehmungen verwendet werden konnten, um die kieler Flotille nicht aus den Augen zu lassen."

Beilagen.

1.

Der Ministerpräsident von Manteuffel an den preußischen Bundestagsgesandten, Generallentnant von Rochow.
Berlin, 23. Juni 1851.

(Geh. St.=A.

Die Meinung der Regierung Sr. Maj. des Königs geht nicht dahin, daß der Bund den Gedanken einer deutschen Flotte völlig aufzugeben habe. Wir glauben diesen Gedanken aber von der vorliegenden Frage, bei welcher es sich nur um die gegenwärtig vorhandene Nordseeflotille handelt, durchaus trennen zu müssen. Auch diese wünschen wir ebenso für die zunächst betheiligten Staaten wegen des diesen daraus erwachsenden Nutzens, wie für Deutschland, als einen Gegenstand künftiger etwaiger Gemeinschaftlichkeit, erhalten zu sehen und das kann auch geschehen, wenn sie von den deutschen Nordseeuferstaaten — unbeschadet der wohlgegründeten Rechtsansprüche Preußens an dieselbe — übernommen wird. So wenig aber Preußen eine derartige Behandlung der Sache behindern will, so wenig kann es gesonnen sein, neue bedeutende Geldopfer zu bringen, damit auf kürzere oder längere Dauer eine großen oder größesten Theils mit preußischem Gelde hergestellte Schöpfung fortbestehe, bei deren Erhaltung zunächst und vorzugsweise die deutschen Nordseestaaten, alle übrigen deutschen Binnenländer aber wegen des überseeischen Absatzes ihrer Producte und Fabrikate aus deutschen Nordseehäfen bei weitem mehr als Preußen interessirt sind, dessen Ostseeküste sich wenigstens um das doppelte länger ausdehnt als die Seeküste von Emden bis Tönningen, und seine Aufmerksamkeit wie seine Anstrengungen behufs des ihr zu gewährenden Schutzes vorzugsweise in Anspruch nimmt. Wer kann aber in Abrede stellen, daß dieser Schutz auch im Ge= sammtinteresse Deutschlands liegt, und zwar in höherem Grade, als der Schutz des kürzeren deutschen Küstenstriches am adria= tischen Meere durch die österreichische Flotte, welchen Öster= reich sich so hoch anrechnet, daß es sich seit 1848 jedes matrikularmäßigen Geldbeitrags zur Herstellung der deutschen Nordseeflotille entziehen zu können geglaubt hat? — Preußens große Verwendungen für die letztere und seine großen Lei= stungen für den Schutz der deutschen Ostseeküste durch die Gründung einer dortigen Kriegsmarine müssen daher noth= wendig in Anrechnung kommen, wenn es sich um die Frage handelt, wer die Kosten der einstweiligen Fortherhaltung jener Flotille zu tragen hat. Diese Kosten können billiger Weise nächst den vorzugsweise bei der Sache interessirten deutschen Nordseestaaten nur denjenigen deutschen Binnenstaaten zur Last fallen, welche mit ihren matrikularmäßigen Beiträgen zu der im Sommer 1848 ausgeschriebenen Umlage von 3 Mil= lionen Thalern trotz aller von Seiten der provisorischen Central= gewalt und der provisorischen Bundes=Central=Kommission dieserhalb ergangenen Erinnerungen sich immer noch im Rück= stande befinden.

2.
Der Bundestagsgesandte von Bismarck an den Ministerpräsidenten von Manteuffel.
Frankfurt a. M., 12. September 1851.

Geh. St.=A.

In dem Bericht vom 25. v. Mts. hat E. Exc. mein Vor= gänger im Amte bereits gemeldet, daß in der Sitzung des Ausschusses für die Behandlung der Flotten=Angelegenheit am 23. v. Mts. eine Einigung zur Berichterstattung an die Bundes= Versammlung lediglich im Sinne des von Preußen und Öster= reich gemeinsam und gleichlautend nach Maaßgabe der In=

struction vom 6. August und der darin speciell aufgeführten vier Punkte abgegebenen Gutachtens nicht erreicht worden ist.

Demnach ist der Bundes-Versammlung in ihrer Sitzung vom 6. d. Mts. das Gutachten der Majorität des Ausschusses nach der Fassung des Königlich Hannoverschen Gesandten, und demnächst das Gutachten der Minorität nach Maaßgabe der vorerwähnten vier Punkte des Erlasses E. Exc. vom 6. August vorgetragen worden.

Nachdem bei der Umfrage Weimar noch erklärt hatte, nicht mehr Beiträge für die Flotte zu zahlen, bevor nicht sämmtliche Rückstände eingezahlt wären, und Altenburg sich für die Veräußerung der Flotte und Rückzahlung der freiwilligen Beiträge, unter Aufforderung an die Beitragzahler zur Anmeldung und Anberaumung eines Präclusions-Termins, aussprach, wurde von der Bundes-Versammlung zunächst über den hier in Abschrift gehorsamst beigefügten Antrag der Majorität des Ausschusses abgestimmt und derselbe mit Majorität angenommen.

Hiernach ist über die Hauptfragen noch Nichts entschieden und die Entwickelung der Flotten-Angelegenheit durch jenen Beschluß in ein weiteres Stadium eigentlich noch nicht getreten.

Es wird nun darauf ankommen, daß in die Commission der Sachverständigen wenigstens ein den diesseitigen Interessen ergebenes Mitglied gewählt werde, um nach Möglichkeit auf diejenige Richtung des Gutachtens der Sachverständigen hinzuwirken, welche den Intentionen Sr. Maj. des Königs hinsichtlich einer Verbindung der Nordsee-Marine mit der Marine Preußens entsprechen, wie solches E. Exc. in dem vertraulichen Rescript vom 6. v. Mts. angedeutet haben.

Wahrscheinlich wird die Wahl des Ausschusses mit Stimmenmehrheit auf den Admiral Brommy und den Österreichischen Fregatten-Capitain, Oberstlieutenant von Bourguignon, fallen. Ich werde bemüht sein, meinerseits die Wahl des Oberst von Wangenheim durchzusetzen. Zwar haben Hannover und Lübeck dagegen mir bereits den Einwurf gemacht, daß letzterer kein Seemann sei; auch ist Graf Thun persönich dagegen, insofern scheinen die Kosten, welche die Herstellung noch eines See-Plates verursachen würde, eine einigermaßen beider Landesinteressen meinem Dafürhalten hinlänglich getrennt zu haben.¹)

In der allein richtigen inneren Seite werde ich mich unterweilen nicht entziehen, auf die Leitung der Marine-Frage in der den Allerhöchsten Intentionen Sr. Maj. des Königs entsprechenden Richtung hinzuwirken, welche indessen nicht für jetzt schon den einzelnen Erfolg, womöglich die Zuvereinigung einige Aussicht mehr, wie bisher, dafür eröffnen.

Inzwischen steht immer zu besorgen, daß auch bis zum Jahresschluß die Angelegenheit der Nordsee-Flotte ihre definitive Erledigung nicht finden werde, daß müssen neue Geldmittel für deren Erhaltung werden aufgebracht werden müssen, und daß die Summe der Kosten sich immer mehr der Summe des Materialwerths der Flotte annähern werde; dergestalt daß wenn dennoch endlich das Liquidationsverfahren Platz greifen sollte, die Quote der Matrikulareinzahlung Preußens, auf welche es Anspruch auf Erstattung in Material zu machen berechtigt wäre, um so mehr reducirt sein würde, als die Verständigung mit Oesterreich in der in E. Exc. Erlaß vom 6. August bezeichneten Weise, wie es scheint, wenig Aussicht übrig läßt, daß Oesterreich von der bisherigen Weigerung abstehe, seine Matrikularbeiträge auf die umgelegten 6 Millionen Thaler auch nur theilweise zu zahlen und diesem Beispiele die mit eben jenen Zahlungen rückständigen Binnenlands-Staaten wohl gleichfalls folgen dürften.

Wegen der Zahlung Preußens auf die Dresdener Umlage bin ich auch heute noch ohne Antwort. Ob die Zusage zur Zahlung Seitens der Königlichen Regierung ertheilt ist, entzieht sich von meinem Standpunkte der Beurtheilung. Ist dies der Fall, so kann ich unter Bezugnahme auf die Berichte meines Vorgängers im Amte nur E. Exc. hochgeneigte Vermittelung wegen schleunigster Abführung der betreffenden Summe

---

1) Ebenfalls unterm 12. September berichtete Bismarck genauer über die Vorverhandlungen wegen der Wahl Wangenheims.

an die Bundeskasse so ehrerbietig als bringend in Anspruch zu nehmen mir gestatten.

Anderen Falls würde ich aber allerdings bringend bevorworten: durchaus keine Geldmittel weiter für die Nordsee-Flotille herzugeben, indem ich dies für das wirksamste Mittel Preußens erachte, die Flotten=Angelegenheit ihrer definitiven Erledigung früher entgegenzuführen. Deshalb dürfte aber auch jeder etwaigen Absicht anderer Regierungen, die Entscheidung über Jahresschluß hinaus durch Aufbringung anderweitiger Fonds noch zu fristen, Seitens Preußens auf das Entschiedenste entgegenzutreten und dagegen, unter Berufung auf die schon früher in der Bundes=Versammlung abgegebene Erklärung, energischer Protest einzulegen sein.

Schließlich erlaube ich mir E. Exc. hochgeneigter Erwägung noch ehrerbietigst zu unterstellen, ob nicht in Wien darauf hinzuwirken wäre, daß Graf Thun von der noch immer sichtbaren Verfolgung seiner, den Instructionen seiner eigenen Regierung zuwiderlaufenden persönlichen Ansichten in der Flotten=Frage ablasse, und endlich noch: ob nicht die Frage wegen der eventuellen Verbindung der Nordsee=Marine mit der Marine Preußens von Berlin aus mit den Verhandlungen über den Anschluß des Steuervereins an den Zollverein in Verbindung gebracht werden könnte, indem, wenn auf solche Weise wenigstens Hannover den diesseitigen Absichten geneigt gemacht werden könnte, letztere unweit mehr gefördert werden würden, als es hier zu ermöglichen sein wird.

3.
Der Bundestagsgesandte von Bismarck an den Ministerpräsidenten von Manteuffel.
Frankfurt a. M., 30. Dezember 1851.

Geh. St.=A.

In der heutigen Sitzung des die Marine verwaltenden Militärausschusses ist beschlossen, denjenigen Antrag an die Bundesversammlung zu bringen, welchen ich soeben Ew. Ex=

cellenz telegraphisch zu melden die Ehre gehabt habe. Es ist somit in der Sachlage, auf Grund derer ich die geneigte telegraphische Instruction von gestern Abend erhielt, das schon gestern angedeutete Novum eingetreten, daß die Bundesversammlung, wenn sie, wie ich nicht zweifle, diesen Antrag annimmt, die Bedingungen zu erfüllen Willens ist, von welchen Preußen in der Sitzung vom 31. October die Einzahlung der Matrikular=Umlage vom 8. Juli abhängig gemacht hat. Bei der Bitterkeit, mit welcher noch in den letzten Tagen das Verhalten Preußens gegenüber dem Beschluß vom 8. Juli von den meisten meiner Collegen beurtheilt wurde, habe ich diesen Akt der Nachgiebigkeit nicht erwarten können, und ist es allerdings möglich, daß Östreich und Sachsen, welche sich am bereitwilligsten zeigten, aus Gründen faktischer Nothwendigkeit ihre Rechtsansicht schweigen zu lassen, mit diesem Verfahren einen mir noch nicht klaren Hintergedanken verbinden, zu dessen Ausführung sie in der durch die Preußische Einzahlung zu gewinnenden Frist Gelegenheit zu haben hoffen. In dieser Vermuthung bestärkte mich der Umstand, daß grade Östreich auf den Vorschlag nicht eingehen wollte, den ich dahin machte, daß man an Preußen eine Anzahl Schiffe in vorläufigen Naturalbesitz übergeben möge, wogegen Preußen sich anheischig mache, diese Schiffe gegen Anrechnung des Taxwerthes als Eigenthum zu behalten, wenn nach Verbrauch der vorhandenen Geldmittel kein Abkommen erfolgt sei. Ich trat mit diesem Vorschlag den Befürchtungen entgegen, daß keiner der Staaten Schiffe werde übernehmen wollen und daß Preußen diese Verlegenheit benutzen werde, um die ganze Flotte gratis oder wohlfeil in seine Gewalt zu bekommen, wie dies namentlich der Senator Brehmer durchblicken ließ. Mir schien in der sofortigen Annahme meines Vorschlages eine Garantie für die baldige Ausführung derjenigen Maßnahmen zu liegen, welche von allen Ausschußmitgliedern als nothwendige Consequenz des zu stellenden Antrags anerkannt wurden, daß nämlich die Schiffe so schleunig als möglich an deutsche Staaten oder, so weit diese die Übernahme ablehnten, ander=

weit zu veräußern seien. Ich hätte daher, wenn Graf Thun den von ihm beantragten Beschluß mit allen nothwendigen Consequenzen aufrichtig acceptirte, erwartet, daß er selbst die Hand dazu bieten werde, die Ausführung des dann Erforderlichen wenigstens theilweis sichergestellt zu sehen. Es ist indessen auch möglich, daß er sich diese Schlußfolge im Augenblicke nicht klar machte, was bei seiner jetzigen gedrückten und verdrießlichen Stimmung leicht der Fall sein kann, oder daß er den durch Senator Brehmer vertretenen kleineren Seestaaten die Auseinandersetzung mit Preußen nicht präjudiziren wollte. Lebhaft bekämpft wurde der Antrag durch den Senator Brehmer unter leidenschaftlichen Deklamationen für eine nationale Flotte und von Herrn von Schrenck unter Bedauern, daß die Berechtigung des Bundes dem Widerstande Preußens gegenüber verkannt werde. In dem dadurch erneuerten Streit über den Beschluß vom 8. Juli beschränkte ich mich auf die Erklärung, daß der Bund seine Competenz nicht durch Beschlüsse zu begründen, sondern aus dem Bundesrechte nachzuweisen habe. Wegen der Abstimmung vom 27. d. M. entspann sich dann noch ein lebhafter Streit, in welchem Senator Brehmer Baiern, Würtemberg und Sachsen wegen Mangels an nationaler Gesinnung angriff und sein Bedauern aussprach, daß Baiern es versäumt habe, sich an die Spitze der zu bildenden Nordseeflotte zu stellen, wogegen Herr von Schrenck in dieser Ehre kein Argument für die Zahlung von 600000 Gulden fand und die Schuld des Mißlingens auf Östreich und Preußen schob, was wiederum eine Verwahrung des Grafen Thun zur Folge hatte.

Was die Frage betrifft, ob die von der Königl. Regierung am 31. October gestellten Bedingungen als erfüllt zu betrachten sind, wenn die Bundesversammlung den Ausschußantrag annimmt, so läßt sich allerdings sagen, daß die Voraussetzung Preußens, Nr. 2, Seite 444 des Protokolls, nicht erfüllt ist, indem der Beschluß, die Flotte aufzulösen, in Ausführung allerdings vor Ablauf dieses Jahres nicht mehr gebracht wird, dagegen muß nach dem projectirten Beschluß die Erfüllung der Bedingung als feststehend angenommen werden, daß es „keiner ferneren Einzahlung zur Unterhaltung der Flotte mehr bedarf", denn wenn auch Nr. 4 des projectirten Beschlusses mala fide dahin benutzt werden wollte, daß der Ausschuß mit Ablauf Januar der Bundesversammlung die Nothwendigkeit der Hergabe weiterer Geldmittel „zur definitiven Erledigung dieser Angelegenheit" als erforderlich darstellen wollte, so glaube ich nicht, daß, nachdem der Beschluß einmal gefaßt ist, die Flotte aufzulösen, irgend ein Vorschlag zur Beschaffung von Geldmitteln sich als ausführbar erweisen wird, vorausgesetzt, daß Preußen fest dabei bleibt, weder fernere Vorschußleistungen, noch matrikularmäßige Haftung für Anleihen zu übernehmen. Dies wurde von allen meinen Collegen als unzweifelhaft angesehen und die Protestation des Gesandten von Lübeck, daß es unmöglich sei, in dem Zeitraum, für welchen die vorhandenen Geldmittel nach erfolgter Einzahlung Preußens ausreichten, die Auflösung der Flotte zu bewirken, hatte nur die allseitige Erwiderung zur Folge, daß die unumstößliche Gewißheit, daß es bis dahin geschehen sein müsse, die Abwickelung in bisher nicht gekanntem Maße beschleunigen würde.

Schließlich bemerke ich noch, falls die Königl. Regierung die von ihr gestellten Bedingungen für nicht erfüllt erklärte und deshalb die Zahlung auch ferner verweigerte, es mir nicht unmöglich erscheint, daß die dadurch entstehende Gereiztheit, wenn sie durch gehässige Beleuchtung des Preußischen Verfahrens gesteigert würde, zu unerwarteten Beschlüssen und neuen Verwickelungen führen könnte, indem man durch Verpfändung von Schiffen an Östreich oder, trotz der Preußischen Verwahrung, an Privatpersonen Geld anschafft, wenn man nicht auf das Erbieten Sachsens, eine Vorschußumlage mit Ausschluß Östreichs und Preußens vorzunehmen, eingeht, wozu die Nordseestaaten nicht abgeneigt scheinen.

Zur Charakteristik der gegenseitigen Stellungen will ich nur noch hinzufügen, daß Graf Thun die Theilnehmer der Hannöverschen Conferenz entschieden angriff, weil sie wesentlich dazu beigetragen hätten, daß die Abstimmung vom 27. d. M. fruchtlos geblieben sei. Auch theilte er mit, daß Herr von Bothmer ohne jegliche Instruction in Bezug auf die Flotte hier angekommen sei.

4.
Der Bundestagsgesandte von Bismarck an den Ministerpräsidenten von Manteuffel.
Frankfurt a. M., 31. Dezember 1851.

Geh. St.-A.

Den geehrten telegraphischen Weisungen gemäß habe ich in der heutigen Sitzung der Bundes-Versammlung dahin gestimmt, daß die Königl. Regierung an der Nr. 1 und 2 der Ausschußanträge nichts zu erinnern habe, daß der Königl. Regierung die Ausführung derselben aber dann erst gesichert erscheine, wenn die Bundes-Versammlung sie selbstthätig in Angriff nähme, indem gleichzeitig die Überweisung von Schiffen an diejenigen Staaten, welche bereit seien, dergleichen für ihr Guthaben an der Flotte zu übernehmen, beschlossen werde. Der Weg hierzu sei dadurch eröffnet, daß Preußen sich erbiete, mit dem Beispiel hierzu voranzugehen und einen seinem wahrscheinlichen Guthaben ungefähr gleichkommenden Theil der Flotte, vorbehaltlich definitiver Liquidation, zu übernehmen. Bei Annahme des Antrages ohne eine derartige Bürgschaft der Ausführung werde die Sachlage ultimo Januar dieselbe sein wie heut und die nach der Abstimmung vom 27. unvermeidliche Auflösung der Flotte durch Einzahlung des Preußischen Vorschusses nicht gefördert werden.

Theils in Erwartung einer telegraphischen Weisung, theils um die Ansicht meiner Collegen erst kennen zu lernen, sprach ich nach Verlesung der Abstimmung ohne Angabe der Gründe den Wunsch aus, mir das Protokoll offen zu halten. Die übrigen Gesandten stimmten demnächst den Ausschuß-Anträgen pure bei, mit Ausnahme von Hannover, Braunschweig, Nassau, Oldenburg und den Hansestädten, welche ablehnten, weil der zu einer Vereinbarung bis zum 31. Januar gelassene Termin ihnen zu kurz erscheint. Graf Thun erklärte nach erfolgter Abstimmung, daß der ganze Antrag ein nutzloser sei, wenn er die Zahlung Preußens nicht zur Folge habe, und daß er nicht einsehe, warum man einen derartigen, für den Bund immer peinlichen Beschluß ohne Resultat fassen solle. Die meisten übrigen Gesandten schlossen sich dieser Erklärung an und einigten sich nach längerer Berathung dahin, den gefaßten Beschluß in der nächsten Sitzung durch einen neuen wieder aufzuheben und demnächst anderweite Vorschläge des Ausschusses zu gewärtigen, falls von Preußen eine andere Erklärung als die abgegebene nicht zu erlangen sei, dagegen wolle man bei dem Beschlusse verharren, wenn bis zur nächsten auf den 5. anzuberaumenden Sitzung Preußen dem Beschluß beiträte und zur Zahlung bereit sei. Außerdem diktirte ich sämmtlichen Herren auf ihren Wunsch den Tenor meiner Abstimmung, über welche sie voraussichtlich schleunige Instruction einholen werden. Mir scheint, daß in dieser Sachlage der Auffassung der Königl. Regierung nichts vergeben ist, und es kommt mir darauf an, ehe ich auf die Annäherung an die Ansichten der Königl. Regierung, welche in der heutigen Beschlußnahme liegt, vollständig verzichte, womöglich zu erfahren, welchen Weg man dann von der andern Seite einzuschlagen gedenkt. Außerdem glaube ich, daß es günstig für uns sein wird, wenn die Herren Zeit haben, sich unsere Vorschläge und die mit der Nichtannahme derselben verbundenen Eventualitäten zu überlegen. Der Zeitverlust einiger Tage kann nur dahin führen, die bevorstehende Geldverlegenheit bringlicher und das Nachgeben andrerseits wahrscheinlicher zu machen. Nach Schluß der Sitzung erhielt ich die telegraphische Weisung[1]) von heut Mittag und werde ich spätestens am 2.

---

1) Manteuffel an Bismarck, Berlin, 31. Dezember 1851. Der drohende Mangel an Fonds allein bietet so wenig pro ultimo Januars genügende Garantie gegen fernere Verschleppung als bisher. Wir wollen zahlen, sobald nur die wirkliche Erledigung der Sache gesichert ist und dies läßt sich nach unseren Vorschlägen bald erreichen.

Nachmittags dem Grafen Thun erklären, daß es bei der heutigen Abstimmung Preußens bleibt, falls Ew. Excellenz nicht vorziehen, den heutigen Bundes-Beschluß aufrecht erhalten zu sehen. Am 3. wird dann voraussichtlich Ausschußsitzung und am 5. wieder Bundestags-Sitzung sein. Unter diesen Umständen glaube ich nicht wohl vor dem 5. Abends hier abreisen zu können, wenn Ew. Excellenz es nicht durch den Telegraphen ausdrücklich früher befehlen.

5.
Senator Duckwitz in Bremen
an den hannoverschen Minister von Schele.
Bremen, 2. Januar 1852.
H. 40, Nr. 1 f.

Der Herr Bürgermeister Brehmer hat dem Senate über die letzte Sitzung der Bundesversammlung berichtet, deren Resultat für die Flotte verderblich werden zu wollen scheint. Er bemerkt dabei, daß nach der Sitzung Herr von Bismarck ihm gesagt habe, es bleibe jetzt noch ein Auskunftsmittel übrig, nämlich dasjenige, daß die Nordseestaaten mit Preußen gemeinschaftliche Sache machten, Preußen möge aber mit einem solchen Vorschlage nicht hervortreten, ohne die Ansichten der betreffenden Staaten zuvor darüber zu kennen. Da ich nun vermuthe, daß es Ihnen, mein hochverehrter Herr Baron, nicht unlieb sein wird, wenn ich mich in gewohnter Vertraulichkeit über die jetzige Lage der Flottenfrage äußere, so erlaube ich mir diese Zeilen an Sie zu richten.

Es stehen jetzt zwei Alternativen in Frage, und zwar:
1. die Flotte wird verkauft und eine Anzahl Staaten kauft nach unserem verabredeten Vorschlage einen Theil der Schiffe an, indem sie eine besondere Nordseeflotten-Abtheilung bildet, oder
2. Preußen und die deutschen Staaten außer Österreich (mit etwaiger Ausnahme von Holstein und Luxemburg) über-

nehmen die Flotte und bilden gemeinschaftlich die zwei Bundesflotten-Abtheilungen der Ost- und Nordsee, im übrigen nach den Vorschlägen vom Dezember, contingentmäßig neben dem österreichischen Contingente.

Die erste Alternative würde diejenige sein, welche unseren Besprechungen vom vorigen Monate am meisten angemessen sein würde. Es frägt sich aber, ob wir die Hoffnung, eine genügende Anzahl Staaten dafür zu gewinnen, noch festhalten können? Zu wünschen wäre es, aber die Abstimmungen sind niederschlagend.

Vor der zweiten Alternative haben wir uns gescheut, als Herr von Bismarck etwas davon in Hannover hatte fallen lassen, und zwar um so mehr, als Preußen bis dahin stets das gerade Gegentheil erstrebt hat. Ich glaube aber, daß wir uns die historische Gestaltung der Flottenfrage vergegenwärtigen müssen, um nicht in der Entscheidungsstunde das Kind mit dem Bade zu verschütten.

Als die Flotte im Winter von 1848—1849 gegründet wurde, erklärte Österreich, es wolle Schiffe in natura stellen, also eine besondere Contingents-Abtheilung. Auf diesem Standpunkte steht es auch jetzt noch. Man ging daher davon aus, daß die im Norden, also in Ostsee und Nordsee zu bildende Flotte Sache aller übrigen Staaten einschließlich Preußens zu sein habe. Als es im April 1849 mit der Centralgewalt factisch zu Ende ging, wurde das sogenannte Dreikönigsbündniß gegründet, welches vielleicht unter Modificationen zu Stande gekommen wäre, wenn Bayern und Württemberg sich hätten anschließen können. Auch bei diesem Bündnisse war die Gemeinsamkeit der beiden nordischen Flottenabtheilungen angenommen. Das Bündniß lösete sich auf und es kam das Project der Union, bei welchem Hannover in Opposition gegen Preußen trat und sich jedes preußischen Einflusses an der Nordsee zu erwehren suchte. Von diesem Augenblicke an war die Gemeinschaftlichkeit der beiden Flottenabtheilungen nicht mehr möglich und da Preußen gegen den Fortbestand der Flotte selbst wirkte, entstand das Bestreben, eine von Österreich und Preußen unabhängige Flotte zu gründen.

Jetzt aber hat durch den Vertrag vom 7. September die Stellung der Staaten sich wieder ganz geändert. Wird dieser Vertrag von den Ständen genehmigt, so tritt für alle commerziellen Fragen ein gemeinsames Interesse ein und da die Flotte das Mittel zum Schutze dieser selben Interessen ist, so möchte doch der Vorschlag Preußens nicht so ohne weiteres bei Seite gelegt werden, zumal derselbe ein Zurückgehen auf die ursprüngliche Absicht in sich schließt.

Ich denke mir, daß man die folgende Basis wohl in Erwägung ziehen könnte.

1. Das Project der drei Flottenabtheilungen unter dem Bunde bleibt ganz wie vorgeschlagen, Änderung mit einigen Schiffen vorbehältlich.
2. Die Ostsee- und Nordseeabtheilungen werden von Preußen und anderen deutschen Staaten unterhalten und beide unter eine gemeinschaftliche Verwaltung gestellt.
3. Mit den Staaten, die noch nicht zum vollen eingezahlt haben, findet ein runder Vergleich statt.

Ich vermag bei der Gemeinsamkeit der Flottenverwaltung kein größeres Bedenken zu erkennen als bei der Gemeinsamkeit im Handels- und Zollwesen und es will mir fast scheinen, als wenn darin ein Mittel zu politischer Einigung Deutschlands liege. Der Bund würde, ich wiederhole das, dabei ganz dieselbe Stellung haben müssen wie nach dem Dezembervorschlage und es würde nicht ausgeschlossen sein, daß die eine Spezialverwaltung ihren Sitz in der Nähe der Nordsee und die andere in der Nähe der Ostsee haben könnte, wenn dieses, obgleich ich nicht sehr dazu rathen könnte, etwa gewünscht werden sollte.

Schlüge man endlich den preußischen Vorschlag ab, so würde, wenn nichts anderes zu Stande käme, das Odium des Untergangs der Flotte auf uns gewälzt werden.

Gehören die größeren deutschen Staaten wie Baiern, Sachsen und Württemberg nebst den Seestaaten zur Flottensache, so dürfte der preußische Einfluß schwerlich ein überwiegender sein und wenn man sich der Hoffnung hingiebt, daß unter allen deutschen Staaten einschließlich Österreich handelspolitische Gemeinsamkeit eintreten wird, wenn auch nicht Zolleinheit, so reduciren sich die Bedenken bei einer preußischen Theilnahme an der Flotte auf ein sehr geringes Maaß.

Ich erlaube mir diese Betrachtungen, so wie der Augenblick sie mir eingiebt, Ihrer Erwägung anheimzustellen, denn es darf keine Chance der Erhaltung und Ausbildung einer deutschen Flotte unerwogen bleiben. Eine gemeinsame Verwaltung der beiden Flottenabtheilungen würde nebenbei in technischer Hinsicht noch den großen Vortheil haben, daß auch im Frieden sie sich untereinander ergänzen können, anderer Vortheile bei der weiteren Ausbildung zu geschweigen. Es müssen nur die Rechte der übrigen Staaten an der Theilnahme der Verwaltung und Disposition ungeschmälert erhalten bleiben.

Mit der aufrichtigsten Verehrung bleibe ich ganz der Ihrige   A. Duckwitz.

6.
Der hannoversche Bundestagsgesandte von Bothmer an den Ministerpräsidenten von Schele.
Frankfurt, 2. Januar 1852.

H. 40, Nr. 1f.

Eure Excellenz werden aus meinem Berichte von vorgestern die im Laufe der Woche bevorstehende Abreise des Herrn Bürgermeisters Brehmer entnommen haben. Derselbe hat jedoch, wie er bei meinem Besuche mir mittheilte, den ich nach Entwerfung des Berichts ihm machte, sich entschlossen, etwas länger zu verweilen, um annoch derjenigen Sitzung des Bundestags beiwohnen zu können, in welcher Seitens Preußens die vorbehaltene definitive Abstimmung erfolgen und so erst das eigentliche Resultat der Sitzung vom 31. v. M. sich zeigen wird. Herr Bürgermeister Brehmer äußerte ferner, wie er in Hannover auf seiner Rückreise verweilen und mit Eurer Excellenz Abrede nehmen, auch nach Bremen die nöthigen Mittheilungen machen werde, um zu veranlassen, daß von dort die nöthige Aeußerung erfolgen könne.

Bei einer mit dem Oldenburgschen Gesandten gleichfalls gestern gehabten Unterredung wies dieser auf die Neigung Preußens hin, bei der Nordsee=Flotille sich zu betheiligen. Man wolle aber dort ungern mit Anträgen hervortreten, weil man dadurch Mißtrauen zu erregen befürchte. Uebrigens sei, seines Wissens, diese Stimmung Preußens in Hannover bereits bekannt.

Daß dieses Letztere der Fall, scheint die bei hiesiger Gesandtschaft vorhandene, die Flotte betreffende Acte zu bestätigen; ich muß jedoch bemerken, daß bislang es mir nur möglich gewesen ist, eine sehr oberflächliche Kenntniß derselben mir zu erwerben.

Als ich bis hier in meinem Berichte gediehen war, erhalte ich einen Besuch des Königlich Preußischen Herrn Gesandten. Ueber die sehr lange mit demselben gehabte Unterredung lege ich hier das Nachstehende nieder, welches jedoch nur die Hauptpunkte wiederzugeben vermag.

Herr von Bismarck erwähnte zunächst, wie er angewiesen sei, bei der Euer Excellenz schon bekannten Abstimmung in der Flotten=Angelegenheit stehen zu bleiben. Sodann gedachte er einer mit Euer Excellenz in Hannover gehabten Unterredung betreffend eine zwischen Hannover und Preußen vorzunehmende Natural=Theilung der Flotte, sowie die seinerseits geschehene Hindeutung auf eine von Hannover, Preußen und Oldenburg gemeinschaftlich zu gründende Nordsee=Flotte. „Der erste Antrag, habe er damals geäußert, könne von Preußen nicht wohl ausgehen, es werde aber auf Hannoversche Anträge bereitwillig eingehen." Hinzugefügt wurde, daß Preußen im Falle einer solchen Vereinbarung Hannover bedeutende Zugeständnisse hinsichtlich des Commandos über die Flotte und dergleichen bereitwillig machen, so wie, daß es im Falle einer nur mit Hannover vorzunehmenden Theilung durchaus keinen Vortheil für sich suchen, vielmehr weit mehr Nachgiebigkeit, als dem Bunde gegenüber, zeigen werde.

Ich bemerke hier vorläufig, daß der Weg, wie eine nur zwischen zwei Staaten vorzunehmende Theilung ermöglicht werden solle, nicht näher bezeichnet wurde. Ich setze dies, als Euer Excellenz von Herrn von Bismarck bereits mitgetheilt, voraus.

Im ferneren Verlaufe seiner Aeußerungen wies Herr von Bismarck auf die Unmöglichkeit einer Vereinbarung Hannovers mit den mittleren und kleinen deutschen Binnenstaaten hin. Die vorhandenen Schwierigkeiten würden in Folge der neueren Richtung der Oesterreichischen Politik in hohem Grade vermehrt werden. Nach von Berlin erhaltenen, auf Mittheilungen der Russischen Gesandtschaft sich gründenden Nachrichten finde eine starke Annäherung zwischen Oesterreich und Frankreich statt. Frankreich habe Oesterreich seine Mitwirkung, Piemont gegenüber, zugesagt und man vermuthe, daß Mißverhältnisse, in welche Frankreich mit Belgien gerathen, durch Oesterreich, wenn nicht herbeigeführt, doch gefördert seien. In Folge dessen stehe eine ernsthafte Spannung zwischen Preußen und Oesterreich zu besorgen und Letzteres werde seinen ganzen Einfluß aufbieten, eine Verständigung der süddeutschen mit norddeutschen Staaten bezüglich einer Einrichtung zu verhindern, auf welche im Falle eines Bruchs Oesterreich jede Einwirkung zu verlieren besorgen müsse.

Zum Schluß sprach Herr von Bismarck den dringenden Wunsch aus, daß Hannover den Absichten Preußens, hinsichtlich seiner Ansprüche an der Flotte durch Schiffe, wenn auch nur vorläufig, abgefunden zu werden, nicht entgegenträte. Auf Befragen fügte er hinzu, Preußen werde diese Schiffe mit seiner Ostseeflotte vereinigen, falls nicht zwischen ihm und Hannover wegen einer Nordseeflotte eine Uebereinkunft einträte. Meine Bedenken, daß eine solche Auseinandersetzung zwischen dem Bunde und Preußen allein schwerlich Anklang finden und das Liquidationsgeschäft nur erschweren werde, suchte Herr von Bismarck dadurch zu entkräften, daß es ja nur um eine vorläufige Auseinandersetzung unter Beibehaltung aller Ansprüche sich handele, die auf den zu überweisenden Schiffen ruheten.

Dies das Wesentliche der bezeichneten Unterredung. Mit Rücksicht auf die dringende Eile, welche diese Berichterstattung hat, daneben auf meine sehr mangelhafte Kenntniß des Genaueren der Sachlage, wollen Euer Excellenz es entschuldigen, wenn ich eine gutachtliche Aeußerung nicht hinzufüge, sondern auf die dringende Bitte mich beschränke, mich, wo irgend thunlich, mit Instruktion, und zwar vor der voraussichtlich sehr bald stattfindenden Sitzung des Bundestages, versehen zu wollen. Diese Sitzung sollte, den früheren Aeußerungen des Herrn Präsidial-Gesandten zu Folge, schon in den ersten Tagen der nächsten Woche stattfinden und ich will nur wünschen, daß sie gegenwärtig nicht noch mehr beschleunigt werde.

7.
Der Bundestagsgesandte von Bismarck an den Ministerpräsidenten von Manteuffel.
Frankfurt a. M., 2. Januar 1852.

Geh. St.-A.

Der geehrten telegraphischen Weisung vom 31. v. Mts. entsprechend habe ich nunmehr dem Grafen Thun erklärt, daß es bei der in Abschrift gehorsamst beigefügten Abstimmung Preußens in der vorgestern stattgehabten Sitzung sein Bewenden behalte. In Folge dessen wurde sogleich der Militär-Ausschuß, welcher die Administration der Flotte leitet, zusammengerufen, um über die Anschaffung der augenblicklich nothwendigen Gelder zu berathen. Graf Thun erklärte, daß es unmöglich sei, auf die von Preußen gestellten Bedingungen einzugehen, indem dem Bunde nicht zugemuthet werden könne, sich von der Königl. Regierung im Widerspruch mit dem Beschluß vom 8. Juli weitere Bedingungen vorschreiben zu lassen, nachdem man die am 31. October gestellten erfüllt zu haben glaube. Herr von Nostitz schlug vor, eine Anleihe bei dem Bankhause Rothschild zu machen unter Verpfändung des Guthabens des Bundes bei Rothschild, während Herr von Münch der Ansicht war, die unvermeidlichen Ausgaben für die Flotte aus den bereitesten Beständen der Bundes-Casse zu bestreiten. Ich entgegnete, daß mir beide Auswege rechtlich unzulässig zu sein schienen und ich eventuell meine Allerhöchste Regierung gegen die Folgen derartiger Maßregeln verwahren müsse. Graf Thun war der Meinung, daß man vor weiterer Beschlußnahme noch einen schleunigen Versuch anstellen solle, ob die Königl. Hannoversche Regierung bereit sei, einstweilen einen Vorschuß zu machen, und biete sich die Gelegenheit hierüber zu verhandeln dadurch, daß Herr von Eisendecher, der Großherzogl. Oldenburgsche Gesandte, morgen früh nach Hannover abreise. Der Graf Thun wollte sofort durch diesen persönlich an Herrn von Schele schreiben, und da er die Sache mehr als einen von ihm privatim zu thuenden Schritt auffaßte, so hatte ich keine weitere Veranlassung, mich dagegen zu verwahren, als daß ich die Ansicht aussprach, die Königl. Regierung werde sich nicht für verpflichtet halten, irgend welchen Antheil an der ferneren Unterhaltung der Flotte oder an der Rückzahlung der darauf zu verwendenden Anleihen zu nehmen.

Außerdem habe ich heut Morgen versucht, mich mit Herrn von Bothmer darüber zu verständigen, daß eine Erfüllung der Forderungen Preußens möglich sei, ohne die Ausführung der Hannoverschen Pläne zu hindern, da weder Hannover noch Preußen auf sämmtliche vorhandene Schiffe Anspruch mache und der Königl. Regierung ein bestimmter Natural-Antheil der Flotte auf die Länge unter keinen Umständen werde vorenthalten werden können. Ich fand indessen Herrn von Bothmer, obschon mir seine Ansichten billiger und seine Stellung zu dieser Angelegenheit loyaler zu sein schien, als die vieler meiner Collegen, zu wenig informirt von der Sachlage, um ein Resultat unserer Besprechung erwarten zu dürfen, namentlich ist er entweder von seiner Regierung nicht vollständig instruirt oder diese mit sich selbst noch nicht im Klaren und will erst dann einen Entschluß fassen, wenn sie bestimmt weiß, welche Bereitwilligkeit zur Beisteuer dadurch bei den Binnenstaaten hervorgebracht werden wird, daß Hannover in der vorgestrigen

Sitzung sich bereit erklärt hat, ein Präcipuum an Flotten=
beiträgen zu übernehmen, dessen Höhe aber noch nicht ange=
deutet wurde. Soviel scheint mir nach Herrn von Bothmers
Aeußerungen gewiß, daß Hannover sich noch mit der Hoffnung
schmeichelt, die Binnenstaaten und namentlich die Königreiche
unter denselben würden sich durch jenes unbestimmte Anerbieten
eines Präcipuums bewegen lassen, nunmehr ungesäumt mit
der Zusicherung erheblicher Beisteuer zur Flotte hervorzu=
treten, eine Hoffnung, die ich für ganz unbegründet halte.
Als ich letzteres Herrn von Bothmer mittheilte, gab er zu
verstehen, daß dann Hannover voraussichtlich gar keine Schiffe
haben wolle und ebenfalls den Gedanken an Beibehaltung
einer Flotte aufgeben werde. Ich werde mich durch Herrn
von Eisendecher noch mit Herrn von Schele in ähnlicher Art
in Verbindung setzen, wie ich dies heut mündlich mit Herrn
von Bothmer gethan.

8.
Der Bundestagsgesandte von Bismarck
an den Ministerpräsidenten Freiherrn von Manteuffel.
Frankfurt a. M., 3. Januar 1852.

(Geh. St.=A.

Herr von Eisendecher ist heut Früh von hier nach Hannover
abgereist, woselbst er morgen Nachmittag eintreffen wird. Er
hat ein Schreiben des Grafen Thun mitgenommen, in welchem
dem Hannoverschen Ministerium die Nothwendigkeit entwickelt
wird, durch eine baare Vorschußleistung für die Marine eine
den Hannoverschen Interessen entsprechende Abwickelung der
Sache möglich zu erhalten. Ich habe meinerseits gestern Abend
dem Herrn von Eisendecher in der Absicht, daß er auf Herrn
von Schele in diesem Sinne wirken möge, die Auffassung
der Königl. Regierung und die Verträglichkeit derselben mit
den Bestrebungen Hannovers auseinandergesetzt, indem ich ihm
erklärte, daß unser Bestreben keineswegs dahin ginge, die Geld=

Verlegenheit des Bundes zur Erlangung unbilliger Vortheile zu benutzen, sondern nur eine Garantie gegen fernere Verschleppung zu haben. Wir verlangten nur einen mäßigen und auf die Dauer gar nicht rechtlich zu bestreitenden Theil der Schiffe, während Hannover für sich und Namens der übrigen Theilnehmer an einer etwaigen Nordseeflotte nicht einmal die nach Abzug eines Preußischen Antheils verbleibenden Schiffe sämmtlich in Anspruch nehmen werde. Es käme daher nur darauf an, sich mit Hannover darüber zu verständigen, welche einzelnen Schiffe für Preußen auszusondern seien, und liege es keineswegs in den Tendenzen der Königl. Regierung, bei einer derartigen Auseinandersetzung mit Hannover letzteres übervortheilen zu wollen, ich sei im Gegentheil von der Geneigtheit der Königl. Regierung überzeugt, bei etwaiger Concurrenz mit Hannover in Bezug auf einzelne Schiffe nur nach üblichen Rechtsnormen verfahren zu wollen, soweit eine Verständigung nicht zu erreichen sei. Herr von Eisendecher sprach dagegen seine Ueberzeugung aus, daß nach der am 27. stattgehabten Abstimmung auf der Nordsee eine Marine ohne Zutritt Preußens überhaupt nicht zu Stande kommen werde, in den Wünschen der Oldenburgischen Regierung habe es stets gelegen, daß die Nordseestaaten mit Preußen einen Verein zu einer norddeutschen Flotte bilden möchten. Seiner Meinung nach lasse sich ein derartiges Verhältniß unter gleichzeitiger Abhülfe der jetzigen Geldnoth dadurch anbahnen, daß Preußen mit Hannover gemeinschaftlich den brauchbaren Theil der Flotte in Pfandbesitz nähme, er wolle diese seine persönliche Meinung in Hannover geltend zu machen suchen und komme es nur darauf an, des Preußischen Einverständnisses für den Fall, daß Herr von Schele einen solchen Vorschlag annähme, gewiß zu sein. Ich glaubte, Herrn von Eisendecher versichern zu können, daß die Preußische Regierung einem derartigen Abkommen gewiß weniger abgeneigt sein werde, als die Hannoversche, und daß ich persönlich eine solche Wendung der Sache nur als eine erfreuliche betrachten könne. Ich würde in der Ausführung einer derartigen Verpfändung des brauch=

baren Theils der Flotte an Preußen und Hannover gemein=
schaftlich eine Bürgschaft für die Ausführung der beschlossenen
Auflösung der Flotte erblicken und mich in dem Fall bemühen,
die Königl. Regierung zur Zahlung der Vorschußrate vom
8. Juli zu disponiren. Sollte aber Hannover Bedenken haben,
in angedeutete vorläufige Gemeinschaft des Pfandbesitzes mit
Preußen zu treten, so möge Herr von Eisendecher versuchen,
die Hannoversche Regierung zur Einwilligung in die Aus=
lieferung von Schiffen an Preußen gegen Zahlung unsers
Vorschußantheils zu disponiren; eine Verständigung zwischen
Preußen und Hannover darüber, welche einzelnen Schiffe an
ersteres zu überweisen wären, sei noch nicht versucht und gehöre
doch nicht zu den unmöglichen Dingen. Herr von Eisendecher
versprach, in diesem Sinne in Hannover zu verhandeln und
mir ungesäumt Nachricht hierüber auf telegraphischem Wege
zu geben. Herr von Eisendecher kann frühestens am Montag
den 5. mit Herrn von Schele in Verbindung treten und vor
Dienstag wird schwerlich eine Nachricht von dem, was Hannover
zu dem oben gedachten Verlangen des Grafen Thun oder zu
dem von mir specificirten Vorschlage des Herrn von Eisendecher
sagt, hier eintreffen können. Demgemäß wird nicht eher als
den Mittwoch eine Bundestags=Sitzung stattfinden. Sollten
die Bemühungen des Herrn von Eisendecher in beiden Rich=
tungen fruchtlos bleiben, so spricht die größte Wahrscheinlich=
keit dafür, daß der Bundestag ungeachtet der Verwahrung
Preußens zu einer Anleihe, mit oder ohne Verpfändung von
Schiffen, bei einem Bankhause schreiten werde, da die Gereizt=
heit gegen uns wegen fortgesetzter Verweigerung der Ein=
zahlung, augenblicklich noch so stark ist, daß ich nicht glaube,
man werde sich den von uns gestellten Bedingungen ohne
weiteres unterwerfen. Unter diesen Umständen schien es mir,
so gern ich der Präsidentenwahl in der Kammer beigewohnt
hätte, nicht thunlich, Frankfurt jetzt zu verlassen. Graf Thun
erklärte sich im Fall meiner Abreise zur Annahme der Sub=
stitution nur mit der Modalität für bereit, daß er in allen
Abstimmungen für die Flotte Preußen das Protokoll offen

halten werde. In einem solchen Falle würde meiner Ansicht nach die Majorität jeden ihr convenirenden Beschluß über die Beschaffung von Geld für die Flotte fassen und ausführen und sich dem nachträglich zu Protokoll gegebenen Widerspruche Preußens gegenüber auf die zwingende Gewalt der Umstände und der Geldnoth berufen. Jedenfalls geht meine unvorgreifliche Ansicht dahin, daß ich das Resultat der bei Hannover gethanen Schritte hier abzuwarten haben würde, um die dann stattfindende Sachlage nach Möglichkeit weiter zu benutzen.

Ew. Excellenz erlaube ich mir gehorsamst anheimzustellen, ob nicht von Berlin aus direkt und schleunig mit Hannover zu verhandeln sein möchte, falls Ew. Excellenz überhaupt geneigt sind, auf die zwischen Herrn von Eisendecher und mir besprochenen Pläne insoweit einzugehen, wie ich mir oben anzudeuten erlaubt habe.

9.
Legationsrath Wentzel
an den Bundestagsgesandten von Bismarck in Berlin.
Frankfurt a. M., 10. Januar 1852.
(Geh. St.-A.)

. . . .

Es freut mich, daß wir mit dem Proteste bei Rothschild vorgehen. Man ist im allgemeinen darauf gefaßt und sagt, Preußen könne nicht anders. Gestern Abend ging ich noch zu Thun und sagte, daß ich beauftragt worden wäre, mit Rothschild zu sprechen, daß wir, wie immer, offen handelten, indem wir es ihm mittheilten. Ich setzte hinzu, er habe wohl selbst nichts anderes erwartet, die Bundesversammlung habe keine Rücksicht auf unsere Proteste genommen, sondern Beschlüsse dagegen gefaßt, nun müßten wir unseren Protesten doch wohl weitere Folge geben. Thun fand dies ganz natür=

lich, setzte indessen hinzu, Rothschild müsse auf seine Verfügung zahlen. Nun hat er sich aber doch geirrt, Rothschild hat heute wirklich die Zahlung — unter Vorschützen des Feiertages — verweigert. Thun ist wüthend über den verfluchten Juden, der ihm und der Majorität der Bundesregierungen nicht vertraue und meint, der Kerl soll die österreichische Regierung fühlen (das wird einem Geldmann nicht schwer)! Rothschild soll heute halbtodt sein, er weinert und jammert trotz Schabbes. Mir klingt noch sein: „ich bitt Se, mache Se mich nich unglecklich" in den Ohren.

10.
Legationsrath Wentzel
an den Bundestagsgesandten von Bismarck in Berlin.
Frankfurt a. M., 11. Januar 1852.

(Geh. St.-A.

Ew. Hochwohlgeboren haben, wenn Sie diese Zeilen erhalten, bereits den Protest erhalten, den ich Herrn von Rothschild übergeben habe.

Da ich gestern Abend den Grafen Thun nicht mehr habe treffen können, habe ich mir heute eine Stunde zu einer Unterredung bestimmen lassen. Ich fand ihn um ein Uhr, wo ich vorkam, in größter Aufregung. Rothschild, Nell und Nostitz verließen ihn eben, letztere beide durch sein Ankleidezimmer, damit ich sie nicht sehen sollte. Er fing damit an, den Schritt, den Preußen gethan, als eine Beleidigung der ganzen Bundes-Versammlung hinzustellen, Preußen werfe einen Juden zum Richter auf und lehne sich gegen den Bund auf. Auf einen Versuch, zu widerlegen, bat Graf Thun mich, ihn erst ausreden zu lassen, und fuhr fort, nachdem er erklärt, wir wollten nicht als Vertreter unserer Regierung, sondern als Privatleute mit einander sprechen, sich über unsere Absichten auszulassen. Wir wollten dominiren und das werde Österreich nie zugeben, ohne uns solle nichts zu Stande kommen, die Bundes-Versammlung solle nach unserem Willen tanzen, wir verletzten die Bundesgesetze und wollten Bundes-beschlüsse nicht anerkennen, wir bestritten die Kompetenz der Bundes-Versammlung, wollten aber nicht den Streit durch die competente Instanz, d. h. durch die Bundes-Versammlung, entscheiden lassen, sondern würfen uns selbst zum Richter auf. Vor 1848 hätten wir die Majorität gehabt, damals hätten wir uns als die Vertreter einer deutschen Politik hingestellt, die jetzige Politik Österreichs sei eine richtigere als die Metternichsche, jetzt vertrete Österreich die deutschen Interessen und passe seine innere Verwaltung, alle seine Institutionen den deutschen Bedürfnissen an. Schon bei Gelegenheit der Veröffentlichung der Bundestags-Verhandlungen hätten Ew. Hochwohlgeboren die Bundes-Versammlung öffentlich bloßgestellt, er, Graf Thun, habe damals, wie in anderen Fällen, das gute Einvernehmen mit Preußen herzustellen gesucht, er habe, besonders in der Flottenangelegenheit, wiederholt nachgegeben und den Wünschen Preußens Geltung zu verschaffen gesucht. Das von Ew. Hochwohlgeboren ausgesprochene Prinzip, daß kein Beschluß zu Stande kommen könne, wo Preußen oder Österreich in der Minorität sei, sei unrichtig, man könne höchstens sagen, wenn Preußen und Österreich in der Minorität seien. Und hätten wir solche Ansicht, so möchten wir es nicht aussprechen, sondern danach wirken, wie er es thue, indem er vor jeder Sitzung persönlich auf die Gesandten zu wirken suche (verba ipsissima). Preußen ignorire den Bundestag, es halte ein Kammermitglied für wichtiger als seinen Bundestagsgesandten, den es jetzt, wo die wichtigsten Verhandlungen schwebten, abrufe, und man wisse nicht einmal, wann er wieder komme. Ihm muthe man zu, Preußen zu vertreten und Erklärungen abzugeben, die er für total falsch halte, überdies compromittire Preußen den ganzen Bund und er sei der Substitut des preußischen Gesandten. Hätte seine Regierung von ihm verlangt, daß er bei Rothschild Protest gegen einen Bundesbeschluß einlege, er hätte es gethan, aber gleich darauf seinen Abschied verlangt.

Als Graf Thun geendigt, setzte ich ihm zunächst unsere Auffassung der Flottensache auseinander, wies die eigennützigen Absichten Preußens zurück und bestritt, daß wir jetzt weniger als vor 1848 die Interessen Deutschlands verträten. Die Veröffentlichungsangelegenheit ließ ich nicht unberührt und wies darauf hin, daß wir die größten Opfer gebracht hätten, um die Flottensache in gütlichem Wege zu erledigen. Man habe uns selbstsüchtige Zwecke vorwerfen wollen, wir hätten mit neuen Opfern geantwortet. Ew. Hochwohlgeboren hätten gewarnt, protestirt, man habe nicht gehört, man sei mit der Majorität überall gegen uns durchgegangen. Wir könnten die Fassung der Majoritätsbeschlüsse nicht verhindern, aber wir würden die Ausführung derselben erwarten; wo man denn überhaupt mit der Majorität regieren könne? Graf Thun wünsche Ew. Hochwohlgeboren, damit Jemand die preußischen Ansichten in den Ausschüssen und in der Bundes-Versammlung vertheidige, Ew. Hochwohlgeboren hätten dies gethan, man habe Ihre Stimme nicht gehört, man habe stets gegen die Anträge Preußens Mißtrauen gehabt und dieselben abgelehnt, was sollten also Ew. Hochwohlgeboren, die Regierung ziehe es vor, sich Ihres Rathes und Ihrer Thätigkeit in Berlin zu bedienen.

Das sind die Worte ungefähr, die Graf Thun gesprochen und die ich erwidert. Ich fügte sodann hinzu: Er scheine die Substitution Preußens zurückzuweisen, ob ich dies als Antrag von ihm meiner Regierung melden solle. Er erklärte, er würde die Substitution als Graf Thun schon lange Preußen zu Füßen gelegt haben, als Gesandter der kaiserlich österreichischen Regierung könne er dies nicht und erwarte, was Preußen thun werde, wir möchten uns den Gesandten von Holstein, Niederlande oder Sachsen-Weimar substituiren, denn das seien allein diejenigen, die mit uns denselben Weg gingen, alle anderen hätten wir gegen uns. Ich fragte nochmals, ob ich Namens seiner einen Antrag stellen solle, daß er der Substitution enthoben werde oder ob ich das nur als seinen Wunsch melden solle? Er erklärte, es sei nur sein persön=

licher Wunsch und er überlasse es der Königlichen Regierung, was sie thun wolle. Bei dieser Gelegenheit kam er darauf zurück, daß Preußen und Österreich zwei Gesandte haben müßten, da keine Regierung unvertreten sein dürfe, man habe ja Herrn von Canitz zum zweiten Gesandten ernennen wollen, warum sei es nicht geschehen. Wir kamen hierbei dann näher auf das Präsidium und das Recht zu zwei Gesandten zu sprechen und ich ließ mich ganz in Ihrem Sinne aus.

Was die Stimmung der Gesandten im allgemeinen betrifft, so hatte man zwar unsern Protest erwartet, man ist aber doch jetzt ganz verblüfft und schreit über Bundesbruch. Ich erkläre allen Gesandten, wie ich es Thun gesagt, daß wir unsere Proteste nicht abgegeben, um in den Bundestags-Protokollen vergraben zu werden, die Bundes-Versammlung hätte voraussehen müssen, daß wir unseren Protesten weitere Folge geben würden und es sei zu erwarten, daß dies mit allen Consequenzen geschehen werde. Die Einbehaltung der ausgeschriebenen Beiträge ist Thun schon gemeldet. — So groß die Folgen unseres Schrittes sein können, so ist doch zu erwägen, daß Österreich uns mit seiner Majorität regieren und uns bemüthigen will. Wir können uns rein negirend in der Bundes-Versammlung verhalten, aber jetzt müssen wir doch den uns gemachten Zumuthungen gegenüber handeln. Es kann mir nicht in den Sinn kommen, Rath ertheilen zu wollen, aber mir scheint es doch nun das einzig Mögliche, wir protestiren fort und fort und leisten keine Zahlungen mehr. Das ist das beste Mittel. Die Bundeskasse ist in größter Noth, Thun und Nostiz schlafen keine Nacht, weil sie nicht wissen, woher das Geld nehmen. Wir dürfen uns nicht wie einen deutschen Bundesstaaten (!) behandeln lassen und das will man.

11.
Legationsrath Wentzel
an den Bundestagsgesandten von Bismarck in Berlin.
Frankfurt a. M., 12. Januar 1852.

Geh. St.-A.

Euer Hochwohlgeboren haben mir die angenehme Nachricht gegeben, daß man in Berlin an Nachgeben nicht denkt. Ich halte dies für das Richtigste. Oesterreichs Pläne in Bezug auf Deutschland sind unverkennbar, es glaubt dieselbe durch die Majorität der Bundes-Versammlung durchsetzen zu können. Seine halboffiziellen Blätter sagen nur zu klar, was es will. Was heißt es auch anders, wenn Graf Thun sagt, Oesterreich wolle jetzt eine rein deutsche Politik verfolgen und passe seine Institutionen den deutschen Interessen an, als daß Oesterreich durch Deutschland über Deutschland regieren will? Es ist dies die Politik des beabsichtigten Gesammteintritts, den es nur hinausgeschoben hat. Geben wir jetzt nach und halten wir die Majorität des Bundestages für gewichtiger als unsere Macht, so werden die Zumuthungen der Bundes-Versammlung immer steigen. Vor 1848 gaben wir Oesterreich aus gutem Willen nach, jetzt sollen wir es aus Zwang thun. Ohne uns kann einmal in Deutschland nichts geschehen, wir haben Deutschland nicht zu suchen, es muß uns suchen. Man sprach so viel von der Ehrlichkeit Oesterreichs in der Handelspolitik; es wolle den Zollverein nicht sprengen und gleich der erste Paragraph seines neuen Entwurfs heißt, der Vertrag werde zwischen Oesterreich und den in dessen Zollverband aufgenommenen Staaten einer- und Preußen sammt den mit ihm zum deutschen Zollverein geeinten Bundesstaaten andererseits abgeschlossen. Unsere Stellung wird sich danach richten, ob die Hannoverschen Kammern den Handels-Vertrag genehmigen? Kein Opfer möchte zu groß sein, um dies zu erreichen. In den Oesterreichischen Kreisen spricht man hier mit großer Zuversicht davon, er werde nicht ratificirt werden. Rudloff schreibt mir indessen das Gegentheil.

Wenn Oesterreich mit Preußen gehen will, warum hat es den Grafen Thun hierher geschickt, der im Preußenhaß stets am weitesten gegangen ist und der sein Programm: „Rückkehr Preußens auf den Zustand vor 1740" nicht zurückhält. Ich fand ihn übrigens viel ruhiger. Da er noch gestern eine Bundestags-Sitzung zu heute angesetzt hat, ohne mir etwas davon zu sagen, so hätte ich dieselbe ignorirt. Ich erhielt indessen Ew. Hochwohlgeboren telegraphische Depesche[1]) um 12 Uhr, fuhr daher erst zu Bothmer, den ich erst eben verlassen hatte, und sodann zu Thun. Ich las ihm den ersten Passus der Depesche, soweit sie ihm mitzutheilen war, vor. Er fragte, ob er eine solche Erklärung abgeben oder was er damit machen solle? Ich erwiderte, ich sähe die Mittheilung als Instruction für ihn als Preußischen Vertreter für den Fall an, daß die Flottensache in der Bundes-Versammlung oder im Ausschuß zur Sprache komme. Auf seine Bitte, die Depesche zurückzuhalten und die ihm gemachte Mittheilung als noch nicht geschehen anzunehmen, da die Depesche eine halbe Stunde später angekommen sein könnte und er dann in der Sitzung gewesen wäre, erklärte ich, ich hätte mich verpflichtet gehalten, ihm sofort die Depesche mitzutheilen, es komme mir darauf an, daß er die Instruction vor der Sitzung in Händen habe, und ich würde ihn haben

---

[1]) Telegramm Bismarcks an Wentzel, Berlin, 12. Januar 1852: So lange die Flotte als Bundeseigenthum nicht anerkannt ist, werden wir Verwendungen von Bundesgeldern auf und von uns nicht gebilligte Dispositionen über die Flotte als rechtmäßig nicht erfolgt betrachten und behandeln. Für widerrechtlich uns zugefügten Schaden haften uns alle von uns für Bundeskassen zu erwartende Zahlungen. Sie wollen dies dem Grafen Thun und gelegentlich anderen Gesandten mittheilen. Ein Protest nach meinem gestrigen Schreiben ist erst bei weiteren jenseitigen Beschlüssen in der Bundes-Versammlung zu formuliren. Will Graf Thun die Substitution nicht behalten, so fragen Sie Herrn von Bothmer vertraulich, ob er sie übernehmen würde. Von Nachgeben ist hier bei Niemand die Rede.

aus dieser herausrufen lassen, wenn sie während derselben angekommen wäre. Hiernach glaubte ich, unser Protest würde hauptsächlich Gegenstand der Sitzung sein, wenngleich Thun sagte, er wolle nur einige laufende Sachen erledigen. Thun hat offenbar wegen des Protestes die Sitzung angesetzt und Instructionen aus Wien vorher erwartet. Diese hat er heute telegraphisch erhalten und sie sollen, wie man glaubt, zur Ruhe und Versöhnlichkeit mit Preußen ermahnen. Die Sitzung war denn auch wirklich ohne Bedeutung.

Thun war heute gleich sehr freundlich — wir sprachen uns ganz freundschaftlich über den Rechtspunkt aus und waren überall wegen der Legitimation des Bundestages, je nachdem die Flotte Bundeseigenthum ist oder nicht, einig, nur behauptete Thun, wäre sie nicht Bundeseigenthum, so sei doch dem Bundestage die Verwaltung übertragen und jeder Staat habe Geld in der Flotte. Ich sagte ihm, daß, wenn man die Verwaltung in den Händen des Bundestages gelassen habe, so könnten auf die Verwaltung doch nicht die Bundesgesetze Anwendung finden, namentlich müßte überall eine Vereinbarung erfolgen, vor Allem seien aber nicht alle Staaten Eigenthümer der Substanz, sondern mehrere nur Gläubiger, welche nach allgemeinen Rechtsgrundsätzen, so lange die Eigenthümer nicht insolvent seien, nicht mitzureden hätten. Wiederholt sagte er: aber warum haben Sie die Sache nur an einen Juden gebracht? Ich erwiderte, wir wären ja dem Bundestage nur gefolgt, der sich zuerst an einen Juden gewandt hätte; habe sich die Bundes-Versammlung nicht gescheut, Geld von einem Juden zu borgen, so hätten wir uns nicht zu scheuen brauchen, gleichfalls mit einem Juden zu verhandeln. An wen, fragte Thun weiter, sollten wir uns denn sonst wenden; Schele, an den ich persönlich geschrieben, hatte es trotz der ihm angebotenen Verpfändung abgelehnt? Ich sagte ihm darauf, daß mir nicht bekannt wäre, daß man von meiner oder einer anderen Regierung ein Darlehn gegen Pfand erbeten habe, ich wisse ferner nicht, ob wir etwas gegeben hätten, man hätte aber doch fragen können, da keine Regierung ihr Geld aufbringen werde. Kurz und gut, die Unterhaltung war ruhig und ohne jede Erbitterung. Von der Substitution Preußens sprach er kein Wort. Da Thun sehr neugierig schien, zu wissen, welche anderweite Instruction ich erhalten hätte, sagte ich ihm ganz vertraulich, es wäre mir geschrieben: „Preußen ist in seinem guten Recht, hiernach haben Sie zu handeln!" Noch bemerkte er, wir hätten die Sache bis auf die Spitze getrieben, die Bundes-Versammlung könne nicht zurück, ohne sich zu compromittiren, worauf ich entgegnete, daß Letztere die Sache auf die Spitze getrieben und uns zu dem Proteste gezwungen hätte, den wir hätten abgeben müssen, wenn wir uns nicht hätten compromittiren wollen.

Bothmer theilte mir vertraulich mit, welches Mißtrauen bei den einzelnen Gesandten gegen Preußen herrsche und wie man unter der Hand verbreite, daß Preußen nur die Flotte haben wolle; er beklage dies und suche ihm entgegenzuarbeiten. Ich erzählte ihm, wie dies Mißtrauen geschürt würde und wie man systematisch Preußen überall zu verdächtigen suche, wir verschmähten die Mittel, deren sich Oesterreich bediene, würden aber unsere Stellung zum Bundestage davon abhängen lassen, welche Stellung dieser uns gegenüber einnehme. Er ist bereit, eventuell die Substitution zu übernehmen, wonach ich ganz vertraulich fragte. Ich bleibe mit ihm in stetem Verkehr und finde, daß er mir mit Vertrauen entgegenkommt. Er will darauf bringen, daß zunächst entschieden werde, ob die Flotte Bundeseigenthum sei oder nicht? Auf seine Frage, wofür wir stimmen würden, sagte ich, dies noch nicht zu wissen, wir würden uns einem Beschlusse darüber fügen. Wir haben, wie Ew. Hochwohlgeboren sich erinnern werden, oft das pro und contra besprochen, sind aber immer zu der Ueberzeugung gekommen, es sei für uns das Vortheilhafteste, wenn die Flotte Bundeseigenthum ist. Vielleicht entscheidet man sich darüber jetzt in Berlin.

Am Sonnabend war Veröffentlichungs-Ausschuß. Thun hatte zu einer außerordentlichen Sitzung eingeladen und trug darauf an, man möge eine energische Erklärung gegen Ihre

Verdächtigungen veröffentlichen. Er tobte wieder über Ihre Verwahrung. Fritsch sprach sich dagegen aus und trug darauf an, die Sache ruhen zu lassen, was nach langem Disput geschah.

12.
Legationsrath Wentzel
an den Bundestagsgesandten von Bismarck in Berlin.
Frankfurt a. M., 12. Januar 1852.

(Geh. St.-A.

Ew. Hochwohlgeboren geneigtem Schreiben vom 10. d. Mts. zufolge habe ich mit Graf Thun heute wieder ein ernstes Wort gesprochen und ihm gesagt, wie man sich in Berlin über das Vorgehen der Bundesversammlung gegen alle Proteste Preußens gewundert habe und wie man entschlossen sei, sein gutes Recht Schritt für Schritt zu verfolgen. Man bedauere, daß die Bundesversammlung an ein Banquierhaus gegangen sei, um Geld aufzunehmen, und daß sie in ihrer Willkühr sich nicht gescheut habe, gegen alles Recht Bundesgelder zu verpfänden. Ich deutete natürlich an, daß von einem Nachgeben nicht die Rede sei.

Wiederholt sagte er, hätte Preußen die Sache nur nicht auf die Spitze getrieben und der Bundesversammlung den Rückzug abgeschnitten, worauf ich immer wieder mit der Behauptung auftrat, daß die Bundesversammlung die Sache auf die Spitze getrieben und uns gezwungen habe, ihr auch zu Rothschild zu folgen, wenn wir nicht hätten inconsequent sein wollen.

Unsere Unterredung war eine ganz freundschaftliche und von der Aufregung und Wuth keine Spur mehr. Der Rechtspunkt wurde wieder breit getreten und wir sprachen lange über das Durchgehen mit der Majorität. Ich bemühte mich, ihm auseinanderzusetzen, wie richtig Ew. Hochwohlgeboren hätten, daß nichts durchgehen dürfe, wo Preußen oder Österreich in der Minorität wären. Er findet nämlich eine solche

Ansicht schrecklich, wenngleich er zugiebt, daß Preußen und Österreich sich immer erst unter sich verständigen müßten und nie eine Differenz zwischen ihnen an den Bundestag bringen dürften. Wie ist das aber jetzt möglich, wo Entscheidungen oft so schnell getroffen werden müßten, fragte er. Ich sagte ihm darauf, daß in solchen Fällen die Gesandten von Preußen und Österreich sich verständigen müßten, aber nicht mit gerade entgegengesetzten Ansichten vor die Bundesversammlung zu treten hätten. Er meint dies immer versucht zu haben, aber die Forderungen Preußens hinsichtlich der Flotte seien zu übertrieben gewesen und dabei hätten wir nicht einmal bestimmte Anträge gestellt.

Unsere ganze Unterhaltung war freundschaftlicher Art. Daß man nach Wien ein entschiedenes Wort geschrieben, ist gewiß das beste. Gestern Abend waren wir bei St. Georges. Thun wollte dort gegen mich auffallend freundlich sein, offenbar, um den Leuten zu zeigen, daß keine Differenz zwischen uns obwaltet.

Die uns günstig Gesinnten versichern mich, daß Österreich seine Verbündeten immer mehr gegen uns aufzubringen sucht. Nostitz und Schrenck peroriren, wo sie Zuhörer finden, daß wir bundesbrüchig sind. Holzhausen, der Geduldete, tanzt nach Thuns Pfeife. Bei der Abstimmung über die Auflösung der Flotte am 7. flüsterte ihm Thun etwas ins Ohr und der treue Diener stimmte gegen die Auflösung. Am auffallendsten ist es mit Marschall. Von ihm ging der Antrag auf öffentliche Zurückweisung unseres Protestes in der Veröffentlichungs-Sache am letzten Sonnabend in der Ausschußsitzung aus und Thun unterstützte nur den Antrag und kam mehrmals darauf zurück. Da ich dies gestern Abend in Gesellschaft erst näher erfuhr, sprach ich mit Marschall dort und setzte ihm das Unrecht der Bundesversammlung auseinander. Er muß Instruction von Carlsruhe haben. Er soll sich wahrscheinlich Herrn von Nostitz in Bezug auf Dankbarkeit zum Muster nehmen. Wir werden gut thun, Baden seine Politik fühlen zu lassen.

13.
Erlaß des Ministerpräsidenten von Manteuffel an den preußischen Gesandten Grafen Arnim in Wien.
Berlin, 31. Januar 1852.

(Geh. St.-A.

Freiherr v. Prokesch hat die Gefälligkeit gehabt, mir die abschriftlich beifolgende Depesche des Fürsten Schwarzenberg vom 23. d. M. vertraulich mitzutheilen. Ew. pp. finden darin die Erwiderung des Wiener Cabinets auf unsere Beschwerde über Oesterreichs Haltung in der Flotten-Frage, welche Sie in Folge meines Erlasses vom 15. d. M. zum Gegenstande der Besprechung mit dem hiesigen Herrn Ministerpräsidenten gemacht hätten.

Zunächst wird uns mit der Bemerkung entgegengetreten, daß die Regel des Verhaltens, welches Oesterreich in dieser Angelegenheit beobachte, uns nicht nur vollständig bekannt, sondern sogar ausdrücklich mit uns verabredet oder doch von uns gebilligt worden sei.

Dann freilich hätten wir keinen Anlaß zur Klage, wir selbst müßten unsere Ansichten gewechselt haben.

Sehen wir jedoch zurück in die frühere Correspondenz mit dem Wiener Hofe; sehen wir namentlich auf die Note des Freiherrn v. Prokesch vom 5. Juli v. J., auf die derselben beigefügte Instruction für den Grafen Thun vom 30. Juni v. J., sehen wir auf die ausführliche Depesche des Fürsten Schwarzenberg vom 27. Juli v. J und auf die, mit derselben uns mitgetheilte Instruction für den Kaiserl. Bundestags-Gesandten vom 16. desselben Monats: — wir glauben darin nicht nur eine Rechtfertigung für uns, sondern auch Oesterreichs ausdrückliche Anerkennung für Grundsätze zu finden, denen man jetzt in Wien keine Folge geben will.

Zwei Punkte waren es, über die in meinem Erlaß vom 15. d. M. Beschwerde geführt wurde:

1. daß Oesterreich einerseits das Eigenthum des Bundes an der Flotte und die daraus hervorgehenden Verpflichtungen sämmtlicher Bundesglieder bestreitet, andererseits aber, ohne daß bisher irgend etwas geschehen wäre, um diesen streitigen Punkt zur Entscheidung zu bringen, nichtsdestoweniger gleichzeitig dem Bunde das Recht vindicirt, völlig unbeschränkt über die Flotte zu disponiren;
2. klagten wir über das Bestreben, uns durch einen Majoritäts-Beschluß zu der Betheiligung an der Umlage vom 8. Juli v. J. zu verpflichten.

Zu 1. Was den ersten Punkt, das Rechtsverhältniß der Flotte und die Disposition über dieselbe anbelangt, so haben wir schon seit der Zeit, in welcher General v. Rochow das bekannte Separat-Votum abgab, behauptet, daß die Flotte Eigenthum des Bundes geworden sei.

Die Consequenz hieraus für Oesterreich hat Fürst Schwarzenberg in dem Erlaß an den Grafen Thun vom 16. Juli v. J. selbst gezogen. „Aus dieser Ansicht" (heißt es dort) „— wäre sie im Rechte wirklich begründet, — müßte gegen uns die unabweisliche Folgerung gezogen werden, daß wir zur Nachzahlung unseres Antheils an der zur Gründung der Flotte ausgeschriebenen Matricular-Umlage verpflichtet wären, da unsere Betheiligung an einem Eigenthum der Gesammtheit natürlich nicht eine bloß active sein könnte."

Während Oesterreich jedoch diese Eigenschaft der Flotte als Bundes-Eigenthum in Abrede stellte, waren wir mit demselben darüber einverstanden, daß sie jedenfalls für die Zukunft in jener Eigenschaft nicht fortbestehen könne.

Daß dann aber ihre bisherige Organisation aufgehoben, daß sie aufgelöset werden mußte, folgte hieraus von selbst, wenngleich damit nicht gesagt war, daß ihr Material für die Interessen Deutschlands verloren gehen sollte.

Es schien uns wünschenswerth, zu einer Verständigung zu gelangen, wonach die Nordsee-Staaten und die sonst bei der Sache interessirten Bundes-Regierungen die Flotte übernommen hätten. Aber wir mußten es auch für nothwendig erachten, daß, wenn dergleichen Unterhandlungen nicht binnen kürzester Frist und spätestens bis zum 1. September v. J. zum Ziel zu bringen wären, alsdann zu völliger Auflösung geschritten werde.

Daß, wenn ein solches Arrangement zu treffen war, dabei einstweilen die Frage in Betreff des für die Vergangenheit bestehenden Rechtsverhältnisses unerörtert bleiben konnte, leuchtet ein.

So hat die Kaiserliche Regierung in der That unsere Ansicht früher aufgefaßt und sie hat dieselbe getheilt.

„Auch die Kaiserliche Regierung" — hieß es schon in der Note des Freiherrn v. Prokesch vom 5. Juli v. J. — „ist ihrerseits sicherlich nicht geneigt, einer abermaligen Verlängerung des gegenwärtigen unhaltbaren Zustandes der Flotten-Angelegenheit auf weitere sechs Monate Vorschub zu leisten. Sie wird vielmehr darauf bringen, daß die Unterhaltung der Nordsee-Flotille aus allgemeinen Bundes-Mitteln sobald als immer möglich aufhöre."

„Unsere Ansicht" — sagt Fürst Schwarzenberg in der Weisung an den Grafen Thun vom 16. Juli pr., — „nähert sich mehr den Anträgen des Preußischen Gutachtens, die im Wesentlichen darauf hinausgehen, den Nordsee-Ufer-Staaten und den Binnenstaaten außer Oesterreich und Preußen die Uebernahme der Flotille unter irgend welchen Bedingungen, mit Vorbehalt der darauf haftenden Rechtsansprüche, anzubieten, und wenn die Unterhandlungen hierüber nicht in kürzester Frist und jedenfalls bis zum 1. September d. J. zu einem Ergebniß führen sollten, zur Auflösung der Nordsee-Flotille zu schreiten."

Demgemäß wurden die von Preußen und Oesterreich concertirten Anträge bei dem Bunde gestellt.

Seitdem hat jedoch Oesterreich diese Basis völlig verlassen.

Während es früher bevorwortet hatte, daß die bestehende Unklarheit der Verhältnisse endlich aufhören müsse und daß

die in Betreff des Nordsee-Geschwaders zu ergreifenden Maß=
regeln nicht von Erörterung der Pläne zu künftiger Organi=
sation eines Bundesflotten-Wesens abhängig gemacht werden
könnten, trat das Kaiserl. Cabinet in der Depesche an den
Freiherrn v. Prokesch vom 19. September plötzlich mit ent=
gegengesetzten Vorschlägen auf, und obgleich wir uns in unseren
Erwiderungen vom 1. und vom 20. October v. J. entschieden
gegen die Verbindung der beiderlei Fragen erklärt haben, so
hat Oesterreich hierbei nicht nur beharrt, sondern in Folge
dessen auch die Befugniß der Bundesversammlung behauptet,
im Interesse der Forderung eines Nordsee=Flotten=Vereins,
ohne vorgängige Feststellung des Rechtsverhältnisses, Bestim=
mungen über die Substanz der Flotte zu treffen, wie sie aus
den letzten Beschlüssen des Bundestages hervorgegangen sind.

Daß Oesterreich hienach von den früher aufgestellten An=
sichten nicht abgegangen, daß es bei der mit uns getroffenen
Abrede geblieben sei, möchte sich ebenso wenig bei diesem
Punkte behaupten lassen, als

zu 2. in Betreff der speciellen Frage wegen der Umlage
vom 8. Juli v. J.

Wir hatten gegen die von dem Ausschusse vorgeschlagene
Umlage sofort protestirt und vielmehr verlangt, daß die Rück=
stände der älteren Matricular=Umlage von 6 Millionen Thalern
eingezogen und daraus die laufenden Bedürfnisse der Flotte
bestritten werden möchten.

Hiezu erklärte früher v. Prokesch in der Note vom
5. Juli v. Js., also wenige Tage vor Fassung des Beschlusses,
im Namen seiner Regierung:

„Sie kann gegen die Motive der von Preußen ab=
„gegebenen Erklärung keinen im Rechte gegründeten
„Einwand erheben;"
und in der zugleich mitgetheilten Instruction für den Grafen
Thun vom 30. Juni sagt Fürst Schwarzenberg:

„Für die Kaiserliche Regierung kann es sich in dieser
„Frage nur um ganz freiwillige Vorschüsse han=
„deln, zu deren Leistung ihr überdies weniger als irgend

„einer anderen Bundes-Regierung eine rechtliche oder auch „moralische Verpflichtung obliegt."
Und weiterhin:
„Wir können daher auch den Preußischen Antrag —
„an und für sich nur als ganz billig und folgerichtig
„anerkennen."
Nur aus Rücksichten der Convenienz glaubte Oesterreich für den Antrag des Ausschusses stimmen zu müssen und uns eine gleiche Entschließung empfehlen zu sollen.

Das läßt sich also nicht in Abrede stellen, daß Oesterreich selbst früher die Frage aus einem andern rechtlichen Gesichtspunkte aufgefaßt hat, als gegenwärtig.

Indessen können wir nicht gemeint sein, auf die consequente Festhaltung der früher ausgesprochenen Ansichten das alleinige und entscheidende Gewicht zu legen, wenn anders die von dem Kaiserlichen Hofe jetzt verfolgten Ansichten an und für sich als rechtlich begründet betrachtet werden müßten.

Wir folgen daher den weiteren Bemerkungen der Wiener Depesche vom 23. b. M., die es sich zur Aufgabe gestellt hat, den Nachweis zu führen, daß die in der Flotten-Frage in letzter Zeit durch eine Majorität der Bundesversammlung gefaßten Beschlüsse, ganz unabhängig von der Frage nach dem Eigenthum der Flotte, für wohlberechtigt zu erachten seien.

Als erster Grund wird geltend gemacht,
„daß der Bund für die vorläufige Unterhaltung des im „Namen des gesammten Deutschlands, wenn auch nicht „im Wege der Bundesgesetze unternommenen Werkes sorgen, „die factische Auflösung der Flotte während der Berathung „über eine definitive bundesgemäße Organisation derselben „verhüten müsse."

Allerdings, die Flotte ist ein im Namen des gesammten Deutschlands unternommenes Werk. Wir dürfen hinzusetzen: Sie ist ein solches gemeinsam deutsches Institut, unter der speciellen Einwirkung und Leitung Oesterreichischer Organe zuerst ins Leben gerufen und bisher fortgeführt. Aber wie wollte Oesterreich den Widerspruch lösen, in welchem es sich befindet, wenn es einerseits für die Unterhaltung eines Bundes-Werks Sorge tragen will, während es andererseits dessen Eigenschaft als Bundes-Werk fortwährend bestreitet und eben deshalb diejenigen Leistungen verweigert, die es, seinem eigenen Anerkenntniß nach, unabweisbar gewähren muß, falls das Werk Bundes-Werk sein soll.

Es soll ferner dem Bunde „ein nicht wenig herabwürdigendes Schauspiel erspart werden". Wir könnten uns des nur freuen; aber man darf sich bei so löblichem Entschluß auch nicht verhehlen, daß derselbe eben nur erreichbar ist, wenn sämmtliche Bundesglieder sich bereit finden lassen, die Verpflichtungen zu übernehmen, welche der Anerkennung der Flotte als einer Bundes-Einrichtung entsprechen. Oesterreich beharrt jedoch dabei, weder zu den Kosten der ersten Einrichtung, noch zu den Unterhaltungskosten irgend das Geringste beisteuern zu wollen. Was es einstweilen gezahlt hat, fordert es vollständig zurück. Soll jener schöne Zweck auf Kosten einzelner Regierungen erreicht werden?

„Der Bund" — heißt es ferner — „muß sich der auf der Flotte haftenden Verbindlichkeiten Ehren halber annehmen, — für die Sicherheit und den vollen Ersatz der aus Bundesmitteln geleisteten Vorschüsse sorgen, die gestörte Ordnung im Haushalt des Bundes dadurch wiederherstellen."

Es setzt dies freilich als schon entschieden voraus, daß die Flotte mit ihren Kosten und Lasten nicht Bundessache sei. Aber auch dies angenommen, der Zweck würde nicht sonderlich durch ein Verfahren erreicht werden, welches bei fortlaufender Anhäufung nutzloser Unterhaltungskosten nur die Schuldenlast zu steigern geeignet ist. Gerade diese Rücksicht müßte je eher je lieber zu der von uns verlangten Auflösung führen, bei welcher die Rechte der Gläubiger vollkommen gewahrt werden könnten.

Durch das Einschreiten der Bundesversammlung soll ferner möglicher Uneinigkeit oder gar Selbsthülfe zwischen Bundesgliedern vorgebeugt werden. Wir bekennen aufrichtig, daß wir nicht wissen, von welcher Seite Anlaß zu einer solchen

Besorgniß gegeben und wie eine Anwendung der diesfälligen bundesgesetzlichen Bestimmungen zu motiviren wäre.

Als letzter Rechtfertigungsgrund endlich wird der Zweck angegeben, durch allseitiges Einverständniß, soweit solches nöthig und möglich, eine dem Geiste des Bundes-Vertrages entsprechende Lösung der ganzen Frage herbeizuführen.

Wie die Kaiserliche Regierung ein solches allseitiges Einverständniß über eine Lösung im Geiste des Bundes-Vertrages, d. h. nach dem Grundsatz gleicher Verpflichtung für alle Bundesglieder, zu erreichen hofft, während sie entschlossen bleibt, ihres Theils nichts beizutragen, das vermögen wir nicht zu übersehen.

Wir glauben daher nicht zu weit zu gehen, wenn wir in allen den vorstehend besprochenen Motiven keinen zu Recht bestehenden Grund für die Bundesversammlung erkennen, vor Feststellung des Bundes-Eigenthums an der Flotte ohne freie Zustimmung aller Betheiligten in der bisher beliebten Weise über dieselbe zu disponiren.

Man scheint im Grunde Oesterreichischer Seits derselben Ansicht zu sein; denn es wird schließlich zugegeben, daß die vollständige Erfüllung jener Zwecke nur durch die freiwillige Mitwirkung Aller möglich sei.

Auch werden mit Rücksicht hierauf die eigenen Bedenken über die Rechtsverbindlichkeit des Majoritäts-Beschlusses vom 8. Juli v. J. nicht verhehlt, und die Argumentation scheint sich in einem Zirkel zu bewegen, wenn man, ungeachtet die klaren Bestimmungen der Art. 52 und 15 der Wiener Schlußacte der Gültigkeit eines solchen Beschlusses entgegenstehen, dennoch eben deshalb die Gültigkeit der Einsprache gegen einen solchen Beschluß in Zweifel ziehen will, weil er von einer Majorität gefaßt ist.

Ich darf dieserhalb auf die nähere Entwickelung in meinem Erlaß vom 15. d. M. Bezug nehmen, welche von dem Kaiserl. Cabinet nicht angefochten worden ist.

Es wird uns endlich noch entgegengehalten: man habe unsererseits Schwierigkeiten gegen die Umlage vom 8. Juli um so weniger erwarten dürfen, als wir kurz zuvor den Wunsch ausgesprochen hätten, daß die Flotte erhalten bleiben möge, und als wir noch jetzt uns für eine in ein Bundes=Contingents=Verhältniß eintretende Nordsee=Flotte interessirten, diese aber nach Auflösung der jetzt vorhandenen Flotille nicht möglich sei.

Wie unserem, sofort in der Sitzung vom 20. Juni pr. dem Ausschuß = Antrage entgegengestellten Protest gegenüber ein Zweifel in Bezug auf die Geldfrage hätte bleiben können, will uns nicht einleuchten. Daß aber eine Auseinandersetzung in Betreff der gegenwärtig das Nordsee=Geschwader bildenden Schiffe von künftiger Organisation einer Bundesflotte un=abhängig ist, scheint uns um so zweifelloser, als selbst nach den Plänen der technischen Commission keineswegs das ganze jetzige Nordsee=Geschwader für die künftige Nordsee=Flotte ver=wendet werden würde.

Was sollen wir hiernach dazu sagen, wenn Oesterreich, statt unsere gerechte Beschwerde vom 15. d. M. anzuerkennen, uns die Klage über die von uns eingeschlagene Richtung zurückgiebt und sie zu der Behauptung steigert, daß jene Vor=gänge nur einzelne Aeußerungen der allgemeinen Politik Preußens in den Bundesangelegenheiten seien?

Findet der Kaiserliche Hof seine Beschwerde darin, daß wir nicht eine unberechtigte Majoritäts=Herrschaft gegen uns zur Anwendung bringen lassen wollen, so sind wir dabei im Bewußtsein unseres guten Rechts und können davon nicht lassen.

Ew. Excellenz sind die Ansichten nicht unbekannt, von denen Fürst Schwarzenberg zur Zeit der Dresdener Con=ferenzen in Beziehung auf die Frage ausging, welches Ge=wicht den Stimmen der einzelnen Bundesglieder, den wahr=haften Machtverhältnissen gegenüber, einzuräumen sei. Wir haben damals das gute Recht auch der minder mächtigen Ge=nossen im Bunde gewahrt. In gleicher Weise müssen wir aber auch, im wahren Interesse des gesammten Bundes, der entgegengesetzten Richtung wehren.

Indem ich Ew. pp. ergebenst ersuche, dem Kaiserl. Königl. Minister-Präsidenten diese unsere Ansichten vertraulich mitzutheilen, hoffen wir, daß der dem freundschaftlichen Verhältniß beider Mächte geziemende freimüthige Ausdruck derselben die gerechte Würdigung finden und zu vollem Einverständniß führen werde. —

Noch vor dem Schluß dieses Erlasses erhalte ich den Bericht des Herrn v. Bismarck über die weitere Verhandlung der Flotten-Angelegenheit in der Bundestags-Sitzung vom 24. d. M.

Ew. pp. werden die neuesten Anträge des Ausschusses kennen. Ich beehre mich, die Preußische Abstimmung über dieselbe und die darauf gegründeten diesseitigen Anträge in zwei gedruckten Exemplaren beizuschließen. Ew. pp. wollen solche gefälligst vertraulich zur Kenntniß Sr. Durchlaucht bringen und unter dringender Befürwortung einer unseren gerechten Anforderungen entsprechenden Instruction für den Grafen Thun die Aufmerksamkeit des Herrn Minister-Präsidenten auf die Folgen, welche eine Zurückweisung unserer Anträge nothwendig mit sich bringen müßte, und auf die Erwägung hinzulenken, daß unsere ganze Stellung zu dem Bunde wesentlich durch die bevorstehende Abstimmung bedingt werden möchte.

14.
Der Bundestagsgesandte von Bismarck an den Ministerpräsidenten von Manteuffel. (Eigenhändig.)
Frankfurt a. M., 6. Februar 1852.

Geh. St.-A.

In meinem gehorsamsten Bericht vom 4. d. Mts. in Betreff der Flotte habe ich versäumt für eine Eventualität um Ew. Excellenz geneigte Anweisung zu bitten, welche ich mir nachträglich zur Sprache zu bringen erlaube. Ich habe darauf hingewiesen, wie unter allen Umständen nach dem 10. Februar wiederum ein schwer zu überwindender Geldmangel in der Marine-Kasse sein werde. Als einziges Mittel, durch welches Preußen die Hand zur Abhülfe bieten könne, erschien mir das erneuerte Anerbieten, nach Überweisung von Schiffen Geld vorzuschießen. Wenn nach der heut und gestern sondirten Stimmung meiner Collegen wahrscheinlich ist, daß die Mehrheit derselben in diesen Ausweg nicht willigen, einige, namentlich Hannover, sich sogar gegen partielle oder totale Veräußerung der Flotte, weil dieselbe organische Einrichtung sei, verwahren werden, so bietet sich vielleicht ein Auskunfts=mittel dadurch, daß man sofort eine der natürlichsten Conse=quenzen des von uns, und muthmaßlich von der Mehrheit, behaupteten Bundeseigenthums zieht, indem wir den Antrag stellen, die Unterhaltung, soweit sie unvermeidlich ist, nun=mehr nicht durch Vorschüsse, sondern durch definitive, nicht zurückzuerstattende Matrikularbeiträge zu bewirken.

Jede Aufnahme von Vorschüssen, welche aus der Flotte erstattet werden sollen, hat eine Prägravation der Zahler von 1848 zur Folge, so lange nicht die Verpflichtung zur Tragung des Schadens an der Flotte für alle pro rata der Matrikel anerkannt ist. In diesem Umstande liegt das Verletzende für uns, indem wir zu den Einigen gehören, auf deren Kosten die Gesammtheit mit der Flotte experimentirt. An einem gleichmäßig zu vertheilenden ferneren Verlust können wir um so eher mittragen, da in ihm ein Compelle auch für Oesterreich und dessen Genossen liegen würde, dem Provisorium ein Ende zu machen. Wahrscheinlich ist, daß die bisherigen Nicht=Theilnehmer an der ursprünglichen Umlage sich auch dieser mäßigen Mitbelastung widersetzen werden; um so evidenter würde unsre Berechtigung ins Licht treten, uns der Fortführung des bisherigen Systems durch jedes Mittel zu entziehen. Andrerseits liegt in dem angedeuteten Verfahren noch eine Möglichkeit, ohne Bruch und ohne Demüthigung unsrerseits aus der Sache herauszukommen, indem man die Abwickelung der gegenseitigen Ansprüche aus der Vergangen=heit vorbehalten sein läßt. Lehnt man auch dieses Arrangement ab, so haben (wir) uns bei einem Bruche gewiß nichts vor=

zuwerfen. Mein gehorsamster Antrag, den ich im Drange des Postschlusses vielleicht nicht klar und gründlich genug motivirt habe, würde also dahin gehen,

mich geneigtest zu autorisiren, je nach den Umständen und namentlich, wenn ich mich überzeuge, daß die Bundesversammlung auf sofortige Ueberlassung von Schiffen an uns nicht eingehen wird, zu verlangen, daß die unabweislichen ferneren Ausgaben für die Flotte durch Matrikularumlage ohne Anspruch auf Erstattung aufgebracht werden, und die Bereitwilligkeit Preußens zum Beitrag in dieser Modalität zu erkennen zu geben.

Hannover würde sich diesem Antrage anschließen.

Die ungesäumte Auflösung der Flotte würde hierbei dennoch vorausgesetzt bleiben, aber sie kann im günstigsten Falle nicht so schnell erfolgen, daß nicht noch Geld erforderlich wäre, um die Flotte so lange zu erhalten.

Ich stelle ganz gehorsamst anheim, mich durch den Telegraphen bis zum 10. c. über diese ehrerbietige Anfrage bescheiden zu wollen und bitte um geneigte Ertheilung einer Abschrift dieser Piece.[1]

15.
Der hannoversche Bundestagsgesandte von Bothmer an den Ministerpräsidenten von Schele.
Frankfurt, 7. Februar 1852.
H. 40, Nr. 1g.

Euer Excellenz Rescript vom 31. v. M., die Flotten=Angelegenheit betreffend, habe ich am 3. d. M. zu empfangen

---

[1] Durch Telegramm vom 8. Februar erging vom Ministerpräsidenten von Manteuffel die Weisung: „Wir können in dem dort vorausgesetzten Fall auf die vorgeschlagene Matrikularumlage für die unabweislichen ferneren Ausgaben nicht eingehen; nur wenn der Beschluß dahin gefaßt würde, daß auch alle bereits geleisteten Zahlungen zur Anschaffung der Flotte matrikularmäßig umgelegt resp. restituirt werden sollen, würden wir dazu bereit sein".

die Ehre gehabt. Es schien mir von Wichtigkeit, den im Rescripte bezeichneten Bundestags-Gesandtschaften schleunigst die mir für die Abstimmung ertheilte Instruction zur Kenntniß zu bringen, weil dann am ersten ein Einfluß auf den zu nehmenden Gang zu erwarten stand. Jenes ist daher durch Note vom 3./4. d. M. geschehen. In confidentiellen Unterredungen mit den einzelnen Gesandten erwähnte ich auch der im Rescripte — mit der Ermächtigung solches zu erklären — ausgesprochenen Bereitwilligkeit Hannovers, einen gleichen Beitrag, wie Bayern, behuf der Flotte zu leisten. Man machte mich aufmerksam, wie eine schon jetzt zu gebende officielle Kenntniß dieses Punktes von Wichtigkeit sein und gleichfalls zu bestimmten Anerbietungen den Anlaß geben könne. Ich habe keinen Anstand genommen, mittelst einer nachträglichen Note hierauf einzugehen.

Der Präsidial-Gesandte befand sich nicht unter denen, auf welche die Ermächtigung zur Mittheilung der Instruction sich bezog. Es war aber mit Sicherheit vorauszusehen, daß die in ziemlichem Umfange erfolgende Communication ihm bekannt werden müsse und so konnte in dem Uebergehen gerade des Praesidii etwas Verletzendes befunden werden. Ich begab daher am 4. d. M. mich zum Grafen Thun, um ihm die Instruction vorzulesen, ein noch am 5. und 6. fortdauerndes Unwohlsein desselben verhinderte dies jedoch und so habe ich gestern den Weg einer vertraulichen Mittheilung mittelst Handschreibens gewählt.

Gestern am 6. erhielt ich einen Besuch des Preußischen Gesandten und ich fühle mich verpflichtet, über das dabei Verhandelte das Nachstehende sofort zu berichten.

Herr von Bismarck bemerkte zunächst, daß Oesterreichischer Seits dahin gestrebt werde, einen Aufschub in die Sache zu bringen und zu diesem Zwecke zu bewirken, daß den Gesandten rechtzeitig eine Instruction nicht zugehe. Man wolle zuvor eine Denkschrift, gegen das Bundes-Eigenthum gerichtet, verbreiten und für diese die Zeit gewinnen, eine Wirkung zu thun. — Es war mir hierüber bislang nichts zu Ohren gekommen; gestern Abend jedoch habe ich Aeußerungen vernommen, die auf etwas Aehnliches hinwiesen; genau unterrichtet war man jedoch nicht; es waren nur Mittheilungen aus zweiter und dritter Hand.

Sodann las Herr von Bismarck mir eine Mittheilung vor, die ihm von dem Preußischen Gesandten zu München über eine kürzlich stattgefundene Unterredung mit dem Minister von der Pfordten in Betreff der Flotte gemacht war. Die Depesche war sehr lang; ich konnte sie mir daher bei dem raschen Lesen nicht vollständig einprägen. Das Wesentliche daraus ist das Nachstehende:

Bayern werde die Flotte als Bundes=Eigenthum, aber nicht als organische Einrichtung anerkennen. Aus dem Eigenthum aber folge noch nicht die Verpflichtung, die behuf Anschaffung der Flotte ausgeschriebenen Matricular=Beiträge zu entrichten. Die Verhältnisse der Bundesstaaten zu einander bezüglich der Flotte könnten auch nicht durch Majoritäts=Beschlüsse der Bundes=Versammlung geregelt werden. Wie dies geschehen müsse, sei freilich schwer abzusehen, weil die Vorschriften über das Austrägal=Verfahren hierher nicht paßten. Ueberhaupt müsse die ganze Flotten=Angelegenheit weniger als Rechts= denn als politische Frage aufgefaßt werden. Der Bildung einer Nordsee=Contingents=Flotte sei Bayern zwar nicht abgeneigt, indessen man betrachte das Project als wenig Hoffnung gewährend. Scheitere es, so folge daraus nicht, daß die Flotte für Deutschland verloren gehe. Sie werde dann von Preußen übernommen werden, ein Ausgang, welcher Bayern keineswegs zuwider sei.

Vorstehendes ist der Kern der von dem Minister von der Pfordten geschehenen Aeußerungen. Ob sie alle als aufrichtig zu betrachten sind, lasse ich dahingestellt; zweifelhaft ist mir dies besonders in Ansehung des letzten Theils derselben. Was über das Bundes=Eigenthum an der Flotte und über die daraus sich ergebenden Verhältnisse gesagt wird, ist zwar so unjuristisch und inconsequent, wie irgend möglich, aber es entspricht dem, was ich von anderen Seiten über die Bayrische Auffassung höre.

In dem ausführlichen Gespräche, welches an obige Mittheilung sich knüpfte, bemerkte Herr von Bismarck: werde die Flotte als Bundes-Eigenthum anerkannt und dauere dann das gegenwärtige Provisorium fort, so werde die Erhaltung wirklich auf Kosten des Bundes, also durch definitive, nicht durch bloße Vorschuß-Umlagen, bestritten werden müssen. Er fragte, ob ich die Ansichten meiner Regierung darüber kenne. Ich erwiderte, wie ich schon für die Abstimmung vom 24. Januar in diesem Sinne instruirt sei und nicht bezweifele, daß, sollte die Frage wieder entstehen, man in Hannover seine Meinung nicht ändern werde. Für jetzt stehe meine Instruction fest. Ich theilte sie bei dieser Gelegenheit durch Vorlesung mit, was meines Erachtens in Erwiderung der mir bewiesenen Offenheit nothwendig und überdem sicherlich unschädlich war.

Zum Schlusse beließ mir Herr von Bismarck zwei zwischen Berlin und Wien gewechselte Noten zum Durchlesen, jedoch mit dem Wunsche, von denselben keinen Gebrauch, als der Königlichen Regierung gegenüber, zu machen. Im Nachstehenden ist der wesentliche Inhalt derselben gegeben:

Eine Note des Fürsten Schwarzenberg an Herrn von Prokesch-Osten de dato 23. v. M. betrifft eine Unterredung zwischen Fürst Schwarzenberg und dem Preußischen Gesandten zu Wien in Betreff der Flotten-Angelegenheit.

Preußen sei nicht verpflichtet — habe Graf Arnim geäußert — den Bundesbeschluß vom 8. Juli v. J. in Betreff der Matricular-Umlage anzuerkennen. Oesterreich sei im Unrechte, einem solchen Beschlusse beigestimmt zu haben. Sei die Flotte Bundes-Eigenthum, so schulde Oesterreich seinen Beitrag zur Gründung derselben; sei sie es nicht, so habe der Bund mit ihr nichts zu thun. Politisch sei auch das Bestreben bedenklich, eine der beiden Großmächte Majoritätsbeschlüssen zu unterwerfen.

Gegen diese Preußische Auffassung wird nun bemerkt: der Gang Oesterreichs in dieser Angelegenheit sei Preußen längst bekannt, ja mit ihm verabredet. — Der Beschluß vom 8. Juli enthalte keine Entscheidung über die Flotte, er gewähre nur die Möglichkeit, eine solche herbeizuführen. Preußen selbst werde nicht behaupten, daß der Bund zu gar keinen Entschließungen über die Flotte competent gewesen; es frage sich daher, ob der quäst. Beschluß nur in der Voraussetzung des Eigenthums zu rechtfertigen stehe? Es gebe der Rücksichten viele, — sie werden aufgezählt — welche eine Einmischung des Bundes nothwendig gemacht und Preußen selbst sei einverstanden gewesen, die Eigenthums-Frage zu umgehen. Zur Hinhaltung aber sei kein Mittel, als in Matricularbeiträgen gegeben gewesen.

Schließlich wird lebhaftes Bedauern über die von Preußen in neuester Zeit gethanen Schritte zu erkennen gegeben. Sie hingen mit dem Gange Preußens in den Bundes-Angelegenheiten eng zusammen, „und keine der beiden Mächte könne sich täuschen, daß die Bedeutung so bedenklicher Zeichen groß sei."

In Folge dessen richtete der Minister von Manteuffel an den Grafen Arnim unter dem 31. v. M. eine Widerlegung, die sehr ausführlich und, meiner Ansicht nach, weit schlagender, wie die Oesterreichische ist.

Unter Anderem wird auf einen Erlaß des Fürsten Schwarzenberg an Graf Thun de 16. Juli v. J. hingewiesen, welcher besage:

Wäre die Flotte Bundes-Eigenthum, so würde daraus von selbst folgen, daß Oesterreich die Beiträge zur Gründung derselben nachzahlen müsse.

Wenn nicht bis zum 1. Septbr. die Verhandlungen wegen einer Contingents-Flotte zum Abschlusse gediehen, so müsse zur Auflösung geschritten werden.

Preußen habe, wie Oesterreich sehr wohl wisse, nur einstweilen und um Aufenthalt zu vermeiden die Eigenthums-Frage beruhen lassen wollen.

Der Schluß lautet:

Ew. pp. wollen die Aufmerksamkeit des Herrn Minister-Präsidenten auf die Folgen hinlenken, welche eine Zurückweisung unserer Anträge nothwendig nach sich ziehen müßten und auf die Erwägung, daß unsere ganze Stellung zum Bunde durch die bevorstehende Abstimmung bedingt sein möchte.

In ähnlicher Weise sprach Herr von Bismarck gegen mich sich aus: „Wird angenommen, die Flotte sei kein Eigenthum des Bundes und verharrt man dennoch darauf, durch Majoritäten über sie zu beschließen, so muß Preußen darin eine geflissene Verletzung seiner Rechte anerkennen. Ich bin dann angewiesen, meine Kanzlei zu schließen und abzureisen." Ich legte dabei die beiden nur gegebenen Alternativen an's Herz:

entweder Preußen finde sich bewogen, den Schritt zurückzuthun, dann verschlimmere es seine Stellung;

oder es sage vom Bunde sich los. Der Bund sei nichts ohne Preußen und Preußen schwach ohne Deutschland.

Herr von Bismarck erwiderte: es giebt ein Drittes. Man läßt die Sache sich zur Lehre dienen und Oesterreich giebt sein Bestreben auf, den Bund zu benutzen, uns zu majorisiren.

16.
Der Bundestagsgesandte von Bismarck an den Ministerpräsidenten von Manteuffel.
Frankfurt a. M., 7. Februar 1852.

Geh. St.-A.

Euer Excellenz beehre ich mich anliegend die Nr. 31 der Kasseler Zeitung gehorsamst zu überreichen, in welcher unter dem Datum: Wien, den 2. Februar, die östreichische Auffassung der Flottensache, wie sie wahrscheinlich der nächsten Abstimmung zu Grunde liegen wird, dargelegt ist. Nach derselben dürfte die in meinen letzten Berichten ausgesprochene

Ansicht zutreffen, daß eine definitive Erledigung der Frage durch die nächste Abstimmung über das Eigenthumsverhältniß der Flotte nicht zu erwarten ist.

Meines unmaßgeblichen Dafürhaltens dürfte sich dieser Sachlage gegenüber das Verhalten der Königlichen Regierung am zweckmäßigsten in folgender Art regeln:

In der Abstimmung würde ich der östreichischen Rechtsdeduction den Nachweis gegenüberstellen, daß und weshalb die Flotte Bundeseigenthum sei. Über diese Frage hat namentlich die K. Hannöversche Gesandtschaft bereits erschöpfende Data zusammengestellt und wenn auch die dortige Regierung in ihren Ansichten so weit geht, daß sie die Flotte für eine organische Einrichtung hält, so befinde ich mich doch mit Herrn von Bothmer, der diese Behauptung des Herrn von Schele nicht für rechtlich nachweisbar hält, persönlich im Einverständniß.

Ich darf annehmen, daß die große Mehrheit der Stimmen, wahrscheinlich alle mit Ausnahme von Östreich, Luxenburg und Holstein, sich dahin aussprechen werden, daß die Flotte Bundeseigenthum sei, nachdem sogar der K. Baiersche Bundestags-Gesandte mir zugegeben hat, daß Baiern, Sachsen und Hessen keinen Grund hätten und seines Erachtens auch nicht beabsichtigten, das Bundeseigenthum und die aus demselben folgende Zahlungspflicht in Abrede zu stellen. In diesen Staaten sei vielmehr nur durch anderweite Umstände die Zahlung bisher verhindert worden, in Baiern dadurch, daß die Regierung ihre Militärleistungen auf Zahlungen für die Flotte habe anrechnen wollen, in Sachsen durch Mangel an ständischer Einwilligung, in Hessen durch Zahlungsunfähigkeit. Östreich dagegen sei nach Ansicht des Herrn von Schrenck allein in einer exceptionellen Stellung, indem es von Anfang an die Flotte als Bundeseinrichtung nicht anerkannt habe. Der K. Sächsische Gesandte sprach sich gegen mich in ähnlichem Sinne aus, nur war er weniger bereit, die Zahlungspflicht Sachsens als einen nothwendigen Ausfluß des Bundeseigenthums anzuerkennen.

Nach erfolgter Abstimmung über die Eigenthumsfrage, wie dieselbe auch ausgefallen sein möchte, würde ich dann
2 den Antrag stellen, die Regierungen von Östreich, Baiern, Sachsen, Kurhessen und Luxenburg um Einzahlung ihres Antheils an der ersten Rate der Umlage von 1848 anzugehen
3 und gleichzeitig zu erklären, daß von den Bundesregierungen der Anspruch auf Theilnahme an der Dispositionsbefugniß über die Flotte nur insofern erwartet und zugestanden werden könne, als von denselben ihr Miteigenthum an der Flotte und die matrikularmäßige Gleichheit der Verpflichtungen in Betreff aller mit diesem Eigenthum bisher verbunden gewesenen Lasten anerkannt werde und daß namentlich von
4 der östreichischen Regierung nach der eben abgegebenen Erklärung angenommen werden dürfe, daß dieselbe bis zu erfolgtem Nachweis des Miteigenthums der Kaiserlichen Regierung an der Flotte nur auf Rückerstattung der geleisteten Vorschüsse, nicht aber auf Theilnahme an dem nur auf das Eigenthum zu begründenden Dispositionsrecht über die Flotte Anspruch mache.

In Bezug auf die Beschaffung der für den Augenblick unabweislichen Geldbedürfnisse der Flotte würde der von mir
5 zu stellende Antrag etwa folgender sein: Diejenigen Staaten, welche ihr Miteigenthum an der Flotte anerkennen, bringen die Summe von — matrikularmäßig auf, um aus derselben ihr Eigenthum bis zur anderweitigen Disposition über das-
6 selbe zu erhalten und wahren sich das Recht, diese Beiträge in dem Fall, daß das Eigenthum aller Bundesstaaten an der Flotte nachgewiesen wird, von denjenigen Staaten, welche dasselbe jetzt in Abrede stellen, nach Maßgabe einer regelmäßigen, alle Bundesstaaten treffenden Matrikular-Umlage
7 pro rata ersetzt zu verlangen. Dagegen würde ich mich gegen jede fernere Aufnahme von Vorschüssen, welche aus dem Werth der Flotte zu erstatten wären, wiederholt und so lange ver-
8 wahren, als nicht ausdrücklich von der Bundes-Versammlung anerkannt ist, daß der Gesammtverlust, welcher sich nach erfolgter Liquidation aus dem bisherigen Unternehmen, eine

deutsche Flotte zu gründen, ergiebt, von allen Bundesstaaten matrikularmäßig getragen werden muß. So lange Letzteres nicht geschehen ist, liegt in der Radicirung von Vorschüssen auf den Werth der Flotte die Gefahr, daß denjenigen Staaten, aus deren Mitteln die Flotte angeschafft ist, die Kosten der jahrelangen Bemühungen des Bundes, diese Flotte dem Bunde zu erhalten, aufgebürdet werden, in welchem Verfahren eine bundeswidrige Prägravation einzelner Staaten zu finden sein würde.

Dem Vorstehenden würde ich dann noch den Antrag hinzufügen, einen Ausschuß von 5 Mitgliedern zu wählen, welcher den Auftrag hätte, über die Wege zu berathen und an die Bundes-Versammlung zu berichten, auf welchen eine Verständigung mit der Kaiserlich Östreichischen Regierung und eventuell eine Schlichtung der Meinungsverschiedenheit über das Bundeseigenthum an der Flotte herbeizuführen sei.

Einen gesonderten Antrag würde neben dem Vorstehenden derjenige bilden, den ich bereits in der Sitzung vom 24. v. M. auf ungesäumte Auflösung der Flotte gestellt habe, und ich würde zur Verstärkung der Motive desselben voraussichtlich die neue Thatsache anführen können, daß die Versuche, einen neuen Flottenverein zu bilden, welcher nach Inhalt des Majoritäts-Beschlusses vom 24. Januar die vorhandenen Schiffe sämmtlich oder zum Theil übernehmen könnte, auch bis zu dem letzten gestellten Präclusiv-Termin vom 10. Februar resultatlos geblieben seien. Außerdem würde ich die Erklärung noch hinzufügen, daß die K. Regierung sich zur Theilnahme an den Kosten der trotz der entgegenstehenden preußischen Verwahrungen wiederholten Versuche zu anderweitiger Gestaltung des Flottenverhältnisses auch in dem Falle nicht für verbunden erachte, daß der beabsichtigte Nordsee-Flottenverein und die Übernahme von Schiffen durch denselben nicht zu Stande käme. Von dieser Überzeugung würde die K. Regierung erst dann abgehen können, wenn jene Kosten als eine dem gesammten Bunde matrikularmäßig gemeinsame Last anerkannt und diesem Anerkenntniß thatsächlich allseitige

Folge gegeben wäre. Schließlich würde ich, wenn Euer Ex=
12 cellenz es genehmigen, das Anerbieten wiederholen, im Fall
der Annahme meines Antrages vom 24. v. M. bis zum un=
gefähren Belauf des preußischen Guthabens Schiffe zu über=
nehmen und auf dieselben den preußischen Antheil an der
13 Vorschußumlage vom 8. Juli und außerdem den Überschuß
des Werthes der Schiffe gegen unser Guthaben baar einzu=
zahlen. Den Eintritt der zuletzt erwähnten Eventualität
14 würden wir vermeiden, indem wir keinen Falls über den Be=
trag unseres Guthabens und des Antheils an der Vorschuß=
umlage hinaus Schiffe kaufen.

Daß selbst die unverkürzte Annahme unseres Antrages
vom 24. v. M., auf welche ich mir kaum Hoffnung mache, die
Vorsorge für das augenblickliche Geldbedürfniß, wie ich sie
in dem neu zu stellenden Antrage angedeutet habe, nicht über=
flüssig machen würde, habe ich bereits in früheren Berichten
zu erwähnen mir erlaubt. Weder zur Deckung beträchtlicher
Summen aus den bisher aufgelaufenen Kosten, noch zur
Bestreitung der auch bei der größten Beschleunigung bis zur
wirklichen Auflösung fällig werdenden Exigenz sind Mittel
vorhanden. Das von uns zu machende Anerbieten, an einer
Umlage Theil zu nehmen, welche nicht den Charakter eines
Vorschusses, sondern den einer definitiven Verwendung auf
15 Bundeseigenthum hat, würde sich nur auf die zum Behuf der
Auflösung, wenn solche wirklich beschlossen wird, erforderlichen
Kosten beziehen, da wir uns andererseits gegen die Theil=
nahme an solchen Ausgaben verwahren, welche nur durch
weitere, die Bildung der Nordsee=Vereins=Flotte bezweckende
Experimente veranlaßt würden. Auch Herr von Bothmer gab
mir zu, daß seinem persönlichen Billigkeitsgefühl nach die
Staaten, welche die Vereins=Flotte bilden wollten, die Kosten
der Verlängerung des Provisoriums, welche zu ihrem Vor=
theile einträte, auch dann zu tragen haben würden, wenn ihre Be=
mühungen, den Verein zu Stande zu bringen, erfolglos blieben.

Zu erwägen bleibt noch, ob nicht diejenige Summe,
welche wir zu der von uns zu beantragenden Umlage bis zu

Erfolg der Auflösung der Flotte zahlen würden, abzurechnen sei von dem Betrage unsers Antheils an der Umlage vom 8. Juli und nur der Überrest als Baarzahlung Preußens bei eventueller Übernahme von Schiffen in Aussicht zu stellen. Ich würde es für unsere politische Stellung in der Versammlung vortheilhafter halten, wenn es nicht geschähe, zumal die Summe unserer Beiträge zu gedachter Umlage nur eine geringe sein kann, wenn man die Beschleunigung der Auflösung ernstlich will, und Letzteres dürfte mehr als bisher der Fall sein, sobald die Beiträge aller Staaten nicht mehr als Vorschüsse, sondern als wirkliche Opfer für die Flotte betrachtet werden. Indessen vermag ich allerdings nicht zu beurtheilen, ob die Bereitwilligkeit des Herrn Finanz-Ministers und Euer Excellenz eigene zu Zahlungen über die Rate vom 8. Juli hinaus oder auch nur bis zum Belauf derselben noch vorhanden ist.

Im Ganzen verspreche ich mir, Falls Euer Excellenz mich geneigtest autorisiren, in dem angegebenen Sinne zu verfahren, schon von der Stellung derartiger Anträge, auch unabhängig von ihrer Annahme, ein entschieden günstiges Resultat für die Position Preußens in der Bundes-Versammlung. Die große Mehrheit der Bundesregierungen müßte sich in entschiedenen Widerspruch mit ihren bisher wiederholt und offen ausgesprochenen Ansichten setzen, wenn nicht bei Verhandlung der vorliegenden Anträge Östreich in eine ähnliche Isolirung in der Flotten-Frage kommen soll, wie die unsrige bisher gewesen ist. Wir waren dadurch in eine schwierige Position gerathen, daß wir in einer Sache, in welcher principiell die Mehrheit der Regierungen mit uns, aber nicht mit Östreich einig ist, aus Rücksicht auf die Kaiserliche Regierung unsere Auffassung nicht in voller Consequenz geltend machten, während Östreich seit dem September v. J. unsere bis dahin gemeinschaftliche Basis verließ und gegen uns die abweichenden Ansichten der übrigen Bundesgenossen ausbeutete, die aber nur deshalb abweichende waren, weil wir in dem mit Östreich verabredeten Wege blieben. Das zu er-

wartende Revirement wird um so vollständiger sein, je mehr wir die Stellung verlassen, in welche wir durch die doppelte nachtheilige Wirkung der Berücksichtigung, die man theilweis der Östreichischen, theilweis der Hannöverschen Ansicht angedeihen ließ, gedrängt waren, nämlich die Ausführung ungerechter Bundesbeschlüsse durch Abschneiden der Hülfsmittel unmöglich zu machen, und je mehr wir uns andererseits der consequenten Durchführung der Theorie des Bundeseigenthums anschließen. In dieser Auffassung stelle ich Euer Excellenz gehorsamst anheim, aus dem vorstehenden ehrerbietigen Bericht diejenigen Punkte vorzugsweise adoptiren zu wollen, welche sich der zuletzt gedachten Richtung anfügen. Namentlich fragt
17 es sich, ob ich nicht, wozu ich meines Theils gern bereit sein würde, die ferneren Verwahrungen wegen Betheiligung Preußens an den noch entstehenden Kosten fallen lassen soll
18 und meinen neuen Antrag vielmehr dahin zuspitze, daß die Königliche Regierung die fernere Beschlußnahme der Bundes-Versammlung unter der Voraussetzung überläßt, daß jede weitere für die Flotte zu machende Auflage alle Bundesstaaten gemeinschaftlich treffe und daß diejenigen Regierungen,
19 welche diese Verpflichtungen nicht anerkennen, sich auch der Theilnahme aller Dispositionen über die Flotte enthalten. Das aus dieser Auffassung factisch hervorgehende Verhältniß, daß die Flotte vor der Hand ein Institut sämmtlicher Bundesregierungen mit Ausnahme Östreichs sei, dürfte den Interessen der Königl. Regierung nicht zuwiderlaufen und namentlich auch sich den Intentionen Sr. Majestät des Königs anschließen.

Ich habe mich bemüht, die wahrscheinliche Eventualität der bevorstehenden Abstimmung möglichst erschöpfend dem höheren Ermessen Euer Excellenz zu unterbreiten und habe ich zur Erleichterung telegraphischer Bescheidung, welcher ich bis zum 10. cr. ehrerbietigst entgegensehe, die einzelnen Positionen meines Vortrags mit Nummern am Rande bezeichnet und würde ich diejenigen, welche Euer Excellenz vorzugsweise accentuirt zu sehen wünschen, demgemäß ander=

weitig zusammenstellen, ohne dabei auf die im Drange des Augenblicks hier gebrauchte Fassung Gewicht zu legen.

Da ich ohnehin nach dem 10. cr. die Absicht habe, von der von Euer Excellenz mir mündlich ertheilten geneigten Erlaubniß Gebrauch zu machen, nach Berlin zu kommen, so würde es mir leicht sein, dieser meiner Abreise, falls in der bevorstehenden Sitzung auch die gemäßigten Ansprüche Preußens eine Berücksichtigung nicht fänden, den Charakter einer Demonstration zu verleihen. Letztere würde eine starke sein, wenn ich abreiste, ohne einen andern Gesandten zu substituiren. Das Gerücht, welches dieses Verfahren als von mir beabsichtigt verbreitet, hat eine sichtliche Bestürzung unter meinen Kollegen erregt; ich habe demselben nicht ausdrücklich widersprochen und Herr von Schrenck, der mich darnach fragte, war der Ansicht, daß in diesem Falle die Mehrzahl der Gesandten meinem Beispiel bald folgen werde.

Jedenfalls würde ich schon mit Rücksicht auf den Schluß der Depesche des Fürsten Schwarzenberg vom 23. v. Mts. um die Erlaubniß bitten, die Euer Excellenz mir schon vor 4 Wochen eventuell ertheilten, bei meiner Abreise nicht Östreich, sondern Hannover zu substituiren. Die Unbequemlichkeit in Behandlung der Geschäfte, welche bei Abwesenheit des Gesandten aus der Vertretung durch Östreich für uns hervorgeht, wird durchaus nicht aufgewogen durch den prekären Vorzug, bei Beurlaubung des kaiserlichen Gesandten das Präsidium bis zu dessen Rückkehr zu führen, zumal die Geschäfte in solchen Perioden selten wichtig genug sein werden, um den preußischen Gesandten hier zu fesseln. Die Gegenseitigkeit der Vertretung dürfte nur in dem seltenen Falle für uns von überwiegendem Werth sein, wo eine ungetrübte Einigkeit der Kabinette von Wien und Berlin in Bezug auf die deutsche Politik herrscht. Die Sitzung wird voraussichtlich erst am 11., vielleicht aber auch schon am 10. stattfinden.

(Eigenhändige Nachschrift Bismarcks auf besonderem Blatte):

Der Fürst Gortschakoff ist hier, wie es scheint mit dem Auftrage, für den Frieden in der Bundes-Versammlung zu wirken, angekommen. Bis jetzt trägt seine Anschauung der Verhältnisse eine stark östreichisch-württembergische Färbung, die er von Stuttgart mitgebracht hat, die Herr von Budberg, als ich in Berlin war, entschieden nicht theilte.

17.
Der Ministerpräsident von Manteuffel an den Bundestagsgesandten von Bismarck.
Berlin, 9. Februar 1852.

Telegramm.

Geh. St.=A.

Der Bericht vom 7. d. Mts. in der Flottensache ist eingegangen. Mit den Vorschlägen 1 bis 4 und 7 bis 14 einverstanden. Ad 5 und 6 beziehe ich mich auf die verneinende telegraphische und schriftliche Bescheidung von gestern. Nach Nr. 15 soll jene Umlage nur für den Fall der Auflösung angeboten werden: dann aber genügt das Erbieten ad 13. Ad 17 bis 19 erledigt sich aus Obigem. Ad 20 bis 21 gebe ich die letzte Alternative anheim.

18.
Der hannoversche Bundestagsgesandte von Bothmer an den Ministerpräsidenten von Schele.
Frankfurt, 9. Februar 1852.

H. 40, Nr. 1g.

Eure Excellenz werden in meiner telegraphischen Depesche von gestern bereits angedeutet gefunden haben, daß Seitens des Präsidial-Gesandten mir Mittheilung der beiden Circular-Depeschen an die bei Deutschen Höfen accreditirten Oesterreichischen Gesandtschaften, sowie der beigefügten Denkschrift über die Flotten=Angelegenheit gemacht ist. Es waren zu diesem Zwecke die Gesandten von Bayern, Würtemberg und Mecklenburg, neben mir, beim Grafen Thun versammelt.

Der Inhalt der bezeichneten Aktenstücke ist Eurer Excellenz bereits bekannt; ich darf ihn daher übergehen.

Daneben erwähnte Graf Thun des Eintreffens des Fürsten Gortschakoff allhier, mit dem Beisatze: er scheine als Vermittler auftreten zu wollen; es gebe aber hier nichts zu vermitteln; Oesterreich habe stets den versöhnendsten Gang eingeschlagen.

Die Mittheilung gab zu einigen Erörterungen Anlaß, im Laufe deren die Frage geschah: ob denn, falls die Eigenthumsfrage und die davon anscheinend unzertrennliche Verpflichtung zur Nachzahlung der zur Gründung der Flotte ausgeschriebenen Matricular=Beiträge durch Majorität bejahend sollte entschieden werden, Oesterreich mindestens einem Rechtsspruche in einer noch zu ermittelnden Form sich unterwerfen werde? Graf Thun antwortete hierauf bestimmt verneinend, obwohl meiner Auffassung nach die eine der Depeschen eine etwas geschrobene Wendung enthält, die eine andere Auslegung zuläßt. Ich bemerkte ihm darauf, wie ja dann Oesterreich ganz auf denselben Standpunkt sich stelle, welchen jetzt Preußen einnehme und den es so bitter table, daß bei Aufstellung eines solchen Grundsatzes an ein Nachgeben Preußens nicht zu denken sei, die Sache also nicht nur in die unauflöslichsten Schwierigkeiten gerathe, sondern auch der mühsam wiederhergestellte Frieden in Deutschland auf das Spiel gesetzt werde. Irgend ein Entgegenkommen müsse auf Seiten Oesterreichs stattfinden.

Namentlich der Würtembergische Gesandte unterstützte dies kräftig und er stellte die Idee auf: Oesterreich möge die Gründung der Flotte als ein in verwirrter Zeit und deshalb unter Hintansetzung der strengen Formen begonnenes Unternehmen betrachten und zur Uebernahme eines billigen

Antheils der entstandenen Einbuße vergleichsweise bereit sich erklären. Es brauche dann seiner rechtlichen Auffassung und dem eingenommenen Standpunkte nichts zu vergeben.

Hiernächst schlug ich vor: Präsidium möge die entscheidende Abstimmung noch aufhalten und eine Form zu finden suchen, in der für das augenblickliche Bedürfniß der Flotte gesorgt werde. Diese Zeit möge man benutzen, zwischen Preußen und Oesterreich eine Verständigung anzubahnen, die ja bei gutem Willen und wenn man nur erwäge, was man denn und um welchen Preis man es auf das Spiel setze, nicht schwer fallen könne.

Die vereinten Vorstellungen schienen auf Graf Thun Eindruck zu machen, obwohl er anfänglich seiner gereizten Stimmung gegen Preußen und dessen Gesandten recht freien Lauf gelassen hatte. Er bat mich, mit Herrn von Bismarck zu sprechen, den er schon zu einer Unterredung auf heute Morgen einzuladen beabsichtigt habe.

Nachdem ich denselben gestern Abend verfehlt hatte, bin ich heute früh zum Preußischen Gesandten gegangen und ich kehre eben von ihm zurück. Baron Bismarck war den Auseinandersetzungen zugänglich, die ich ihm im gleichen Sinne wie dem Grafen Thun machte, obgleich aus der sehr langen Unterredung, die ich mit ihm hatte, deutlich hervorging, daß man in Berlin mit dem Gedanken eines Zurückziehens vom Bunde schon völlig vertraut sich gemacht hat und tief durchdrungen ist von einer völlig feindseligen Stimmung nicht nur von Seiten Oesterreichs, sondern auch von Seiten anderer deutscher Höfe, die sich schon Rechnung auf Preußische Besitzungen machten. Baron Bismarck erklärte namentlich, wie, seiner Ansicht nach, ein Abkommen auf oben angedeuteter Grundlage sich treffen lasse; er bezweifle aber, daß man Oesterreichischer Seits ernstlich darauf eingehen werde.

Im Laufe des Gesprächs deutete der Preußische Gesandte darauf hin, als wenn unter gewissen Eventualitäten, die nicht genau bezeichnet wurden, er zwar abreisen, aber einen Substituten zurücklassen werde; daß man ferner in Berlin beabsichtige, den bisherigen Gebrauch zu verlassen, dem zufolge Oesterreich und Preußen einander gegenseitig vertreten hätten, was unter obwaltenden Verhältnissen nicht passe und daß man dieserhalb den Gesandten Hannovers ersuchen werde. Ich bemerkte, wie ich ohne ausdrückliche Autorisation eine solche Vertretung nicht würde übernehmen können, indem meine Regierung mit vollem Rechte in Allem sehr vorsichtig sei, was deren Stellung zu den beiden Groß= mächten betreffe. — Schließlich äußerte Baron Bismarck annoch, wie er angewiesen sei, Majoritätsbeschlüsse über die Flotte für gültig anzuerkennen, wenn jene zuvor als Bundes= Eigenthum anerkannt sei.

Eurer Excellenz diese berichtliche Anzeige zu machen, habe ich mich für verpflichtet erachtet, theils weil das Vor= gekommene mir an sich schon wichtig genug dazu zu sein scheint, theils um desto rascher und kürzer berichten zu können, falls etwas Neues hinzutritt. Die Stimmung zwischen Oester= reich und Preußen würde meiner Ansicht nach, wenigstens innerhalb der Bundes=Versammlung, zu einem solchen Grade nicht gesteigert sein, wenn die übrigen Staaten eine strenge Neutralität beobachteten und in die vorkommenden Angelegen= heiten einen thunlichst gemeinsamen, auf eigene Überzeugung sich stützenden Gang nähmen. Jetzt betrachten die beiden Großmächte die Bundes=Versammlung als das Feld, auf dem sie sich gegenseitig bekriegen und mittelst zu gewinnender Majoritäten — die sie wider sich nicht anerkennen — Schach zu bieten. Die vertrauliche Oesterreichische Circulardepesche liefert dazu den Beleg.

Bürgermeister Smidt, welcher gestern in Darmstadt war, theilt mir eben mit, daß man von dort zu einem Flotten= Beitrage nach dem Bayerschen Verhältnisse sich erbieten werde. Die Genehmigung des Großherzogs sei bereits erfolgt.

19.
Der Bundestagsgesandte von Bismarck an den Ministerpräsidenten von Manteuffel.
Frankfurt a. M., 11. Februar 1852.

Geh. St.-A.

In der letzten Sitzung des Militär-Ausschusses wurde von Seiten eines der Mitglieder[1] beiläufig die Bemerkung gemacht, daß von den Versuchen, eine contingentirte Nordsee-Flotte zu bilden, sich nur dann ein günstiger Erfolg hoffen lasse, wenn die Preußische Regierung dem deshalb zu bildenden Verein beiträte. Die anwesenden Gesandten von Baiern, Darmstadt, Würtemberg und Hannover stimmten dieser Ansicht lebhaft bei und bedauerten, daß die Königliche Regierung sich zur Durchführung derselben nicht bereit finden lasse. Ich erwiderte, daß namentlich die K. Hannöversche Regierung zu einer Klage der Art keine Veranlassung haben dürfte, da derselben von Berlin die Bereitwilligkeit der K. Regierung, auch in dieser Form sich an Herstellung der maritimen Wehrkraft Deutschlands zu betheiligen, ausdrücklich ausgesprochen sei und Preußen nur um, in Hinblick auf anderweit gemachte Erfahrungen, jeder unrichtigen Auffassung seiner Bestrebungen vorzubeugen, es für angemessen gehalten habe, der freien Wahl seiner Bundesgenossen in keiner Weise vorzugreifen, denselben vielmehr die Initiative zu überlassen, falls sie die Beihülfe Preußens in Anspruch nehmen wollten. Herr von Bothmer schien mir mit den Verhandlungen, die in dieser Beziehung in Hannover und in Berlin angeknüpft waren, nicht vollständig bekannt zu sein und fügte nur hinzu, daß man damals vielleicht noch günstigere Aussichten als jetzt für das Zustandekommen einer Nordsee-Flotte, ohne zum Behuf derselben die Kräfte Preußens anderen Richtungen zu entziehen, gehabt habe.

---

1 Nach einem Berichte Bothmers an die hannoversche Regierung vom 11. Februar ist es der bayrische Gesandte gewesen.

Ich würde in den Äußerungen meiner Collegen nur einen der vielen Versuche erblickt haben, Preußen für das Mißlingen des Unternehmens die Verantwortlichkeit zuzuschieben, wenn nicht inzwischen mehrere der Gesandten nicht nur ihr Bedauern für die Vergangenheit, sondern auch noch bestehende Wünsche für die Zukunft in der obigen Richtung gegen mich ausgesprochen hätten. Namentlich hatte ich gestern einen Besuch des Herrn von Schrenck, in Folge dessen ich mir schon erlaubt habe, in einigen flüchtigen Zeilen kurz vor Postschluß die bezeichnete Auffassung der Sache Euer Excellenz geneigter Erwägung anheimzugeben. Nach den Äußerungen des Herrn von Schrenck muß ich zu meiner Überraschung annehmen, daß nicht nur Baiern, sondern auch Baden und selbst Württemberg der Bildung einer contingentirten Nordsee=Flotte unter Theilnahme Preußens nicht abgeneigt sind. Als Motiv dieser Geneigtheit konnte ich in der Unterredung mit Herrn von Schrenck nur die Besorgniß vor dem üblen Eindruck bei den Kammern und der übrigen Bevölkerung ermitteln, welchen eine vollständige Auflösung der Nordsee=Flotte hervorbringen werde.

Die Königliche Regierung ist früher der Theilnahme an einer nicht unter directer Verwaltung des Bundes stehenden Nordsee=Flotte, sei es auf der Basis des Zollvereins oder auf der des Bündnisses mit den Nordsee=Staaten, geneigt gewesen und wurden unsere Verhandlungen mit Hannover durch mich selbst und später durch den Legations=Rath Neubourg in diesem Sinne angeknüpft. Ich würde die Durchführung eines solchen Planes nach wie vor als ein überaus günstiges Resultat für die Stellung Preußens in Deutschland betrachten, in dem Grade die Flotte nächst den materiellen Zollvereins= Interessen die Sympathie der deutschen Bevölkerung und, theils in Folge hiervon, theils unmittelbar, die Theilnahme vieler Regierungen vorzugsweise beschäftigt. Der Erfolg, zu dessen Erreichung sich hier durch die Bundesversammlung eine Möglichkeit bietet, fällt meines Erachtens zusammen mit dem, welchen wir durch die Verhandlungen mit Hannover erstrebten; es handelt sich darum, eine unter vorwiegendem Preußischen

Einfluß stehende Nordsee=Flotte zu schaffen. Das Vorwiegen unseres Einflusses wäre, wie ich nicht zweifle, eine natürliche Folge der Thatsache unserer Theilnahme, welches auch die formellen Bedingungen derselben immerhin sein möchten, unter der Voraussetzung natürlich, daß die Nordsee=Flotte in keinem directeren Verhältnisse zur Bundesversammlung stehen wird, als dies in dem Entwurf für die contingentirte dreitheilige Flotte in Bezug auf die Abtheilungen im Adriatischen Meer, in der Ostsee und gleichmäßig für die Vereins=Flotte in der Nordsee beabsichtigt ist. Die nähern Bestimmungen über den Sitz der zu gründenden Admiralität und über die Kommando= verhältnisse würden Gegenstand der Verhandlung bleiben. Zu diesen Verhandlungen würde dadurch die Frist gewonnen werden, daß die Bundesversammlung unser Erbieten, gegen Verpfändung von Schiffen die Umlage vom 8. Juli zu zahlen, annehme, wozu meine Aussicht begründeter ist, als sie vor einigen Tagen war, besonders wenn ich mit dem Verlangen Preußens die Eröffnung verbinden darf, daß wir geneigt seien, uns demnächst an dem Nordsee=Flotten=Verein zu betheiligen; der Pfandbesitz würde meiner Ansicht nach so lange zu dauern haben, als der Ertrag unserer und der von den übrigen Staaten noch zu gewärtigenden Zahlungen zur Deckung der Bedürfnisse der Flotte ausreichte. Diese Zeit schlage ich eher über, als unter 4 Wochen an. Wäre nach Ablauf derselben eine Verständigung nicht erreicht, so würden die an uns ver= pfändeten Schiffe auf unser Verlangen unser Eigenthum werden und vorbehaltlich der Liquidation zur Deckung unseres Gut= habens dienen.

Bei Einhaltung dieses Weges und das Zustandekommen des Pfandgeschäftes vorausgesetzt, kann, wie ich glaube, unsere Situation dadurch keinen Falls eine ungünstigere werden, daß ich in der nächsten Sitzung die Bereitwilligkeit Preußens erkläre, sich an dem zu bildenden Nordsee=Verein zu betheiligen und über die Modalitäten mit den übrigen Theilnehmern in Unterhandlung zu treten. Führen diese Unterhandlungen zu keinem für uns annehmbaren Resultat, so ergiebt sich von selbst, daß wir nach Ablauf der für das Pfandgeschäft gestellten Frist als Eigenthümer der übernommenen Schiffe ausscheiden und das fernere Liquidations-Verfahren unseren Bundesgenossen überlassen.

Noch günstiger würden sich die Aussichten auf Erfolg nach Lage der Sache und der Auffassung meiner Collegen stellen, wenn ich autorisirt würde, der Aufforderung, welche an alle Bundesstaaten, die sich bei dem Nordsee-Verein betheiligen wollen, ergangen ist, in der Art zu entsprechen, daß ich eine bestimmte Quote, mit welcher Preußen dem Verein beitreten wolle, schon in der nächsten Sitzung bezeichnete. Von Seiten Baierns ist, wie ich schon in früheren Berichten erwähnt habe, das bedingte Anerbieten gemacht worden, jährlich 200 000 Gulden zur Nordsee-Flotte zu geben; Hannover hat sich bereit erklärt, eben so viel wie Baiern, also nach Maßgabe der Matrikel etwa verhältnißmäßig das Dreifache, beizutragen. Die Gesandten beider Staaten geben mir zu, daß diese Anerbietungen nicht ausreichten, um auf sie die Hoffnung zu gründen, daß etwas zu Stande komme. Wenn Preußen ein bestimmtes Anerbieten macht, so würde dasselbe meines Erachtens nach Verhältniß der Beiträge der übrigen Theilnehmer auf etwa 50% der Matrikel Preußens, also der Bevölkerung der dem Nordseegebiet angehörigen Provinzen Rheinland, Westphalen und Sachsen entsprechend, oder auf eine bestimmte Summe zu normiren sein, die den einzelnen Beitrag Baierns oder Hannovers jedenfalls überstiege. Auch nach einem Anerbieten der Art würde Preußen noch Mittel genug in Händen haben, um die demnächstigen Verhandlungen über den Abschluß des Nordsee-Vereins mißlingen zu lassen, wenn das später wünschenswerth erscheinen sollte. Außerdem ist es möglich und sogar wahrscheinlich, daß der Eifer mancher unserer Bundesgenossen für die Flotte sich vollständig abkühlt, wenn die Erreichung des anscheinend von ihnen erstrebten Zieles und die wirkliche Leistung der damit verbundenen Opfer durch den angebotenen Zutritt Preußens in nahe Aussicht gestellt wird. Mißlingt auf diese Weise das Unternehmen trotz unserer Bereitwilligkeit, dasselbe zu fördern, so haben wir wenigstens durch unser Anerbieten ein wirksames Argument gegen viele Vorwürfe gewonnen, die man bisher uns zu machen bestrebt gewesen ist.

Mein gehorsamster Antrag geht also dahin, mich geneigtest zu ermächtigen, daß ich die Bereitwilligkeit Preußens an dem Nordsee=Flotten=Verein entweder im allgemeinen oder mit einer bestimmten Beitragssumme Theil zu nehmen erkläre, indem ich gleichzeitig die Zahlung der Umlage vom 8. Juli gegen Verpfändung von Schiffen, die nach Verbrauch der Umlage vom 8. Juli, wenn nichts anderes verabredet wird, Preußisches Eigenthum werde, anbiete.

Von Herrn von Bothmer wird mir soeben die Mittheilung, daß seiner Ansicht nach die Theilnahme Preußens an der Nordsee=Flotte nur erwünscht sein könne, daß aber Hannover in die Verpfändung von Schiffen an Preußen nicht willigen könne. Die Betrachtung, daß auf diesem Wege allein die für Hannover in so hohem Grade erwünschte Frist zu einer ferneren Verständigung zu gewinnen sei und daß die an uns zu verpfändenden Schiffe, so lange das Pfandverhältniß nicht in Eigenthum übergegangen sei, nicht aufhörten, einen Theil des zur Bildung einer Vereins=Flotte vorhandenen Materials auszumachen, blieb ohne Einfluß auf die Ansicht des Herrn von Bothmer. Herr von Örtzen, der mich eben verläßt, ist der Ansicht, daß jeder Staat, und namentlich Preußen, sofort die Schiffe, welche es übernehmen wolle, zu bezeichnen und bei Concurrenz das Meistgebot zu entscheiden habe. Er glaubt, daß auch die Mehrheit der andern Staaten für diese sofortige Lösung sich schließlich erklären werde, durch dieselbe sei die Bildung des Nordsee=Vereins nicht präjudicirt, indem die betheiligten Staaten gerade auf diesem Wege sofort die nöthigen Schiffe erwerben könnten. Ich fürchte nur, daß diese Staaten noch durchaus nicht in der Lage sind, übersehen zu können, ob und welche Geldmittel ihnen zu Gebote stehen und schien mir Herr von Örtzen das sehr problematische Baiersche Anerbieten als ein unbedingtes aufzufassen.

Noch erwähne ich, daß Herr von Schrenck von seiner Regierung autorisirt ist, in die Verpfändung von Schiffen an Preußen zu willigen und daß er mir vertraulich mittheilte, wie die Versuche des Kaiserlich Österreichischen Kabinets bei den einzelnen Höfen dahin zu wirken, daß die Entscheidung über die Eigenthumsfrage aufgeschoben werde, in Stuttgart, Karlsruhe und Darmstadt fruchtlos geblieben seien.[1)]

20.

Der Bundestagsgesandte von Bismarck an den Ministerpräsidenten von Manteuffel.
Frankfurt a. M., 14. Februar 1852.

Geh. St.-A.

Die Conferenz, welche im Auftrage der Bundesversammlung heut nach Erkrankung des sächsischen Gesandten zwischen den Vertretern von Baiern, Hannover, Hamburg und mir stattgefunden, hat folgendes Resultat geliefert. Der Gedanke von Verpfändung von Schiffen, namentlich unter körperlicher Übergabe des Pfandes, stieß auf den entschiedensten Wider-

---

[1)] In einem Privatschreiben an Manteuffel vom selben Tage weist Bismarck noch darauf hin, daß der von ihm vorgeschlagene Weg zur besonderen Genugthuung des Königs gereichen würde, „wie mir Allerhöchstderselbe noch bei meiner letzten Audienz in den lebhaftesten Ausdrücken zu erkennen gab". — Der Vorschlag Bismarcks wurde durch Telegramm des Ministerpräsidenten vom 13. Februar genehmigt: „Wir erkennen den Nutzen einer Nordsee-Flotte selbst für einen Theil unserer eigenen Provinzen an. Ew. pp. sind deshalb ermächtigt, Ihrem Vorschlage gemäß im Allgemeinen die Bereitwilligkeit Preußens zur Theilnahme an dem Nordsee-Flotten-Verein zu erklären. Die näheren Modalitäten müssen der Verhandlung mit den betheiligten Regierungen vorbehalten bleiben. Ich communicire darüber deshalb mit unseren inneren Behörden. Bestimmtere und bindendere Erklärungen sind deshalb nicht abzugeben."

stand aller Übrigen, indem man eine solche Operation des
Bundes als anstößig in der öffentlichen Meinung bezeichnete.
Das augenblickliche Geldbedürfniß, nachdem von Dänemark
und Mecklenburg für mehr als 20000 fl. Zahlungen auf die
letzten Vorschußumlagen angewiesen sind, erwies sich für jetzt
als weniger zwingend zur Annahme unserer Vorschläge, zumal
außerdem der an sich nicht unzweckmäßige Gedanke aufgetaucht
ist, durch Veräußerung solcher Schiffe, die voraussichtlich als
Kriegsschiffe ganz untauglich sind, namentlich der „Hansa",
Geld flüssig zu machen. Wenn auch zweifelhaft ist, ob eine
solche Operation ohne Preußens Zustimmung für rechtlich
statthaft zu halten sei, so lange die erfolgte Anerkennung des
Eigenthums nicht zu praktischen Consequenzen durchgeführt
ist, so bietet doch der hierüber etwa zu erhebende Prinzipien=
conflict kaum einen anderen wahrscheinlichen Ausweg, als den
unseres formellen Bruchs mit der Bundesversammlung. Die
Drohung mit Letzterem, welche ich vertraulich zur Anwendung
gebracht habe, namentlich aber die entschiedene Sprache der
K. Regierung Wien gegenüber, hat den erfreulichen Erfolg
gehabt, unsere Bundesgenossen nachgiebig bis auf einen ge=
wissen Punkt zu stimmen. Ein wirklicher Bruch wäre in=
dessen ein immerhin unbehagliches Ereigniß. Ich habe daher,
um aus der bisherigen gegenseitigen Spannung und über
die vielfachen Keime des Zerwürfnisses, die in den letzten
Phasen der Flottensache ohnehin liegen, hinwegzukommen,
gern den Ausweg ergriffen, der sich nach Analogie des Vor=
schlages Nr. 13 in meinem gehorsamsten Bericht vom 7. d. M.
darbot. In Folge dessen ist das heut bereits telegraphirte,
abschriftlich anliegende Abkommen, sowie der gleichfalls bei=
gefügte Beschluß=Entwurf für die Sitzung am Montag in der
heutigen Conferenz nach fünfstündiger Debatte redigirt worden.
Die Zusicherung, die ich auf Grund der gestern durch den
Telegraphen erhaltenen geneigten Ermächtigung wegen unseres
Beitritts zum Nordsee=Verein geben konnte, wirkte sichtbar
günstig auf die Stimmung meiner Collegen und ich glaube,
daß durch Annahme der anliegenden Vorschläge der Haupt=

zweck, welchen die K. Regierung mit der Zahlung der 160000 fl. verbinden wollte, nämlich die Garantie definitiver Erledigung in der Frist, für welche dieses Geld reicht, gesichert sein wird. Außerdem haben wir die Wahrscheinlichkeit, daß entweder eine Nordsee-Flotte unter Preußischer Leitung ins Leben tritt oder doch uns der Besitz der beiden besten Schiffe der Flotte verbleibt. Der Taxwerth beider Schiffe beträgt zwischen 700000 und 800000 fl. Für die „Gefion", augenscheinlich zu gering, 262000 fl. Unser Guthaben wird, je nach den Grundsätzen der Berechnung, auf das Minimum von 10 bis 1200000 fl. veranschlagt. Ich habe die Summe mit etwas über 700000 fl. so hoch gegriffen, wie ich glaube, sie für jetzt ohne Streit zur Aufstellung bringen zu können und deshalb das Geschäft einstweilen auf die beiden genannten Schiffe beschränkt, weil ich, wenn ich die nächst besten Schiffe, „Erzherzog Johann" oder „Ernst August", hätte mit hineinziehen wollen, um etwa 400000 fl. hätte höher gehen müssen und die dann sich ergebende Gesammtsumme ist als bescheinigt für uns keines Weges zu betrachten, so lange man nicht weiß, zu welchem Ertrag sich die Flotte verwerthen läßt. Daß die dissolutive Bedingung des Zustandekommens des Nordsee-Vereins nicht eintreten wird, glaube ich ohnehin verbürgen zu können. Baiern, Hannover und die eifrigsten Anhänger des Flotten-Vereins gestehen unumwunden ein, daß ohne unsern Zutritt nichts aus der Sache werden könne. Der monatliche Bedarf der Flotte ist etwa 56000 fl. und wenn auch von unserer Einzahlung etwa 80000 fl. zur Zahlung von Rückständen aufgehen, so treten doch die schon angewiesenen Quoten von Holstein und Mecklenburg und die in Aussicht gestellten von Luxemburg und anderen Staaten mit etwa 40 bis 50000 fl. hinzu, so daß ich nach Rücksprache mit der Marine- und Kassen-Abtheilung annehmen darf, daß die flüssig werdenden Gelder zur Deckung der Kosten bis ultimo März mehr als hinreichen. Wir selbst bedürfen einiger Frist, um unsere Verhandlungen über die Nordsee-Flotte im In- und Auslande zu führen. Ich hätte nach dem Wortlaute des Beschlusses vom 24. Januar, nachdem der Verein als am 10. Februar zustande gekommen nicht zu betrachten ist, verlangen können, daß ein Kauf ohne Resulotivbedingungen mit uns abgeschlossen werde, dann hätte aber auch sogleich die Unterhaltung der zu kaufenden Schiffe auf uns übergehen müssen, das Benefizium, den größten Theil des Kaufpreises nicht baar zu zahlen, wäre uns bestritten, der Zuschlag verzögert worden und in diesem Streit wäre eine neue Quelle der Verschleppung gegeben.

Zu erwägen ist der Fall, daß Östreich, dem die jetzige Wendung der Dinge offenbar sehr unwillkommen ist, nunmehr gleichfalls nach unserm Vorgange dem Verein könnte beitreten wollen. Ich glaube nicht daran. Aber entweder würde dann die Nordsee=Flotte rein als Bundeseinrichtung beibehalten, und für diesen Fall wird die Pflicht Östreichs, alle Rückstände zu zahlen, von Niemand, den ich bisher gesprochen habe, als zweifelhaft betrachtet. Auch würde die Flotte dann organische Einrichtung werden und die nie zu erwartende Zustimmung Luxemburgs und Holsteins bedürfen. Eine andere Eventualität wäre, daß Östreich gleich uns und etwa für Böhmen dem Nordsee=Contingent beitreten wollte. Nach dem Beschluß über Einrichtung der dreitheiligen Bundesflotte hat das Nordsee=Contingent in keinem näheren Verhältniß zum Bunde zu stehen, als das baltische oder das adriatische Contingent; die innere Einrichtung des Ersten hängt von freier Vereinbarung der Betheiligten ab und es käme dann darauf an, Östreich solche Bedingungen über die Einrichtung der Admiralitäts= und Kommandoverhältnisse zu stellen, wie sie mit unseren Interessen in Harmonie wären.

Das Resultat der gestrigen vertraulichen Sitzung und also auch das voraussichtliche Ergebniß der offiziellen Abstimmung am Montag findet sich in dem anliegenden Beschlußentwurf kurz angegeben. Nur Östreich und Dänemark bestreiten das Bundes=Eigenthum. Luxemburg giebt es zu, falls sich kein anderer Eigenthümer meldet. Kurhessen und die 16. Kurie wollen sich über die Eigenthumsfrage nicht aussprechen. Die Verpflichtung zur Nachzahlung der Beiträge von 1848 will von den meisten Staaten nicht als rechtliche Folge der Anerkennung der Flotte als Bundeseigenthum betrachtet werden. Ich werde dennoch der Form wegen am Montag den Antrag auf Zahlung dieser Rückstände stellen, demselben aber gleichzeitig das Verlangen hinzufügen, eventuell wenigstens den Grundsatz zur Anerkennung durch Abstimmung zu bringen, daß das sich bei der Liquidation ergebende Defizit matrikularmäßig von allen Staaten getragen werde, indem ich einen starken Accent darauf lege, daß die in dem entgegengesetzten System liegende bundeswidrige Ungleichheit von uns auf die Dauer keinenfalls werde ertragen werden. Diesem Theil meines Antrags wird voraussichtlich nur Östreich widersprechen, Baiern will ihn wenigstens annehmen. Der ganze Antrag wird ohne Zweifel zur Instruction gestellt werden. Auch die Wahl eines Ausschusses, welcher sich damit zu beschäftigen hat, wie der Streit, welcher jetzt zwischen der Majorität der Versammlung und zwischen Östreich schwebt über die Competenz der Majorität, nämlich in Bezug auf Anerkennung des Bundeseigenthums und auf deren Folgen, zu schlichten sei, das Resultat der Verhandlungen dieses Ausschusses kann kaum ein anderes als der Vorschlag einer compromissarischen Instanz sein.

Ich muß für heut schließen und bemerke noch gehorsamst, daß mir mein gestern in der Eile gemachter Antrag, als Kriterium für das Zustandegekommensein des Nordsee=Vereins eine Zahlung an die Bundesfonds zu verlangen, als unpraktisch erscheint. Das in dem heutigen Entwurf gestellte Verlangen, die Übernahme der Kosten der Flotte als Beweis für die Existenz des Vereins zu stipuliren, scheint dem Zweck entsprechender. Für den Fall des Nichteinverständnisses bitte ich um geneigten telegraphischen Bescheid bis zu Montag Mittag.

21.

**Der Bundestagsgesandte von Bismarck
an den Ministerpräsidenten von Manteuffel.
Frankfurt a. M., 8. April 1852.**

Geh. St.=A.

Aus meinem heutigen Immediat=Bericht über die gestrige Sitzung wollen Euer Excellenz geneigtest ersehen, daß das Geschäft der Auflösung der Flotte wenig vorgerückt und der Hauptsache nach dem Militärausschuß zu weiterer Bericht= erstattung zugewiesen worden ist, indem nur für unwesentliche Punkte der Auftrag gegeben wurde, schon praktisch vor= zuschreiten.

Zur Erklärung dieser Erscheinung füge ich nachstehende gehorsamste Erläuterungen hinzu.

In der Sitzung vom 2. April war der nunmehr auf= gelöste Flottenausschuß, in welchem die principiellen Fragen früher auf Antrag Preußens und Hannovers verhandelt worden waren, zur Berichterstattung angewiesen. Bei den Berathungen in demselben wurde anerkannt, daß die zuerst zu ergreifenden Maßregeln in einer Kündigung aller künd= baren Engagements und in der Veröffentlichung des bevor= stehenden Verkaufs von Schiffen zu bestehen hätten; indessen hielt sich der Flottenausschuß nur berufen bei der Bundes= versammlung zu beantragen, daß und in welcher Weise der Militärausschuß, dem die Administration der Flotte obliegt, mit diesen Geschäften zu beauftragen sei. Über den ersten Punkt wurde in dem Flottenausschuß kein Zweifel erhoben, daß es angemessen sei, das Oberkommando der Marine durch den Militärausschuß zu den fraglichen Kündigungen an= weisen zu lassen. Über den zweiten Punkt waren Graf Thun und ich der Ansicht, daß die Bundesversammlung selbst so schleunig wie möglich eine Bekanntmachung über den Termin und die Modalitäten des Verkaufs der Schiffe auszuschreiben habe. Die übrigen im Ausschuß anwesenden Gesandten, die von Baiern, Oldenburg, Hamburg und Mecklenburg, fanden aber die Bemerkung des Letzteren gerechtfertigt, daß es in der öffentlichen Meinung einen üblen Eindruck machen werde, wenn eine solche Bekanntmachung von der Bundesbehörde selbst ausgehe. Wir suchten vergebens dies Bedenken mit der Hinweisung zu bekämpfen, daß jeder Tag der Zögerung, etwa 1000 Thlr. im Bremer Hafen koste. Es wurde per majora beschlossen, daß die Bekanntmachung von den zur Auflösung der Flotte zu bevollmächtigenden drei Commissarien bewirkt werden solle. Es war schon früher vorgeschlagen worden, drei der Bundesstaaten zur Stellung je eines Commissarius aufzufordern; nachdem sich aber unter Vortritt Hannovers alle successive aufgeforderten Staaten aus Rücksicht auf die öffentliche Meinung geweigert hatten, der Aufforderung nachzukommen, hatte man sich dahin geeinigt, daß ein Bevollmächtigter des Bundes zu dem Zwecke genügen werde, und die Großh. Mecklenburgische Regierung ersucht, denselben zu ernennen. In der letzten Sitzung des Flottenausschusses zeigte nun Herr von Örtzen an, daß auch seine Regierung, nach Vorgang der übrigen, dieses Mandat ablehne. Graf Thun äußerte hierauf mit großer Lebhaftigkeit, daß ein derartiges Verhalten der Bundesstaaten nothwendig auf den Dualismus hindränge, in dem schließlich nichts übrig bleibe, als daß die beiden Großmächte die Sache selbstständig in die Hand nehmen, dann aber auch die Frage entstehe: wozu die kleinen Staaten überhaupt da seien? Ich schlug darauf vor als sachgemäßesten und wohlfeilsten Ausweg drei Marine-Beamte des Bundes, nämlich den Admiral Brommy, den Intendanten Bernau und den Material-Direktor Weber, zu committiren. Mein Vorschlag fand keinen Anklang, weil Brommy ein solches Geschäft, als für ihn kränkend und nicht zu seinem Dienst gehörig, ablehnen werde, die beiden anderen aber notorisch in so bitterer persönlicher Feindschaft mit einander lebten, daß ein förderliches Zusammenwirken von ihnen nicht zu erwarten sei. Wenngleich mir diese Gründe nicht stichhaltig schienen, so konnte man sich doch schließlich nur dahin einigen, daß versucht werden solle, Privatpersonen zu ermitteln, welche bereit und fähig wären, die Aufträge des Bundes auszuführen. Nachdem in dieser Beziehung der General Jochmus, Heinrich von Gagern und verschiedene Schiffsmakler und Advocaten der Hansestädte genannt waren, brachte der Oldenburgische Gesandte den ehemaligen Großh. Staatsrath Fischer, der Hamburgische den Wasserbaurath Hübbe, Verfasser der Beschwerde gegen die Neunerverfassung, in Vorschlag. Beide Gesandten wurden von dem Ausschuß beauftragt, sich in vertraulichem Wege zu vergewissern, ob die von ihnen bezeichneten Candidaten zur Übernahme des Mandats geneigt sein würden. Von preußischem Standpunkte dürften gegen keine der beiden genannten Persönlichkeiten Bedenken obwalten, wenn ich auch die Wahl von Privatpersonen im Allgemeinen für einen unpassenden Ausweg halte.

Der Militärausschuß wird wegen des heutigen und morgenden Feiertags erst am Sonnabend wieder Sitzung halten und dann hoffentlich im Stande sein, den ihm durch den gestrigen Bundesbeschluß ertheilten Aufträgen wenigstens in soweit nachzukommen, daß er einen Commissarius zur Auflösung der Flotte ernennt und zu den erforderlichen Bekanntmachungen anweist.

Die Termine zum Verkauf der Schiffe selbst werden ohne Zweifel in geräumigen Fristen angesetzt werden, um das Bekanntwerden bei allen Kauflustigen zu ermöglichen. Bis jetzt sind Anfragen nur von einem Rheder in Havre und von einem spanischen Handlungshause, letzteres anscheinend im Auftrage seiner Regierung, eingegangen. Der Auftrag an Admiral Brommy, alle kündbaren Verträge mit dem Personal in soweit zu lösen, als die vorläufig verbleibenden Anforderungen des Dienstes es gestatten, ist noch gestern in einer kurzen Sitzung des Militärausschusses ausgefertigt worden. Die dadurch eintretenden Erleichterungen der Marine-Kasse werden indeß erst nach Verlauf verschiedener, zum Theil mehrmonatlicher Fristen wirksam werden können. Außerdem werden die Verhältnisse der mit Patent und ohne Vorbehalt angestellten Beamten, sowie Sold und Verpflegung der bis zur wirklichen Übergabe der Schiffe an etwaige Käufer erforderlich bleibenden Mannschaften noch beträchtliche Geldopfer fordern. Die von uns gezahlten 160000 fl. sind durch die Deckung der Anleihe bei Rothschild und der vorläufig aus Beständen von anderweiter Bestimmung entnommen gewesenen Ordinarien pro Januar und Februar so weit absorbirt, daß zur Deckung des jetzt fälligen Ordinariums pro März von 30000 Thalern nur noch zwischen 10 und 20000 Gulden übrig bleiben.

Die Bundesversammlung hat gestern angenommen, daß die nächsten Exigenzen aus den Erträgen des Verkaufs des Flottenmaterials vorschußweise würden bestritten werden können. Ich habe dabei bemerkt, daß ein solches Verfahren meinen bisherigen, freilich mit Rücksicht auf eine andere Sachlage, mir ertheilten Instructionen widerspreche, daß ich mich aber bei der K. Regierung dafür verwenden wolle, daß ein Widerspruch nicht erhoben werde, weil das Verlangen, die unbestreitbar erforderlichen Geldmittel durch eine Umlage oder anderweitig aufzubringen, voraussichtlich neue und unabsehbare Verzögerungen des Geschäfts mit sich bringen werde. In der That glaube ich, daß nichts übrig bleibt, als in der vorgeschlagenen Weise und vorbehaltlich definitiver Liquidation in die vorschußweise Bestreitung der Kosten aus den Verkaufs-Erträgen, also aus dem Kapitalwerth der Flotte, zu willigen, zumal da der Zweck, zu welchem wir früher an dem entgegengesetzten Grundsatz festgehalten haben, nämlich das Erzwingen der wirklichen Auflösung der Flotte, jetzt erreicht ist.

Eine Schwierigkeit bleibt immerhin dadurch bestehen, daß die Kaufgelder für Schiffe nicht so zeitig einfließen werden, als der Bedarf eintritt. Auf meinen Antrag wird einstweilen ermittelt, ob der Vorrath an Gegenständen von marktgängigem Preise und leichter Verkäuflichkeit, als da sind: Pulver, Kohlen, Metalle und dergleichen, groß genug ist, um daraus eine irgend erhebliche Summe bald flüssig machen zu können.

Im Allgemeinen setzen meine Collegen sehr geringe Hoffnungen auf das Resultat des Verkaufs und von Mehreren bin ich dringend gebeten worden, dahin zu wirken, daß Preußen das ganze Material an sich kaufe, wobei man zugleich die Hoffnung aussprach, daß die Königliche Regierung nicht ein etwaiges ungünstiges Resultat der Licitation benutzen wolle, sondern das vorhandene nach einer Werthtaxe übernehmen werde, und so von Deutschland die Schmach einer Vergantung der Flotte und von sich selbst den Schein abwenden werde, als hätten wir die Geldverlegenheiten der Flotte gefördert, um die Substanz wohlfeil an uns zu bringen.

Ich habe darauf einstweilen erwidert, daß bis jetzt die K. Regierung den Neubau von Schiffen ihrem Interesse entsprechender finde, als den Ankauf der noch im Bremer Hafen verbleibenden.

22.
Admiral Brommy
an den Ministerpräsidenten von Schele.
Bremerhaven, 26. August 1852.

H. 40, Nr. 1i.

Ew. Excellenz! Der Beschluß[1]) der hohen Bundes-Versammlung vom 29. Juli, die Auflösung der deutschen Marine und die Entlassung der mit Patent und ohne Vorbehalt angestellten Offiziere und Beamten derselben betreffend, welcher gestern publizirt ward, möge als Entschuldigung dienen, daß ich es wage, Ew. Excellenz mit einer eigenen Angelegenheit beschwerlich zu fallen.

Daß ein solcher Beschluß meinerseits nicht erwartet werden konnte, nachdem Ew. Excellenz die Güte hatten, mir mitzutheilen, daß die Grundsätze des Rechts und der Billig-

---

1) Vergl. über diesen Beschluß oben S. 209.

keit maßgebend bei der Auflösung der Flotte sein sollten, darf nicht befremden. Aber befremden muß er mich, da er mit meiner Berufung nach Deutschland in so grellem Widerspruch steht.

Auf Befehl des Erzherzog-Reichsverwesers vom Reichsministerium aufgefordert, den Königlich Griechischen Dienst zu verlassen und nach Deutschland zu kommen, um die zu begründende Marine zu organisiren, folgte ich, mit Erlaubniß Sr. Majestät, diesem Rufe; in wie weit ich die mir gestellte Aufgabe gelöst und den an mich gemachten Anforderungen entsprochen habe, — während eines Zeitraums von drei und einem halben Jahre — bedarf Ew. Excellenz gegenüber keiner weiteren Erörterung. Das Zeugniß darf ich mir geben, mit unermüdetem Eifer und redlich meine Pflicht unter den schwierigsten Verhältnissen erfüllt zu haben. Um so härter trifft mich nun ein höchster Beschluß, der meine ganze Existenz vernichtet. Im vollen Vertrauen auf die Autorität des von sämmtlichen deutschen Souverainen anerkannten Erzherzog-Reichsverwesers gab ich meine Stellung in Griechenland — nach fünfundzwanzigjähriger Dienstzeit — und somit eine gesicherte Existenz auf, um mich dem Dienste des Vaterlandes zu widmen, welches meine Kräfte in Anspruch nahm. Dieses Vertrauen auf das Patent eines deutschen Fürsten kann unmöglich auf eine solche Weise, wie sie der Bundes-Beschluß anordnet, getäuscht werden. Die gütige Aufnahme, welcher ich mich von Ew. Excellenz stets zu erfreuen hatte, läßt mich jetzt vertrauensvoll an Sie wenden und Ihren gütigen Rath ansprechen, was ich in dieser für mich unangenehmen Lage zu thun habe.

Wäre es nicht zu ermöglichen, daß abseiten der Kaiserlichen Regierung, durch Ew. Excellenz gütige Unterstützung, meine ganz eigenthümliche Lage bei der hohen Bundes-Versammlung vorgestellt und in Berücksichtigung gezogen werden könnte, damit ich nicht in Folge politischer Maßregeln in eine Lage versetzt werde, welche ich durch meine treuen Dienste nicht verschuldet habe.

Eine traurige Zukunft steht mir bevor, mögen Ew. Excellenz geruhen, sich meiner anzunehmen.

Einer hochgeneigten Antwort sehe ich hoffnungsvoll entgegen und indem ich Ew. Excellenz nochmals die Versicherung gebe, daß es fortwährend mein Bestreben sein wird, Alles anzuwenden, um die Auflösung der Marine zu einem guten Resultate zu bringen, verharre ich, wie immer, mit der ausgezeichnetsten Hochachtung

Ew. Excellenz ganz ergebenster
R. Brommy, Admiral.

23.
Der Bundestagsgesandte von Bismarck an den hannoverschen Minister von Schele.
Frankfurt a. M., 27. April 1853.
H. 40, Nr. 42 b.

Verehrtester Freund und Gönner! Von Ihrem Sinn für Collegialität darf ich erwarten, daß Ihre Theilnahme an den Leiden und Freuden des Militärausschusses nicht ganz erstorben sein und der Hülferuf eines Mitgliedes desselben bei Ihnen ein geneigtes Ohr finden wird.

Die peinliche Aufgabe der Beseitigung der Marinetrümmer ist fast vollendet, da fällt es einem demokratischen Apotheker in Bremerhaven ein, wegen einer Nachforderung für Abnutzung aus einem Miethverhältniß einen Theil des zu verkaufenden Bundeseigenthums mit Arrest belegen zu lassen. Das Bremer Gericht zeigt sich willig und der Mann findet mehr als einen Nachfolger; ohne vorgängige Benachrichtigung des Bundes-Commissars werden für 20- bis 30000 Thaler Gegenstände beschlagen und die Polizeidragoner weisen ihm die Thür, als er zur angekündigten Versteigerung schreiten will. Wenn das so weiter geht, so werden unsere Geschütze auf den Mainzer Wällen noch wegen vermeintlicher Forderungen an den Bund mit Arrest belegt, und die Regierungen,

die jedenfalls ebensoviel Recht gegen den Bund haben als
ihre Unterthanen, werden klüger thun, anstatt ihre Ansprüche
zu liquidiren, die Forderungen des Bundes an sie selbst,
d. h. ihre Beiträge zu Umlagen, mit Arrest zu belegen. Ich
begreife den alten Smidt nicht; der Bremer Senat hat sein
Gerichtsamt gegen Reclamation des Bundes=Commissars in
Schutz genommen, während ihm doch klar sein muß, daß,
so lange es kein competentes Gericht giebt, vor welchem der
Bund verklagt werden kann, auch keines competent ist, sein
Eigenthum mit Arrest zu belegen. Dabei hat der Vorgang,
nach den hierher berichteten Einzelheiten, vielmehr die Färbung
eines Versuchs, sein Müthchen am Bunde zu kühlen und ihn
zu Nutzen der Demokratie herabzusetzen, als sich vor Geld=
verlust zu wahren. Der Militärausschuß hat vorläufig den
Senat in Bremen aufgefordert, für Aufhebung des Arrestes
Sorge zu tragen und ihn für die aus der Anlage desselben
dem Bunde erwachsenden Nachtheile verantwortlich gemacht.
Weigert sich Senatus, darauf einzugehen, so bleibt dem Bunde
nur ein executivisches Einschreiten übrig, wenn er nicht die
Rolle einer von den Spatzen verunreinigten Vogelscheuche
spielen will. Meine Bitte und gleichzeitig die der Herrn
von Prokesch und von Nostitz geht nun dahin, daß Sie die
Güte hätten, Ihren freundnachbarlichen Einfluß bei dem Senat
aufzubieten, um ihn zur Raison zu bringen und weitern Colli=
sionen vorzubeugen, und wir haben das Vertrauen, daß Sie
gern bereit sein werden, uns diese Erleichterung einer ohnehin
peinlichen Aufgabe, diese Vermeidung eines scandalösen Con=
flicts durch Ihren Beistand zu ermöglichen. — Im Übrigen
ist von hier nicht viel zu melden. Bothmer verlieren wir
ungern, er ist ein gründlicher Arbeiter und ein grader, glaub=
würdiger Charakter. In Lorsbach habe ich mich im Bergsteigen
nach Schnepfen in diesem Jahre geübt; indessen hatte dieses
angenehme Geflügel im heurigen Frühjahr nicht nur Oculi
ganz verstreichen lassen, sondern auch diese Versäumniß durch
eine sehr beschleunigte Durchreise wieder einzubringen gesucht.
Ich habe eigenhändig nur Eine geschossen. Meine Frau

empfiehlt sich Ihrer freundlichen Erinnerung und ich verbleibe in aufrichtiger Verehrung und Ergebenheit stets der Ihrige.

    Frankfurt a. M., 27. April 1853.   v. Bismarck.

    P. S. Wenn Ihre Zeit Ihnen eine kurze Benachrichtigung über den Verfolg und Ihre Auffassung der obigen Sache gestattet, so würde ich es dankbar erkennen.

24.
Der Bürgermeister Dr. Smidt zu Bremen
an den hannoverschen Ministerpräsidenten von Schele.
Bremen, 4. Mai 1853.
H. 40, Nr. 42 b.

    Ew. Excellenz freundliche Zuschriften vom 1. und 2. habe ich gestern richtig erhalten und beehre mich heute versprochenermaßen meine neulichen vertraulichen Mittheilungen über den Hergang der fraglichen Verhandlungen mit dem Staatsrath Fischer durch die folgenden weiter zu ergänzen, indem ich zunächst eine Abschrift des vom Senator Albers in der vorgestrigen Senatsversammlung erstatteten Berichtes beilege und dann über das, was mir von Fischers Persönlichkeit zur Kunde gekommen, noch einiges hinzufüge, da jener Vorgang ohne gleichzeitige Auffassung und Würdigung der dabei concurrirenden psychologischen Erscheinungen und Momente kaum zu begreifen ist.

    Fischer muß ungefähr 70 Jahr alt seyn[1], denn er war Universitätsgenosse unseres verstorbenen Senator Droste und des ebenfalls verstorbenen Freiherrn Wilhelm von Grote, (ältesten Sohnes des vormaligen Hannoverschen Ministers), der zuletzt Oldenburgischer Regierungspräsident in Eutin war. Durch diese, die er häufig in Bremen und Oldenburg besuchte, wurde er (es können leicht 30 Jahr her seyn) bei mir eingeführt; wenn sie noch lebten, würden sie sich jetzt in dem

---
[1] Fischer wurde 1784 zu Hildburghausen geboren.

gedachten Alter befinden. Ich habe ihm hier, sowie in Frankfurt und wo er sonst mit mir zusammengetroffen, manche gefällige Artigkeit erwiesen und bei manchen Fehlgriffen seines Lebens, die er mir offen gestanden, ernsten, aber dabei freundlichen Rath ertheilt, weshalb er mich dann bei jeder Gelegenheit wieder aufgesucht hat.

Ich halte ihn für einen gutmüthigen und nichts Unrechtes wollenden Mann, der aber höchst leichtsinnig ist und von einer burschikosen Auffassung und Behandlung aller Lebensverhältnisse nicht scheiden kann, der sich dabey in der Rolle eines avocat de chose perdue gefällt und sich in dieser durch offene Tapferkeit auszeichnen möchte. — Er ist aus einem der kleinen Sächsischen Herzogthümer gebürtig, ni fallor in Hildburghausen, und trat zuerst in Coburgische Dienste, zu einer Zeit, wo ein gewisser Minister, wenn ich nicht irre hieß er Kretschmar, dort sehr willkürlich regierte, dem er so tapfer opponirte, daß er von dort weichen mußte. Später ist er dann in die Dienste des Fürsten von Leiningen getreten, bei dem er sich zur Herstellung seiner Finanzen verdient gemacht haben soll. Er rieth ihm nämlich, die Ausnahmsrechte, welche den mediatisirten Fürsten nach Art. 14 der Bundesakte reservirt sind, an die verschiedenen Souveraine, in deren Lande seine Besitzungen belegen, zu verkaufen, da ihm doch im Grunde wenig damit gedient sey, und führte das mit Glück durch. — Herr von Pechlin, der, wie Ihnen erinnerlich sein wird, jeder Zeit den Protector der Mediatisirten in der Bundesversammlung machte, war über das dadurch gegebene Beispiel der Geringschätzung jener Rechte wüthend, schalt Fischer einen Verräther und machte mir, wie Pechlin, Fischer und ich einst zufällig in Wiesbaden zusammentrafen, sogar Vorwürfe darüber, daß ich mit Fischer hinter dem Kurhause an einem Tische Kaffee getrunken. — Nach Erledigung dieses Geschäftes in Auerbach suchte er anderwärts wieder unterzukommen, bewarb sich unter anderm um eine Stellung bey dem Ober-Appellations-Gericht der freien Städte in Lübeck, wozu man ihn indeß doch nicht hinreichend befähigt erachten konnte.

Endlich gelang es ihm, durch Herrn von Grote in Olden=
burg eine Anstellung zu finden und bis zum Staatsrath zu
avanciren.

Sein leichtsinniges und burschikoses Wesen wollte indeß
auch dort nicht zusagen und man versetzte ihn daher nach
Birkenfeld, wo er mehrere Jahre an der Spitze der Regierung
gestanden. Hier ergriff er nun politische Maximen, welche mit
den früher im Leben befolgten vollkommen contrastirten, und
renommirte mit denselben als Beamter und als Schriftsteller
auf eine so auffallende Weise, daß ich mich dabei oft an ein
Urtheil erinnern mußte, das Graf Christian von Bernstorf
in Wien über den verstorbenen Nassauischen Minister und
Bundestagsgesandten von Marschall fällte, indem er bei einer
gewissen Gelegenheit ausrief: Voila un homme qui est
franchement illibéral! — Er kam wiederholt von Birken=
feld nach Frankfurt und behauptete dort gegen jedermann,
am linken Rheinufer wisse niemand als er, wie die Leute
zu behandeln seyn, in Rheinpreußen, Rheinhessen, Rhein=
baiern u. s. w. sey alles unzufrieden, nur in Birkenfeld walte
die vollkommenste Zufriedenheit vor. — Die Ereignisse des
Jahres 1848 stellten jedoch das vollkommenste Gegentheil
heraus. — Er wurde bei einem Auflaufe in Birkenfeld fort=
gejagt und mußte es sogar erleben, daß seine eigenen Söhne
sich zur Gegenpartey hielten. Seine Vermögensumstände
waren durch unglückliche Spekulationen völlig zerrüttet; in
Oldenburg protestirte man gegen seine Rückkehr, setzte ihm
jedoch ein Wartegeld aus. Er glaubte sich verfolgt; seine
Phantasie war dergestalt überspannt, daß er allenthalben
Leute zu finden glaubte, die ihm nach dem Leben trachteten.
So flüchtete er zu seinem Universitätsfreund, dem damals
noch am Leben befindlichen Senator Droste, hielt sich aber,
wie er hier ebenfalls von demagogischer Bewegung sich um=
ringt sah, ebenfalls in Lebensgefahr und glaubte sich am
sichersten verbergen zu können, wenn er sich bey dem Vorsteher
einer Irrenanstalt zu Oberneuland im Bremischen Gebiete, dem
Dr. med. Engelken, in Kost gab, der ihm in einer neben dem

Irrenhause belegenen Bauernhütte Quartier verschaffte, wo er ein Vierteljahr lang in größter Verborgenheit gelebt hat.

Nachdem die Wellen der deutschen Revolution sich allmählich zu beruhigen begannen, bot er sich bei allen deutschen Regierungen als ein Reactionär vom reinsten Wasser, der durch Gras und Korn zu gehen bereit sey, an, reiste allenthalben herum, wo Zusammenkünfte von Regierungen oder Ministern stattfanden, bildete sich auch ein, daß man sich um ihn reißen würde. So habe ich ihn an verschiedenen Orten getroffen, zuletzt noch in Dresden mit zwey Töchtern, die ihm geblieben waren, wie ein Vagabond herumziehend, in der abgelegensten Vorstadt auf einem Dachstübchen in der größten Misère und den saloppesten Umgebungen hausend. So traf ich ihn unter anderm auch vor einigen Jahren zufällig auf einer Reise in Jena an, wo er ein literarisches Leben beginnen wollte, die Professoren aber mit ihm umzugehen Scheu trugen. Endlich gelang es ihm, Aufträge der Ritterschaft im Gotha'schen in ihrer Streitsache gegen den Herzog von Coburg-Gotha zu erhalten und zugleich von einigen andern mediatisirten Potentaten, welche die Zeit gekommen hofften, wo der 14. Artikel der Bundesakte wieder eine Wahrheit für sie werden würde, ihre Interessen in Frankfurt geltend zu machen. In Frankfurt war er im vorigen Jahre auch so situirt, daß er, wenn er mich dort besuchte, jeden Gegenbesuch verbat, um seine Misère nicht bloßzustellen. Seine erste Frage war immer, ob ich denn nichts davon gehört hätte, daß irgend ein deutscher Fürst eines Ministers bedürfe, der mit der Revolution so vollständig gebrochen habe, daß man nicht den geringsten Zweifel an seiner reactionären Brauchbarkeit hegen dürfe; er wünsche nur ein einstweiliges Unterkommen, denn es könne ja gar nicht fehlen, daß die Demokraten im Oldenburgischen Lande bald wieder oben auskämen, daß man dann seiner bedürfen und ihn zurückrufen werde. Ich habe viel anderes unsinniges Zeug vergessen, was er mir dort vorgeplaudert hat, da ich ihn baldmöglichst wieder aus dem Zimmer los zu werden suchte und nur nicht geradezu wegweisen mochte, weil es gegen meine ganze Sinnesart ist, mich gegen jemand mit Härte zu benehmen, der mir als ein objectum misericordiæ erscheint.

Nun können Sie sich mein Erstaunen denken, wie ich vernehme, daß man ihn zum Bundescommissar zur Regulirung der Flottenangelegenheit ernannt habe. Er sprach auf seiner Reise nach Bremerhaven bei mir an, erzählte, daß man ihm zwar Diäten versprochen, aber wohl erst nach Ablauf eines Monats auszahlen würde. Nun habe er aber inzwischen nichts zu leben, ich kenne ja seine Umstände, ich möge ihm doch 6 Louisdor leihen. Das ist denn auch auf der Stelle geschehen und ich habe sie von ihm später zurückbezahlt erhalten. Im August war ich noch einmal auf kurze Zeit in Frankfurt, wo ich meine Verwunderung über eine solche Wahl nicht verhehlt und vorher gesagt hatte, daß man noch Anlaß genug finden dürfte, es zu bereuen. Man entschuldigte sich damit, daß Eisendecher ihn empfohlen, was dieser aber nicht Wort haben, sondern nur zugeben will, daß er Fischer, um ihn los zu werden, gesagt habe, er könne sich dazu melden.

Während seines Aufenthaltes in Bremerhaven bin ich nur einmal auf einige Stunden dahin gekommen, wo ich Fischer nur auf einige Augenblicke gesehen und in keiner Lage, die sich für einen Bundescommissar ziemt, indeß, da der hiesige Verkehr mit Bremerhaven tägliche Gelegenheit darbietet zu vernehmen, was dort vorgeht, genug darüber gehört, um annehmen zu dürfen, daß der Sparrn, an dem er leidet, sich nicht vermindert habe. Er hat sein Logis häufig gewechselt sich bald in Bremerhaven, bald in Geestemünde einquartiert, niemand mochte ihn bei seiner Unsauberkeit, Renommirerei und Händelsucht im Hause haben. Man behauptete, daß er sich bei Tische mehr der Finger als der Messer und Gabel bediene; er hat sich deshalb zuletzt in einem Gasthofe die Bedingung gefallen lassen müssen, daß er nicht begehren wolle, an der Table d'hôte zu speisen, sondern auf seinem Zimmer. Das hat er mir in diesen Tagen selbst erzählt, wie nicht minder, daß er gewünscht habe, einen Clubb in Lehe besuchen zu dürfen, um mit den dort befindlichen Beamten und Offi=

zieren Verkehr haben zu können. Es sei ihm auch erwidert
worden, man werde in der nächsten Sitzung über sein An=
suchen ballotiren, er habe es sich aber verbeten, weil er es
für einen absichtlichen Affront gehalten, daß man über einen
Bundescommissar ballotiren wolle. Wie ist es aber möglich,
die Ehrenstellung eines Bundescommissars geltend machen zu
können, wenn man, wenn ich mich so ausdrücken darf, als
ein Sch......¹) in Erscheinung tritt. Durch sein Renom=
miren hat er sich in allerlei Injurienhändel verstrickt und
deshalb Klagen bei dem Amte angestellt. Statt schriftlich
oder durch einen Advokaten seine Sache zu verhandeln, ist
er in der Amtsstube selbst erschienen, mitten unter anderem
Crepule.

Wie er von Bremerhaven aus einmal eine Excursion
nach Hamburg und Lübeck machte, begehrt er in der hiesigen
Polizeidirection die Ausfertigung eines Passes. Wie er bei
dieser Gelegenheit aufgefordert wird, sein Domicil anzugeben,
erwidert er lächelnd, er habe eigentlich jetzt gar keins. In
Oldenburg wolle man ihn ja nicht haben, er stehe jetzt bloß
in Diensten des Deutschen Bundes und halte sich temporär
in Bremerhaven oder in Geestemünde auf. Um sein Alter
befragt, erwidert er, das wolle er nicht im Passe bemerkt
haben, er hoffe sich noch wieder zu verheirathen und dabei
könne sein Alter ihm im Wege stehen.

Wie ich ihn hier vor einigen Tagen ernsthaft darüber
zur Rede stellte, wie es denn möglich gewesen, daß er, wie
geschehen, mündlich und schriftlich zur Anstellung von Klagen
auffordere und dabei officiell behaupten könne, der Bund
werde vor jedem Landesgericht Recht nehmen, wußte er zu
seiner Entschuldigung nichts anderes vorzubringen, als daß
er es doch gut gemeint und dabei für die Ehre und den
Vortheil des Bundes bestmöglichst gesorgt zu haben glaube.
Er habe doch nicht zugeben zu dürfen geglaubt, daß der
Bund nirgends zu Rechte stehen wolle, da das ja kein Sou=

---

1) Unleserlich.

verain in Abrede stelle, wenn sein Fiscus bei Rechtsstreitigkeiten betheiligt sei. Ferner verstehe er den Werth der für den Bund angekauften Gegenstände und geleisteten Arbeiten nicht selbst zu schätzen und habe es, damit der Bund durch übertriebene Forderungen nicht in Nachtheil komme, für das Beste gehalten, wenn die Gläubiger ihre Forderungen ausklagen müßten, indem übertriebene Ansätze davon gerichtsseitig moderirt werden dürften.

Mich suchte er, um aus der Verlegenheit zu kommen, zu überreden, ich solle meinen persönlichen Credit interponiren und den Gläubigern in Bremerhaven die Zusicherung ertheilen, daß sie befriedigt werden sollten. Dabei riskire ich, wie er meinte, ja gar nichts. Die Bundesversammlung, deren Mitglied ich sei, würde mich ja nicht im Stiche lassen dürfen noch wollen.

Dem Präsidenten des hiesigen Obergerichts, welchem er einen Besuch machte, hat er vorgeschlagen, die Sache durch ein Schiedsgericht entscheiden zu lassen. Wie er mir auch davon sprach, und ich fragte, wie er das beschaffen wolle und ob er dazu von der Bundesversammlung beauftragt sei, zeigte er mir am Ende ein Schreiben des Herrn von Prokesch vor, worin ihm dieser am Schluß sagte, er möge die Geschäfte quovis meliori modo zu beendigen bemüht sein.

Sie sehen aus diesem allen, daß wir der Bundesversammlung durch die Art und Weise, wie die Sache erledigt wurde, einen reellen Dienst geleistet und ihr eine Blamage erspart haben, in welche ihr Commissar sie nur immer tiefer hineingeritten haben würde. Ob man das nur anerkennen, ob man uns irgend eine amende honorable dafür leisten will, daß man uns auf einseitige Berichte ungehört verdächtigt, selbst eventualiter Executionsmaßregeln bei Hannover eingeleitet, will ich abwarten und zunächst hören, was Prokesch gegen Kirchenpauer auf die Nachricht von der Erledigung geäußert, ehe ich seine letzte Note beantworte, denn machte er noch Miene sich aufs hohe Pferd zu setzen, so müßte ich darauf bienen.

Denn ich glaube mich in der Voraussetzung nicht zu irren, daß wir die vollste Publicität des ganzen Hergangs, wenn man sich auch auf die historische Aufstellung des Facti beschränkt, weniger zu scheuen haben dürfen, wie die Bundesversammlung selbst.

Denn es ist notorisch, daß die Maaßnahmen und Arbeiten für die Auflösung der Flotte mit einer Langsamkeit und durch den dabei stattgefundenen Aufwand an Personal, an unnöthigen Formalitäten, an Rechnungs- und Schreibereiweitläufigkeiten, mit einem solchen Aufwande betrieben sind, daß jeder Kaufmann, der auf diesem Wege und auf diese Weise seine Angelegenheiten zu ordnen versucht, sich dabei um jeden Credit gebracht haben würde. Dabei haben sich die Equipage der Flotte und ein Heer überflüssiger Bundesbeamter nutzlos von einem Monate zum andern in Bremerhaven herumgetrieben, aus langer Weile Händel begonnen und der Uebermuth derselben hat zu vielfachen Excessen geführt, bei denen selbst Mordthaten nicht ausblieben.

Während die Leistungen des Werkes für die Flotte in Brake nicht geschenkt, sondern bezahlt worden sind, hat Bremen nicht bloß die dazu geeigneten Schiffe der Flotte in seine Bassins unter Verlierung des Raumes derselben für eigene und fremde Schiffe zu Bremerhaven unentgeltlich aufgenommen, sondern auch zu Vegesack, wo die Kanonenboote einen großen Theil des dortigen Hafens umsonst benutzt haben. Dazu sind bedeutende Plätze am Quai in Bremerhaven für die Lagerung von Flottenmaterialien und namentlich für das colossale Geschütz, die sich für die Lagerung von Kaufmannswaaren sehr lucrativ hätten benutzen lassen, umsonst eingeräumt.

Die Arbeiten an Schiffen, der Ankauf von Materialbedarf für die Flotte ist von den Bundesbehörden bei den betreffenden Bewohnern von Bremerhaven selbst bestellt, ohne daß man sich Bremischer Seits darein gemischt hätte; man hat den Leuten zwar versprochen, wegen der Bezahlung mit ihnen zu liquidiren, dies aber von einer Zeit zur andern ausgesetzt.

Inzwischen werden die Schiffe eins nach dem andern verkauft und weggeführt, obgleich die bestellten Arbeiten größtentheils darin stecken, mit dem Verkauf des übrigen Materials wird jetzt auch verfahren. Die Leute lesen dabei in allen Zeitungen, daß die Ansprüche der einzelnen Staaten an den Bund sich fortwährend zu Millionen häufen, daß bald von dieser, bald von jener Seite die Zahlung verweigert wird, und die Liquidation ad calendas graecas vertagt zu werden den Anschein gewinnt.

Den Gläubigern des Bundes wird dabei nachgerade ängstlich zu Sinne. Sie fragen, wie kommen wir denn zu unserer Bezahlung, wenn Effecten und Personen, an die wir uns halten können, nun ehester Tage gänzlich aus unserem Bereiche verschwunden sind? Der Bundescommissar versichert, daß der Bund dafür sorgen und einstehen werde. Aber, heißt es, wenn unsere Forderungen bestritten werden, sei es in Qualität oder hinsichtlich des Preises, wie können wir zu unserm Rechte kommen, können wir denn den Bund irgendwo verklagen? Der Commissar spricht, allerdings, der Bund nimmt vor jedem betreffenden Landesgerichte Recht, also auch vor dem eurigen, und ihr müßt klagen, um die Liquidation zu beschleunigen.

Und in dem Augenblicke, wo die letzten Bundeseffecten mit dem letzten Bundespersonal von Bremerhaven zu scheiden Miene machen, wird der Bundescommissar plötzlich desavouirt. Der Bund, heißt es jetzt, ist gar nicht in der Rechtssph(äre) angreifbar, aber sein guter Wille wird nicht anstehen.

Dies alles läßt aber nur eine Bundescomuission erklären, von der die Leute wieder täglich lesen, daß sie bei ihren Anträgen den Beschlüssen der Bundesversammlung nicht unterliegen kann.

Was bleibt den Gläubigern des Bundes unter solchen Umständen übrig, als zu erklären, damit wir nicht alles einbüßen, gebt uns je eher je lieber was ihr wollt und könnt, wir müssen ja mit allem zufrieden sein!

Und diese Leute will man für Revolutionäre ausgeben und damit coloriren, was man selbst herbeigeführt?

Sieht es aber, wenn man bloß jene Seite ins Auge faßt, nicht so aus, als seien Ordre und Contreordre in ihrer Reihenfolge auf den Effect berechnet?

Und wie kann man einer solchen Verdächtigung anders entgehen, als indem man geradezu gesteht, einen halbverrückten Menschen zum Bundescommissar gemacht zu haben? Und ist diese Anstellung anders begreiflich, als daß man sich nicht die Mühe gegeben, über die vita ante acta dieses Mannes hinreichende Erkundigungen einzuziehen, sondern sich durch die Versicherung desselben, als entschiedener Reactionair durch Feuer und Wasser gehen zu wollen, gar zu leichtgläubig hat ködern lassen und dabei jetzt riskirt, sein Domicil und seine Heimath noch zu einer Discussion der Bundesversammlung erwachsen zu sehen.

Er ist indeß noch voller Hoffnung, eine seinen Wünschen entsprechende Anstellung zu finden und speculirt, wie ich merke, jetzt auf Dänemark.